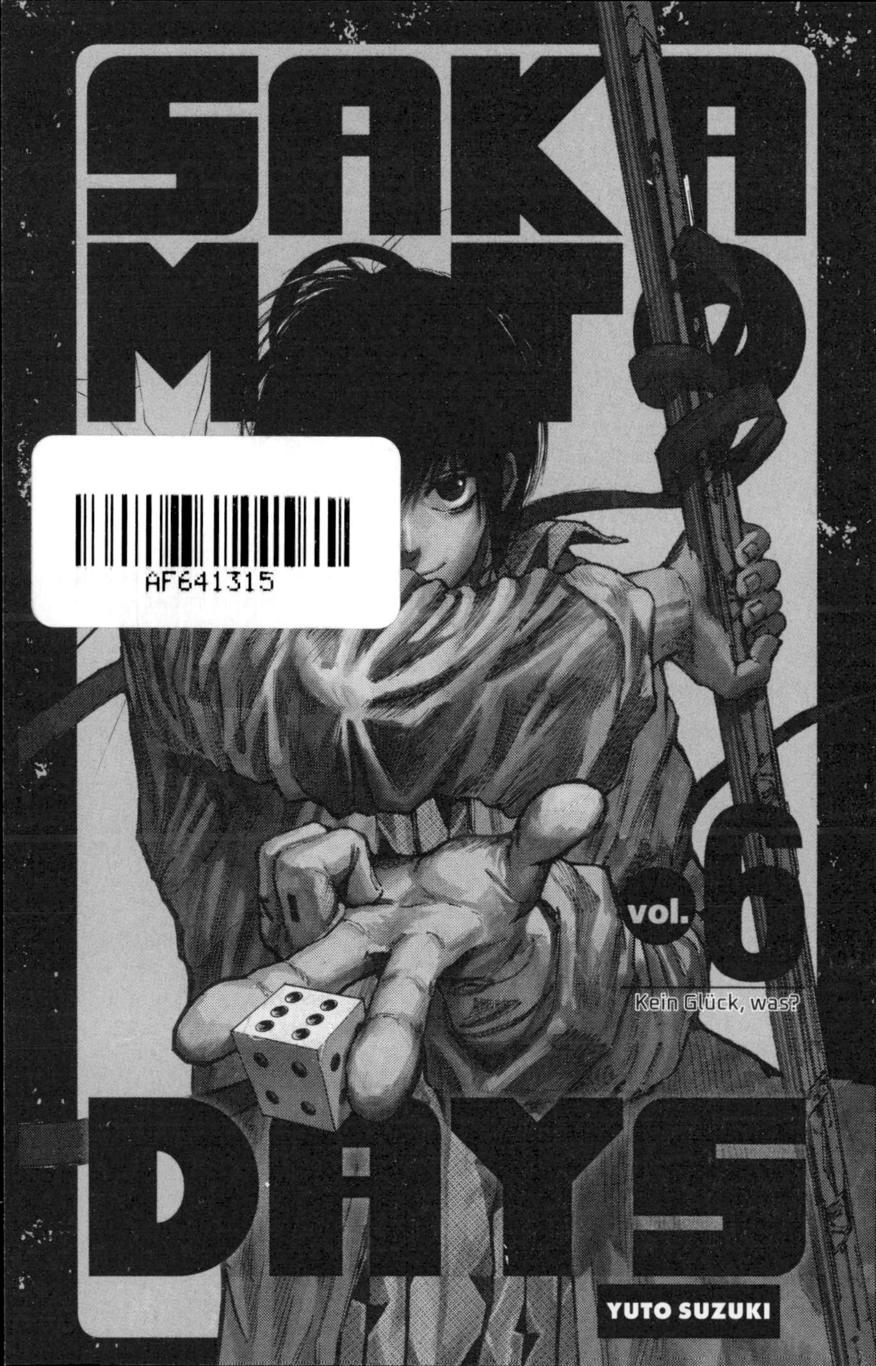
SAKAMOTO
DAYS
vol. 6
Kein Glück, was?
YUTO SUZUKI

EMPFEHLUNGEN IN DIESEM BAND !!

SAKAMOTOS LADEN

BAND 6
CHARAKTERE & WAS BISHER GESCHAH

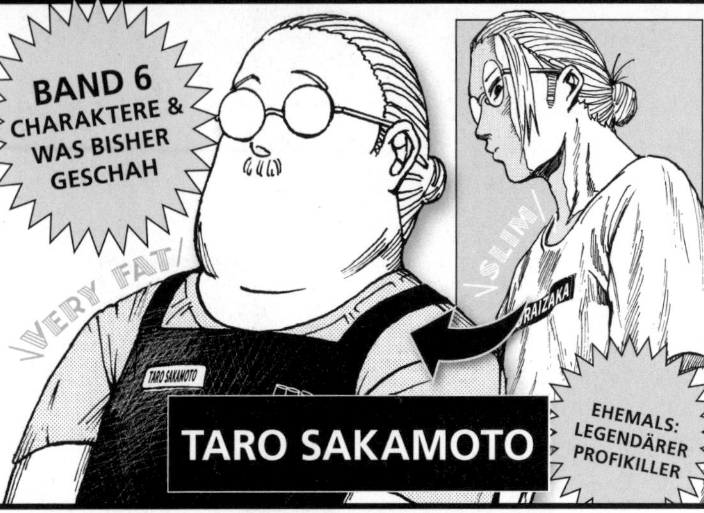

TARO SAKAMOTO

EHEMALS: LEGENDÄRER PROFIKILLER

Ehemals der stärkste und gefürchtetste Auftragskiller. Führt jetzt einen kleinen Familienbetrieb, einen Tante-Emma-Laden namens »Sakamoto«, in einem ruhigen Viertel der Vorstadt. Ein recht schweigsamer und gefräßiger Zeitgenosse, der, obwohl er mittlerweile kugelrund ist, noch immer die gefährlichsten Tötungstechniken und alle Tricks und Kniffe eines waschechten Profikillers instinktiv beherrscht. Seine Frau und seine Tochter liebt er über alles. Wenn er zu viele Kalorien verbrennt, magert er schnell ab und ist wieder schlank und fit wie ein Turnschuh.

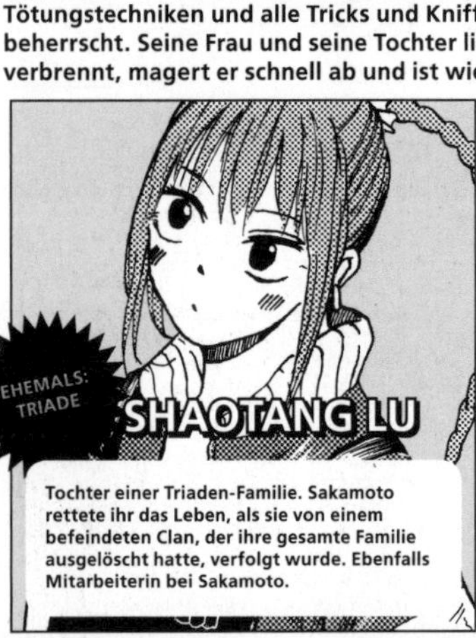

EHEMALS: TRIADE

SHAOTANG LU

Tochter einer Triaden-Familie. Sakamoto rettete ihr das Leben, als sie von einem befeindeten Clan, der ihre gesamte Familie ausgelöscht hatte, verfolgt wurde. Ebenfalls Mitarbeiterin bei Sakamoto.

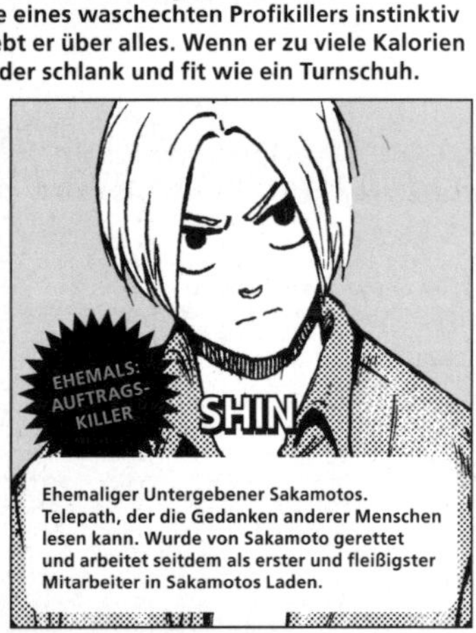

EHEMALS: AUFTRAGS-KILLER

SHIN

Ehemaliger Untergebener Sakamotos. Telepath, der die Gedanken anderer Menschen lesen kann. Wurde von Sakamoto gerettet und arbeitet seitdem als erster und fleißigster Mitarbeiter in Sakamotos Laden.

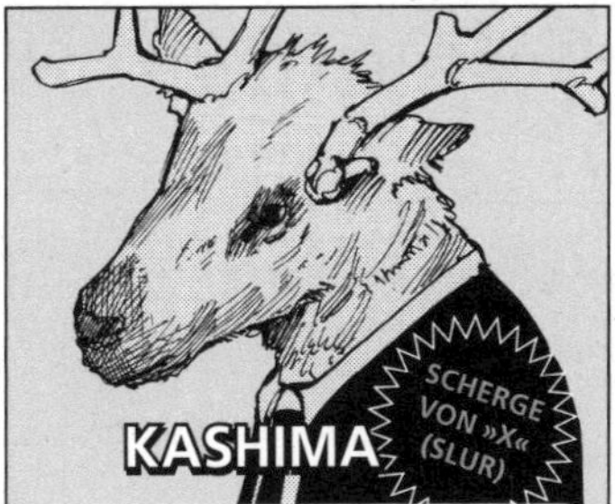

Ein Untergebener Slurs, der völlig fanatisch ist. Dank der Wissenschaft hat er 70 % seines Körpers durch Waffen ersetzt. Der Hirschkopf ist eine Maske.

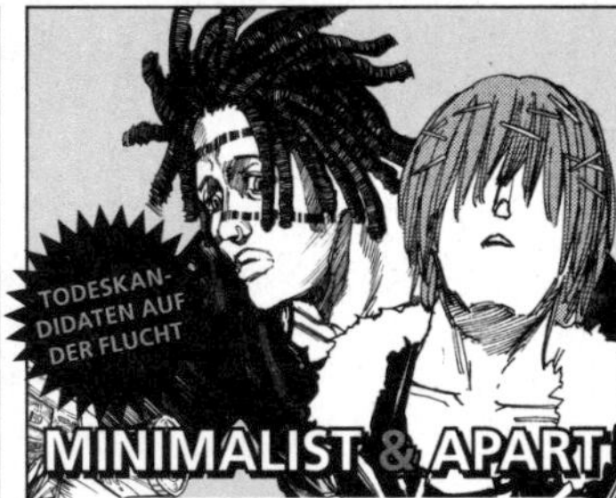

Zwei zum Tode verurteilte Killer aus dem Ausland, die mithilfe von »X« entkommen sind. Sie haben den Auftrag, die japanische Welt der Profikiller zu zerstören und Sakamoto und ORDER auszuschalten.

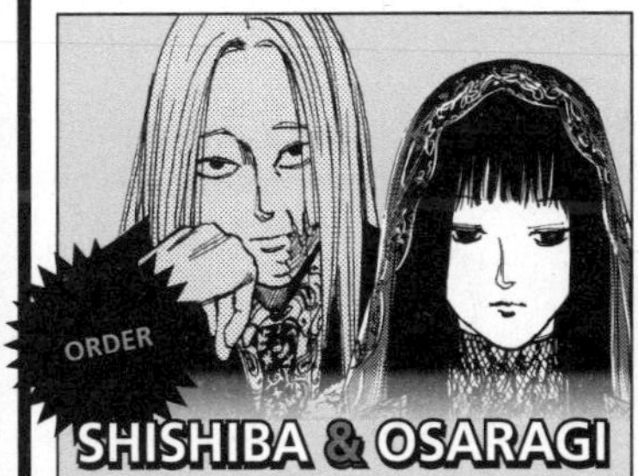

Mitglieder von ORDER, einer Spezialeinheit, die direkt dem JBA untersteht. Ihr Auftrag lautet, hochgefährliche, von dem JBA ausgewählte Attentäter zu eliminieren.

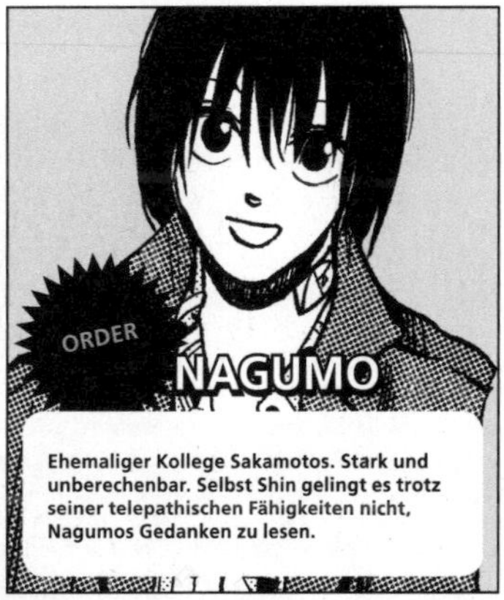

Ehemaliger Kollege Sakamotos. Stark und unberechenbar. Selbst Shin gelingt es trotz seiner telepathischen Fähigkeiten nicht, Nagumos Gedanken zu lesen.

STORY

Es war einmal ein legendärer und erstklassiger Auftragskiller. Sein Name: Taro Sakamoto. Er war der beste von allen, die Nummer 1 unter den Auftragsmördern, von der gesamten Verbrecherwelt gefürchtet und bewundert zugleich. Doch eines Tages… verliebte er sich! Danach folgten Schlag auf Schlag: Ruhestand, Hochzeit, Nachwuchs – und dann… wurde Sakamoto fett! Und zwar so richtig. Mittlerweile betreibt er einen Tante-Emma-Laden, einen kleinen Familienbetrieb namens »Sakamoto«, und kaum dass er der Unterwelt den Rücken gekehrt hat, sieht er sich ständig neuen Gefahren ausgesetzt. Dabei versucht er doch nur, den ruhigen Alltag und das friedliche Familienleben mit seiner geliebten Frau Aoi und seiner Tochter Hana zu beschützen und löst all die Probleme, die auftauchen, lieber im Geheimen zusammen mit seinem früheren Partner Shin.
Sakamoto gelingt es, Wutang, Mitglied der chinesischen Triade, zu besiegen und er erhält im Austausch dafür endlich Informationen über jenen rätselhaften »X« bzw. Slur. Er soll vier Serienmördern, die in Südostasien im Gefängnis saßen und auf ihre Hinrichtung warteten, die Flucht ermöglicht haben, indem er sie illegal nach Japan einschleuste. Dieser Coup führt nun dazu, dass es zwischen Sakamotos Crew, ORDER und den vier Todeskandidaten zu einem erbitterten Kampf kommt. Einer von ihnen, Saw, wird von Lu und Shin außer Gefecht gesetzt. In diesem Kampf entdeckt Shin ebenfalls, dass er eine neue Fähigkeit besitzt, die ihm zukünftig nützlich sein könnte. Ein weiterer Todeskandidat, Dump, wird von Osaragi und ORDER ausgeschaltet. Doch die letzten zwei Mörder laufen immer noch frei herum!

SAKAMOTO DAYS vol. 6

INHALT

DAYS 44 Ein heilloses Durcheinander

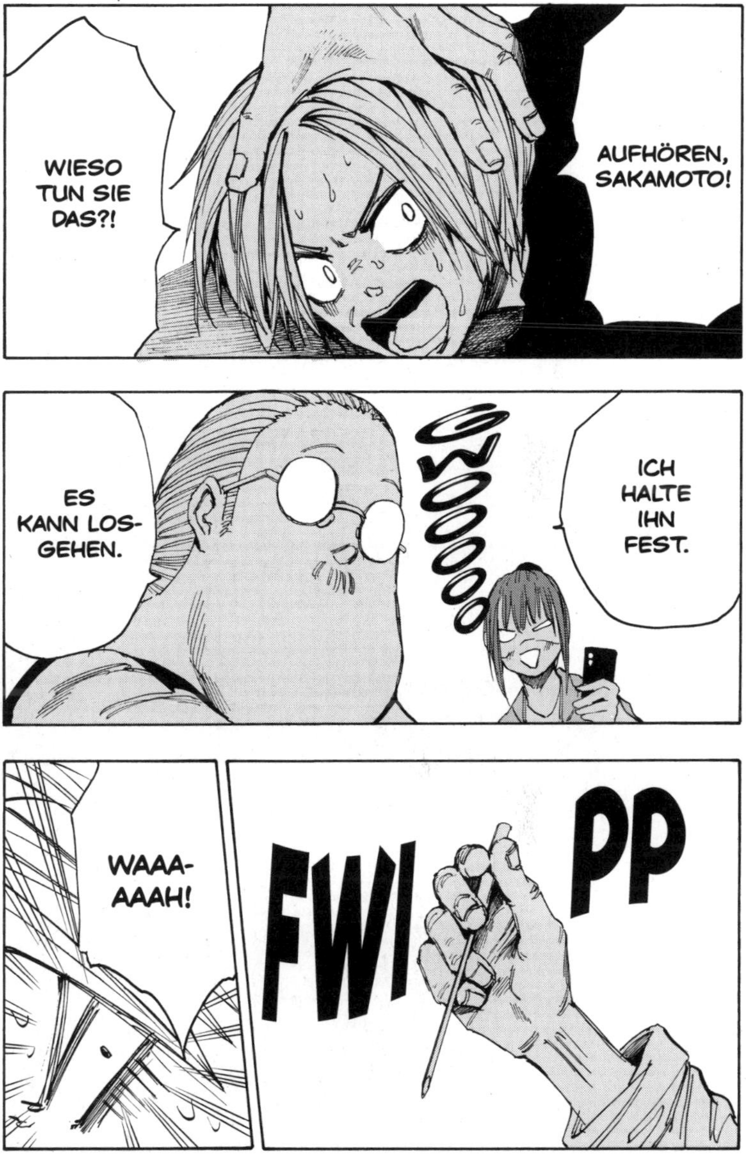

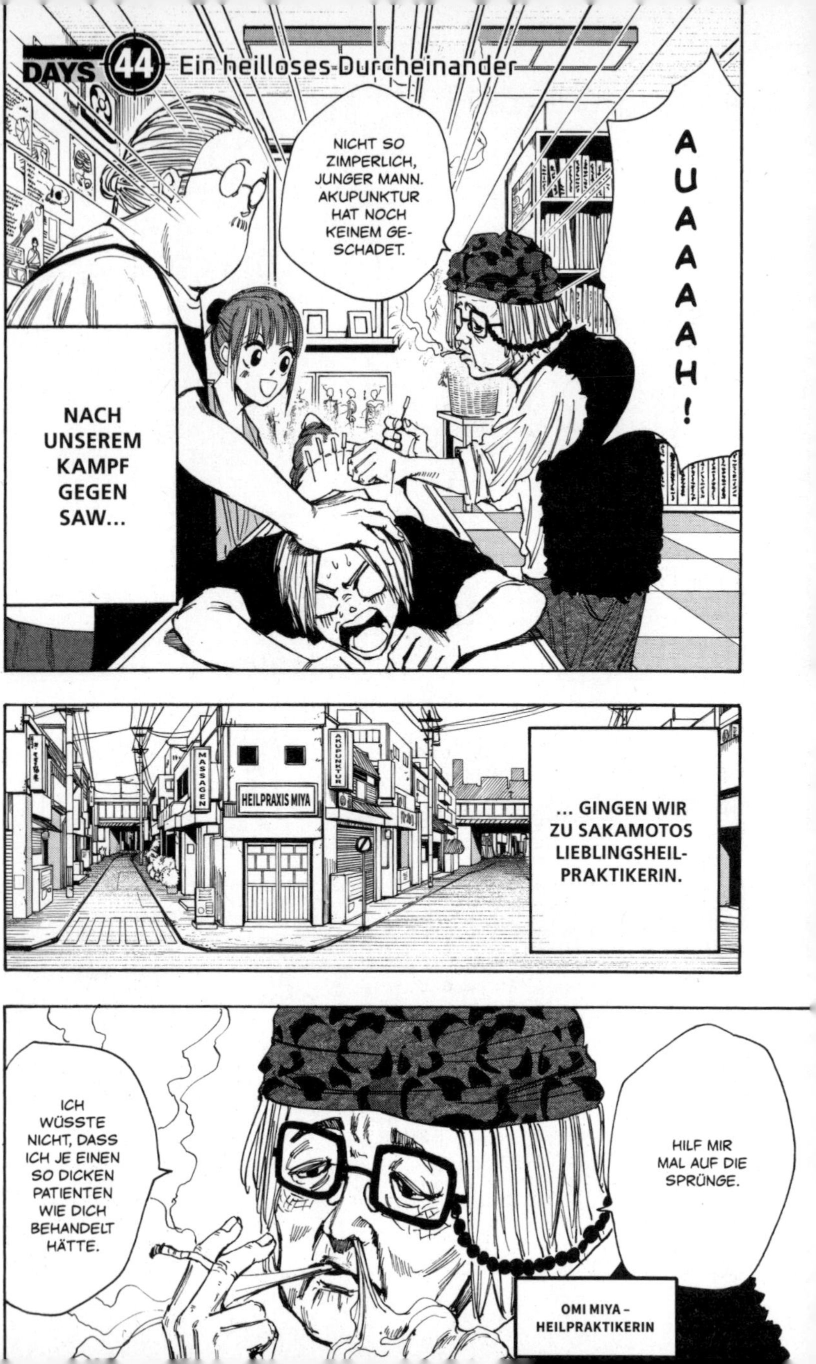

DAYS 44 Ein heilloses Durcheinander
AUAAAAAAH!
NICHT SO ZIMPERLICH, JUNGER MANN. AKUPUNKTUR HAT NOCH KEINEM GESCHADET.
NACH UNSEREM KAMPF GEGEN SAW...
MASSAGEN
HEILPRAXIS MIYA
AKUPUNKTUR
... GINGEN WIR ZU SAKAMOTOS LIEBLINGSHEILPRAKTIKERIN.
HILF MIR MAL AUF DIE SPRÜNGE.
ICH WÜSSTE NICHT, DASS ICH JE EINEN SO DICKEN PATIENTEN WIE DICH BEHANDELT HÄTTE.
OMI MIYA – HEILPRAKTIKERIN

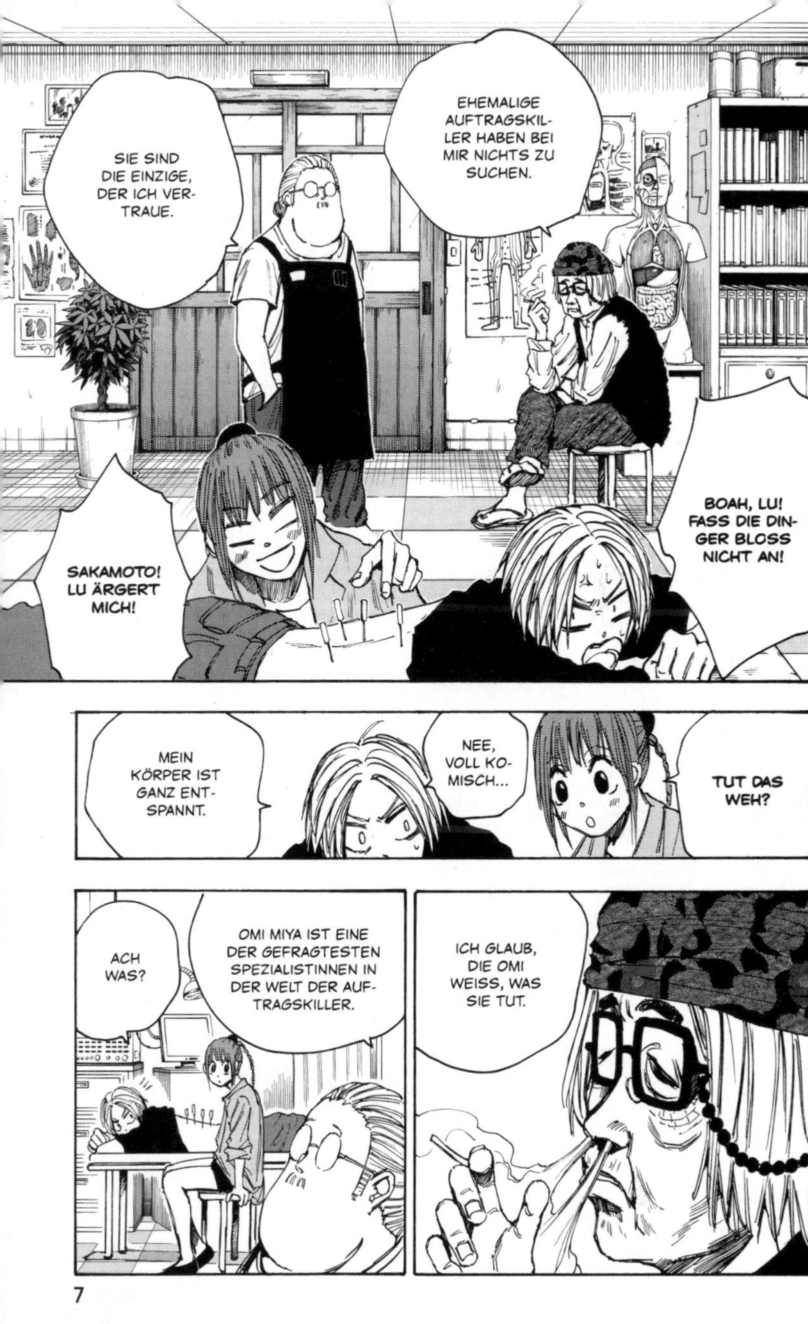
EHEMALIGE AUFTRAGSKILLER HABEN BEI MIR NICHTS ZU SUCHEN.
SIE SIND DIE EINZIGE, DER ICH VERTRAUE.
BOAH, LU! FASS DIE DINGER BLOSS NICHT AN!
SAKAMOTO! LU ÄRGERT MICH!
TUT DAS WEH?
NEE, VOLL KOMISCH...
MEIN KÖRPER IST GANZ ENTSPANNT.
ICH GLAUB, DIE OMI WEISS, WAS SIE TUT.
OMI MIYA IST EINE DER GEFRAGTESTEN SPEZIALISTINNEN IN DER WELT DER AUFTRAGSKILLER.
ACH WAS?

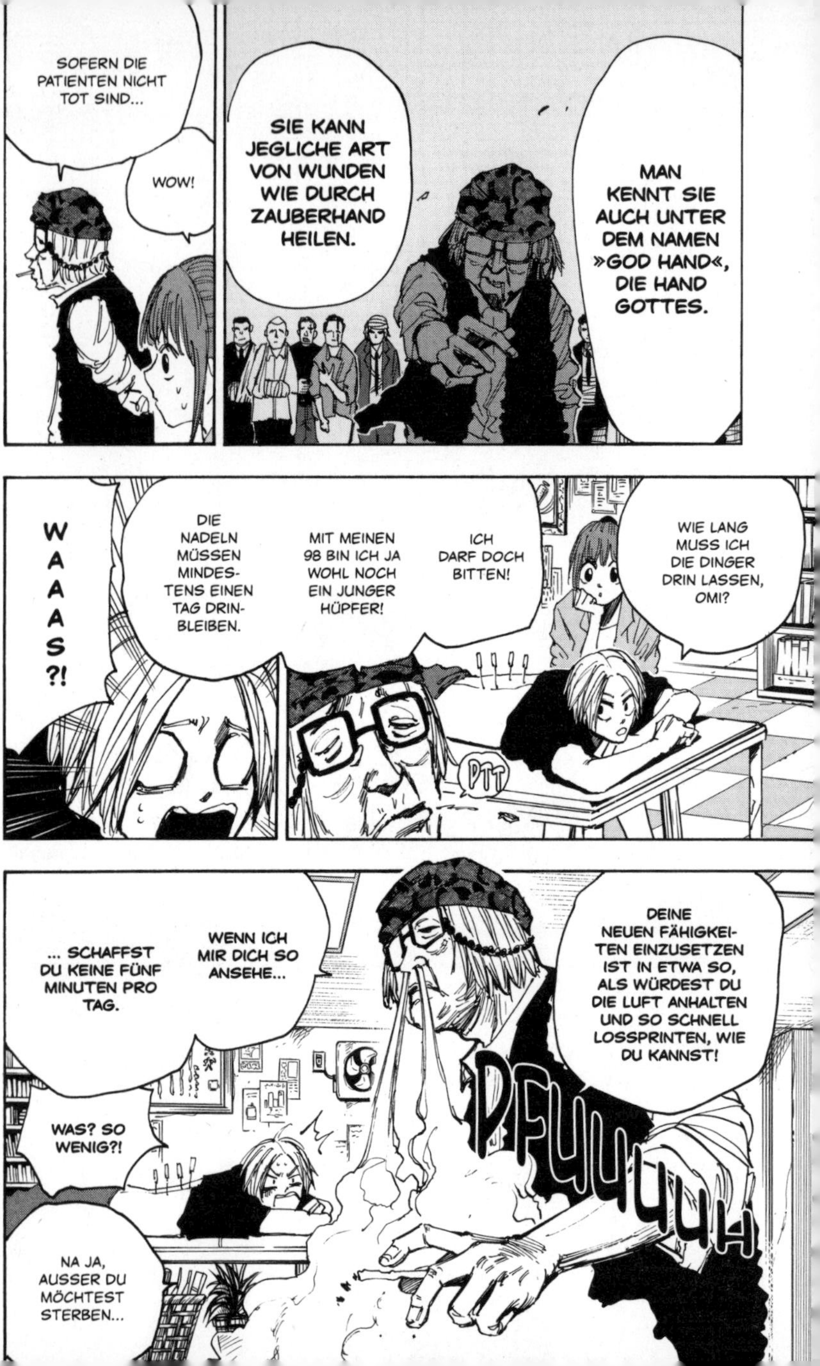

SOFERN DIE PATIENTEN NICHT TOT SIND...
WOW!
SIE KANN JEGLICHE ART VON WUNDEN WIE DURCH ZAUBERHAND HEILEN.
MAN KENNT SIE AUCH UNTER DEM NAMEN »GOD HAND«, DIE HAND GOTTES.
WAAAAS?!
DIE NADELN MÜSSEN MINDES-TENS EINEN TAG DRIN-BLEIBEN.
MIT MEINEN 98 BIN ICH JA WOHL NOCH EIN JUNGER HÜPFER!
ICH DARF DOCH BITTEN!
WIE LANG MUSS ICH DIE DINGER DRIN LASSEN, OMI?
PTT
... SCHAFFST DU KEINE FÜNF MINUTEN PRO TAG.
WENN ICH MIR DICH SO ANSEHE...
DEINE NEUEN FÄHIGKEI-TEN EINZUSETZEN IST IN ETWA SO, ALS WÜRDEST DU DIE LUFT ANHALTEN UND SO SCHNELL LOSSPRINTEN, WIE DU KANNST!
WAS? SO WENIG?!
NA JA, AUSSER DU MÖCHTEST STERBEN...
DFUUUUUH

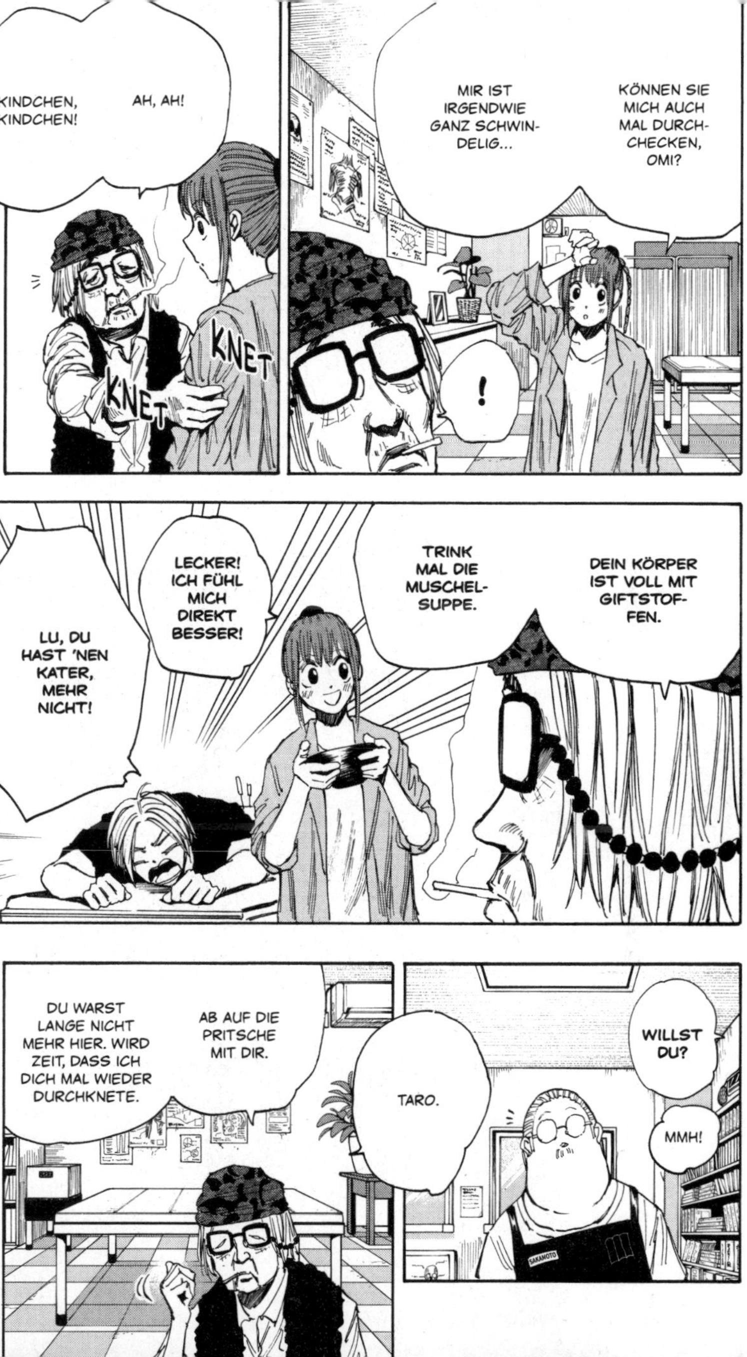
KÖNNEN SIE MICH AUCH MAL DURCHCHECKEN, OMI?
MIR IST IRGENDWIE GANZ SCHWINDELIG...
!
AH, AH!
KINDCHEN, KINDCHEN!
KNET
KNET
DEIN KÖRPER IST VOLL MIT GIFTSTOFFEN.
TRINK MAL DIE MUSCHELSUPPE.
LECKER! ICH FÜHL MICH DIREKT BESSER!
LU, DU HAST 'NEN KATER, MEHR NICHT!
WILLST DU?
MMH!
TARO.
SAKAMOTO
AB AUF DIE PRITSCHE MIT DIR.
DU WARST LANGE NICHT MEHR HIER. WIRD ZEIT, DASS ICH DICH MAL WIEDER DURCHKNETE.

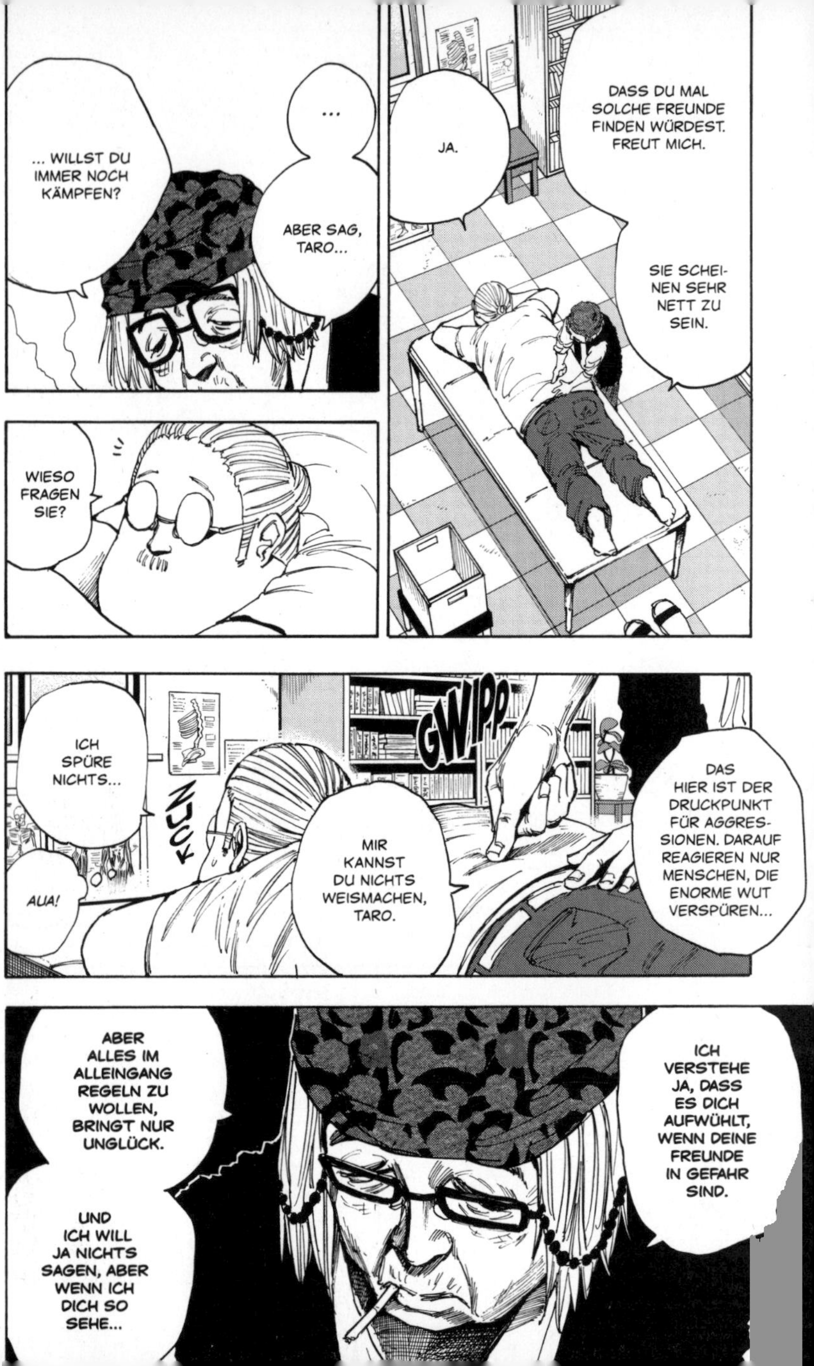
DASS DU MAL SOLCHE FREUNDE FINDEN WÜRDEST. FREUT MICH.
SIE SCHEINEN SEHR NETT ZU SEIN.
JA.
...
ABER SAG, TARO...
... WILLST DU IMMER NOCH KÄMPFEN?
WIESO FRAGEN SIE?
GWIPP
DAS HIER IST DER DRUCKPUNKT FÜR AGGRESSIONEN. DARAUF REAGIEREN NUR MENSCHEN, DIE ENORME WUT VERSPÜREN...
MIR KANNST DU NICHTS WEISMACHEN, TARO.
ZUCK
ICH SPÜRE NICHTS...
AUA!
ICH VERSTEHE JA, DASS ES DICH AUFWÜHLT, WENN DEINE FREUNDE IN GEFAHR SIND.
ABER ALLES IM ALLEINGANG REGELN ZU WOLLEN, BRINGT NUR UNGLÜCK.
UND ICH WILL JA NICHTS SAGEN, ABER WENN ICH DICH SO SEHE...

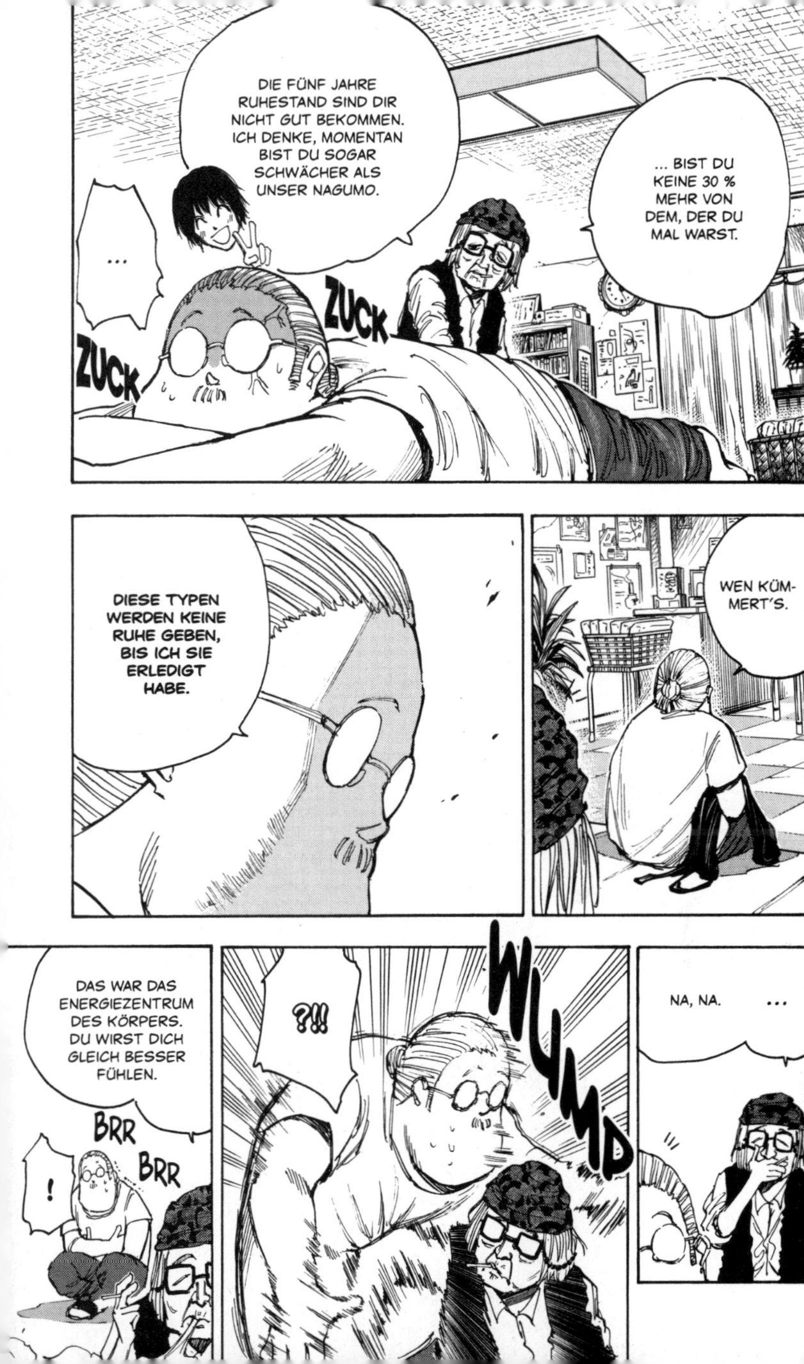
... BIST DU KEINE 30 % MEHR VON DEM, DER DU MAL WARST.
DIE FÜNF JAHRE RUHESTAND SIND DIR NICHT GUT BEKOMMEN. ICH DENKE, MOMENTAN BIST DU SOGAR SCHWÄCHER ALS UNSER NAGUMO.
ZUCK
ZUCK
...
WEN KÜMMERT'S.
DIESE TYPEN WERDEN KEINE RUHE GEBEN, BIS ICH SIE ERLEDIGT HABE.
NA, NA. ...
WUMMD
?!!
DAS WAR DAS ENERGIEZENTRUM DES KÖRPERS. DU WIRST DICH GLEICH BESSER FÜHLEN.
BRR
BRR
!

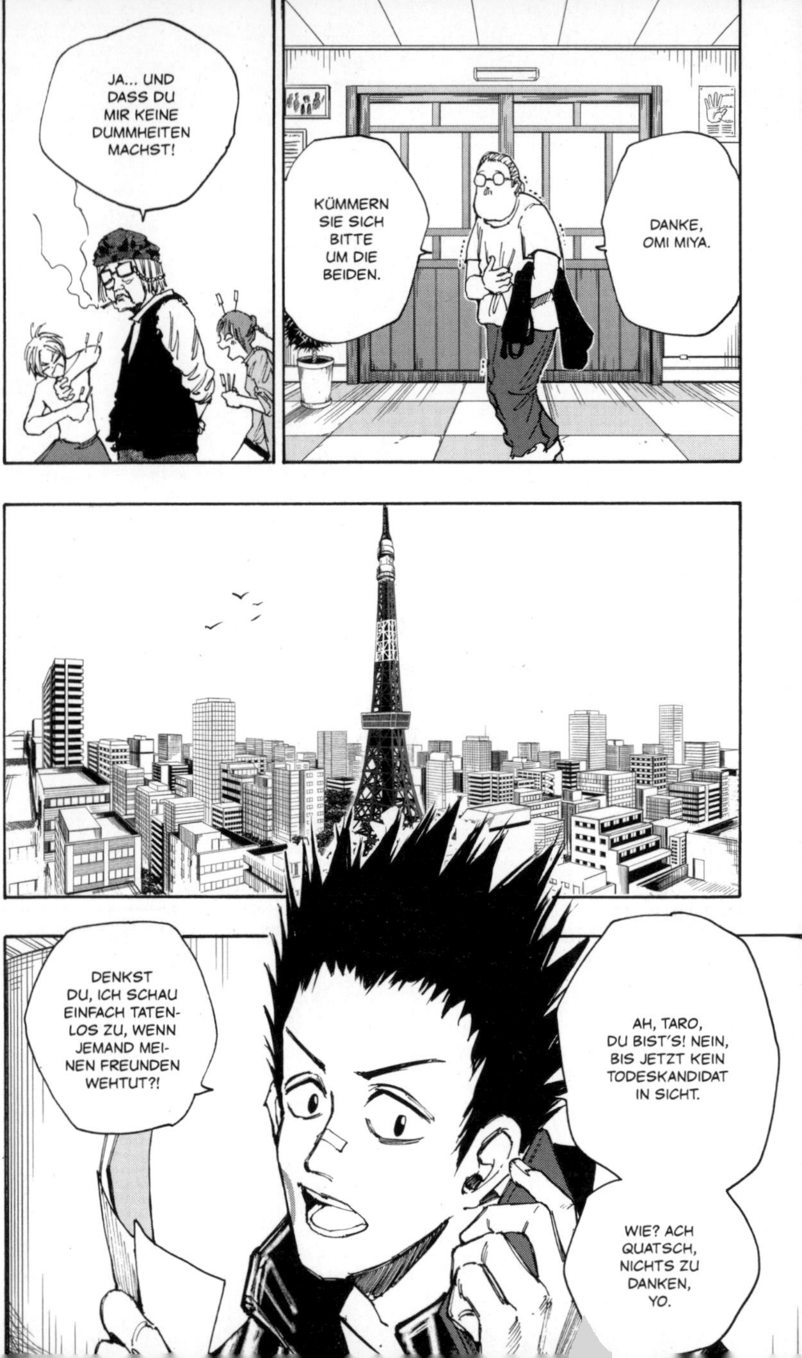
DANKE, OMI MIYA.
KÜMMERN SIE SICH BITTE UM DIE BEIDEN.
JA... UND DASS DU MIR KEINE DUMMHEITEN MACHST!
AH, TARO, DU BIST'S! NEIN, BIS JETZT KEIN TODESKANDIDAT IN SICHT.
WIE? ACH QUATSCH, NICHTS ZU DANKEN, YO.
DENKST DU, ICH SCHAU EINFACH TATEN-LOS ZU, WENN JEMAND MEI-NEN FREUNDEN WEHTUT?!

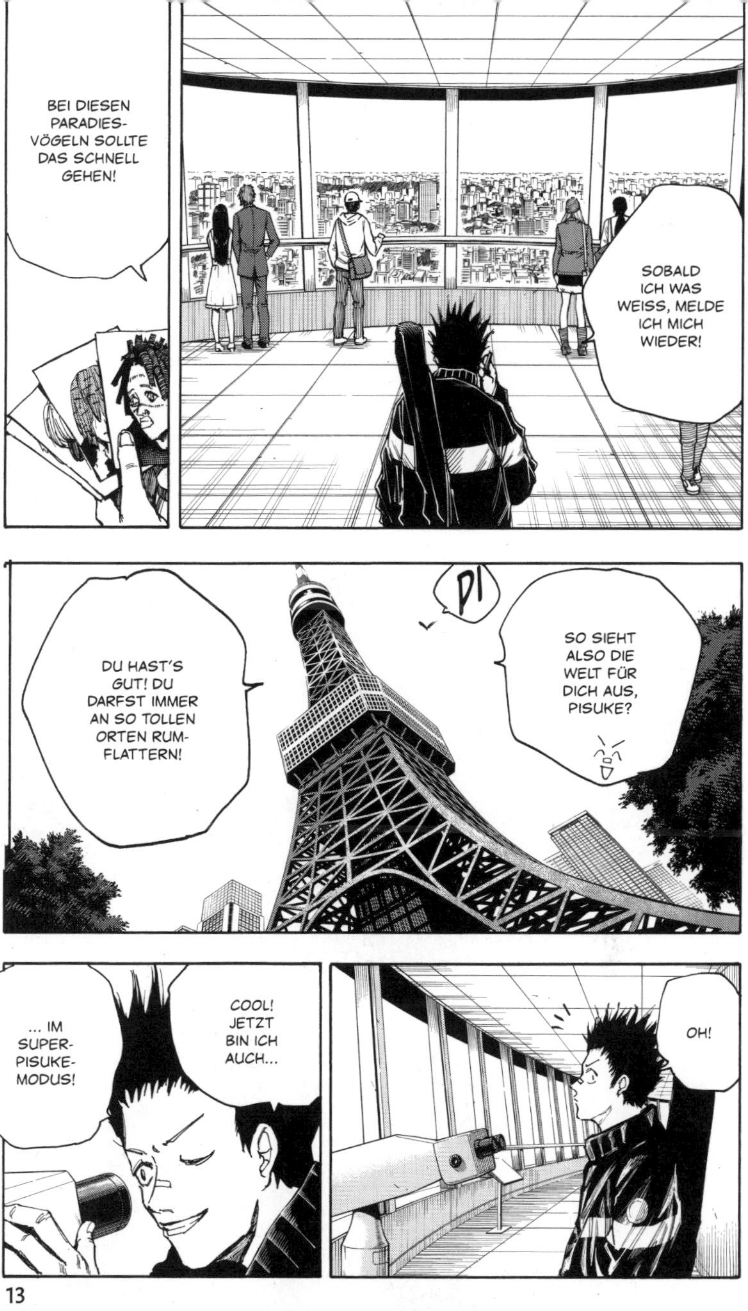
SOBALD ICH WAS WEISS, MELDE ICH MICH WIEDER!
BEI DIESEN PARADIES-VÖGELN SOLLTE DAS SCHNELL GEHEN!
SO SIEHT ALSO DIE WELT FÜR DICH AUS, PISUKE?
DI
DU HAST'S GUT! DU DARFST IMMER AN SO TOLLEN ORTEN RUM-FLATTERN!
OH!
COOL! JETZT BIN ICH AUCH...
... IM SUPER-PISUKE-MODUS!

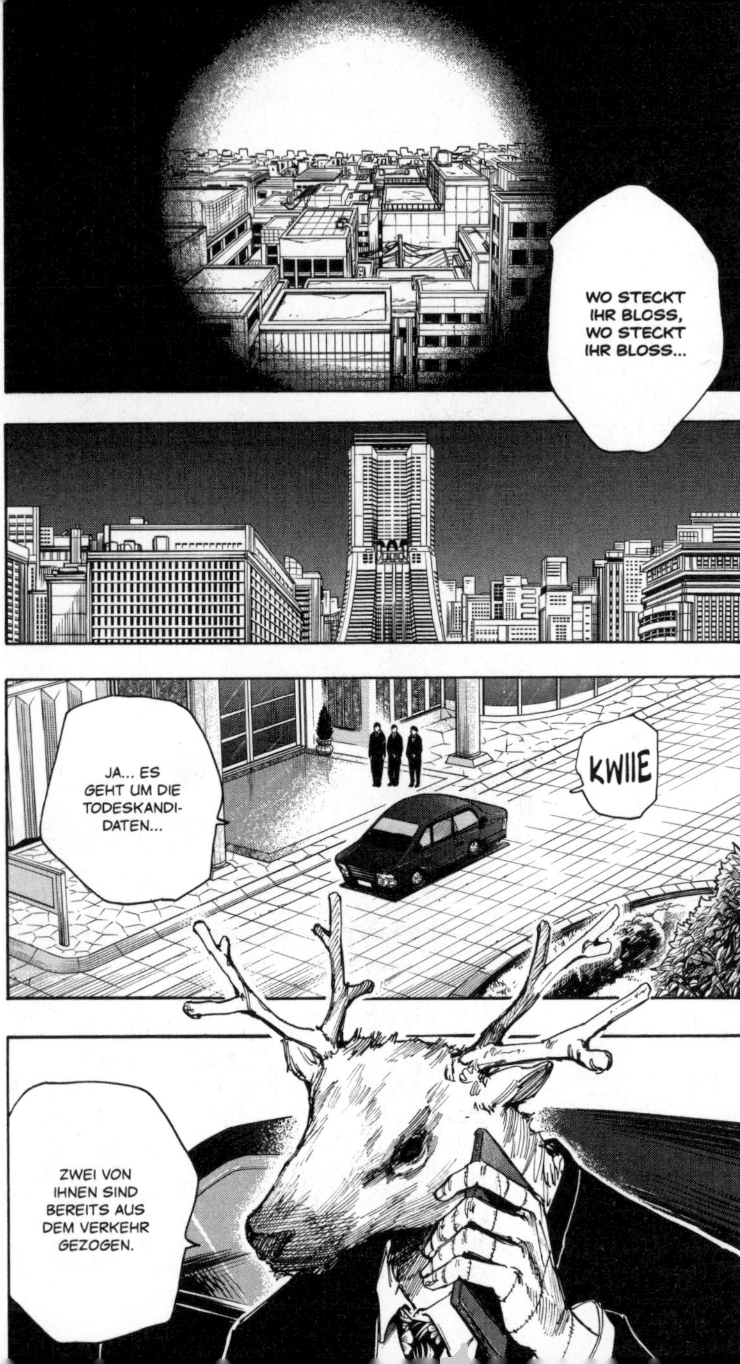
WO STECKT IHR BLOSS, WO STECKT IHR BLOSS...
KWIIE
JA... ES GEHT UM DIE TODESKANDI-DATEN...
ZWEI VON IHNEN SIND BEREITS AUS DEM VERKEHR GEZOGEN.

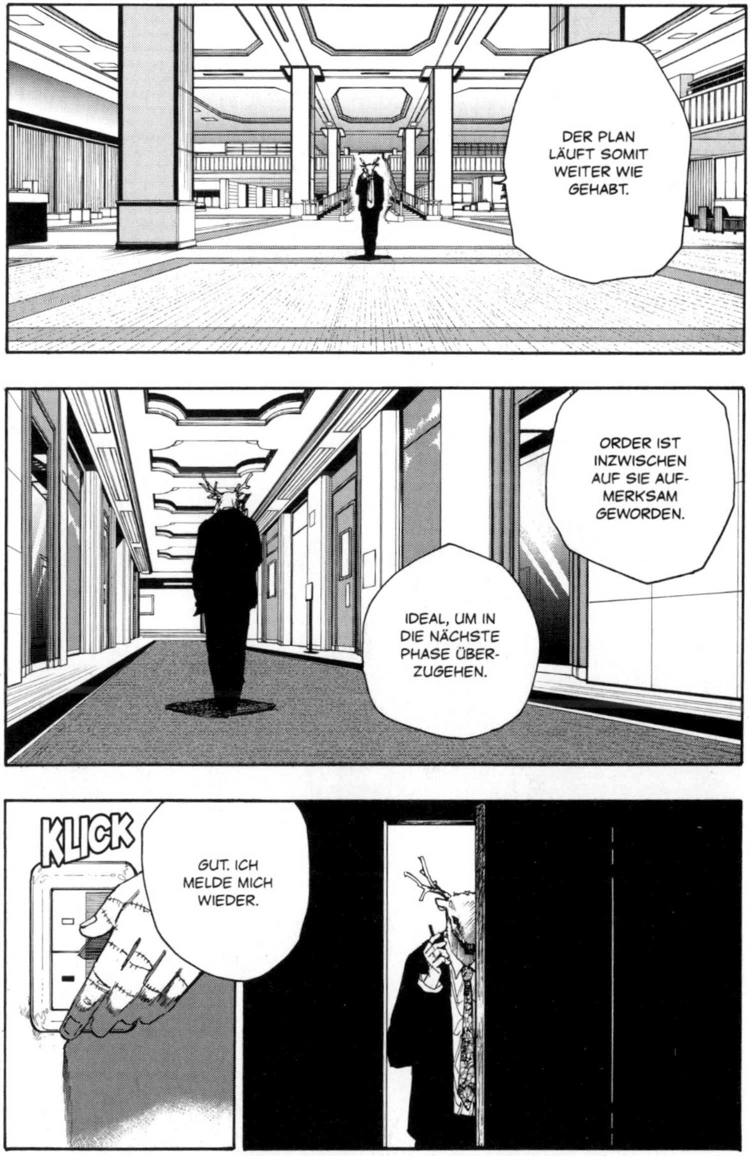
DER PLAN LÄUFT SOMIT WEITER WIE GEHABT.
ORDER IST INZWISCHEN AUF SIE AUF-MERKSAM GEWORDEN.
IDEAL, UM IN DIE NÄCHSTE PHASE ÜBER-ZUGEHEN.
KLICK
GUT. ICH MELDE MICH WIEDER.

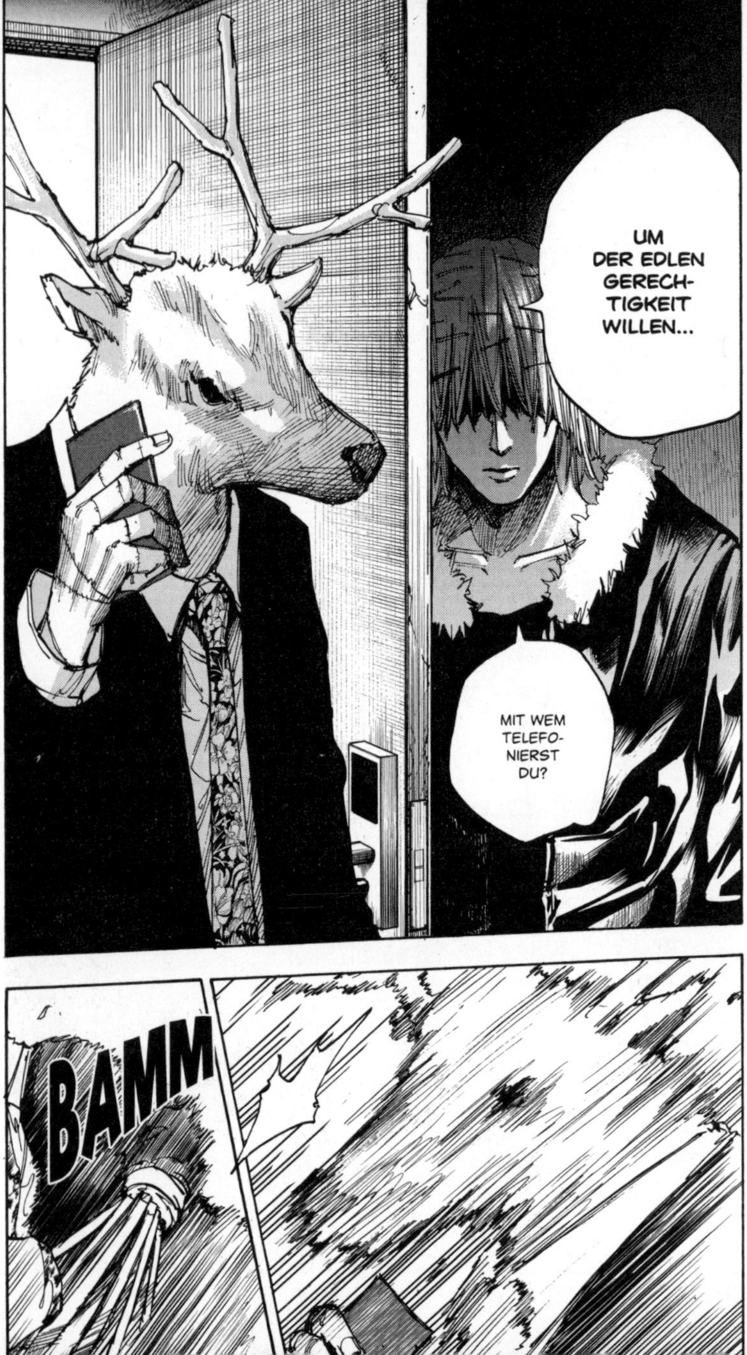
UM DER EDLEN GERECHTIGKEIT WILLEN...
MIT WEM TELEFONIERST DU?
BAMM

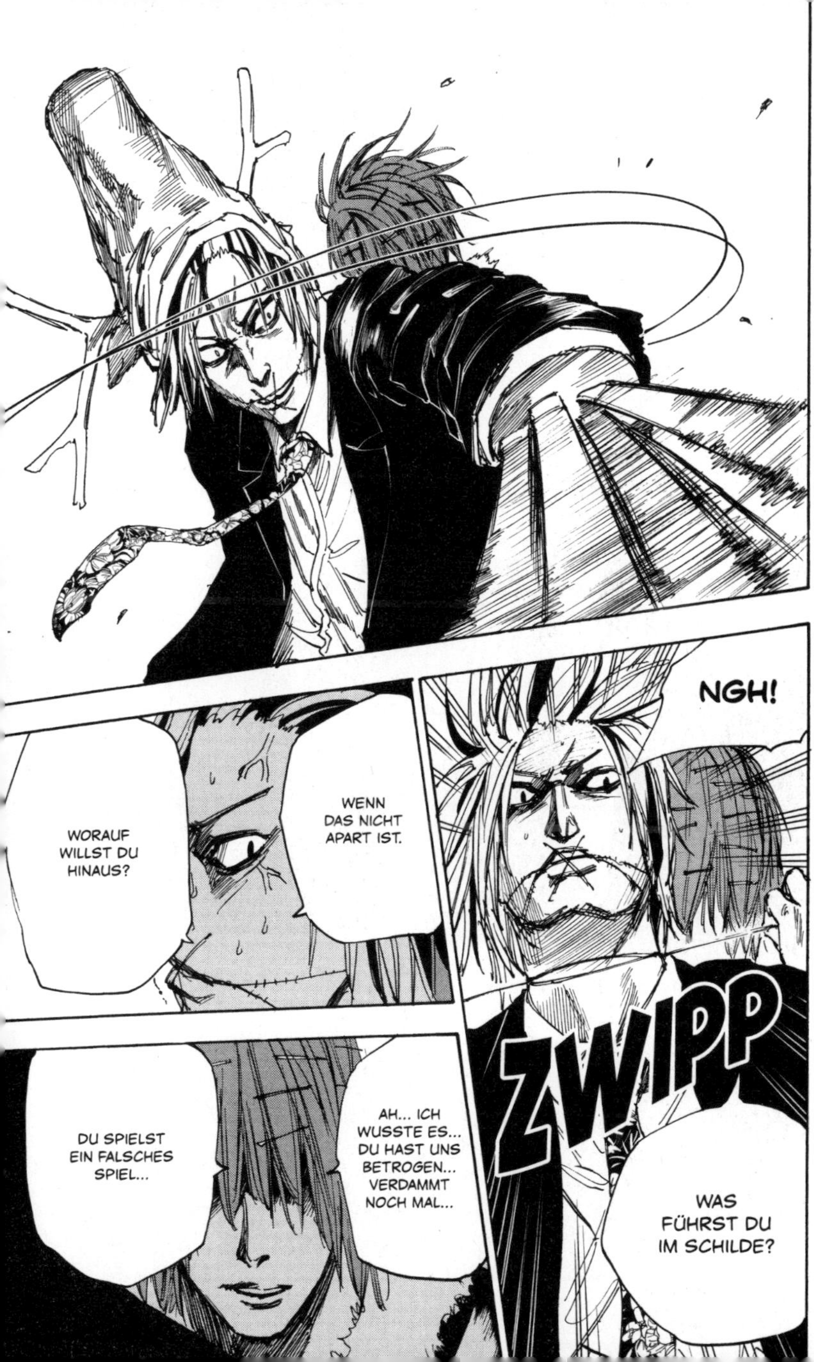
NGH!
WENN DAS NICHT APART IST.
WORAUF WILLST DU HINAUS?
ZWIPP
WAS FÜHRST DU IM SCHILDE?
AH... ICH WUSSTE ES... DU HAST UNS BETROGEN... VERDAMMT NOCH MAL...
DU SPIELST EIN FALSCHES SPIEL...

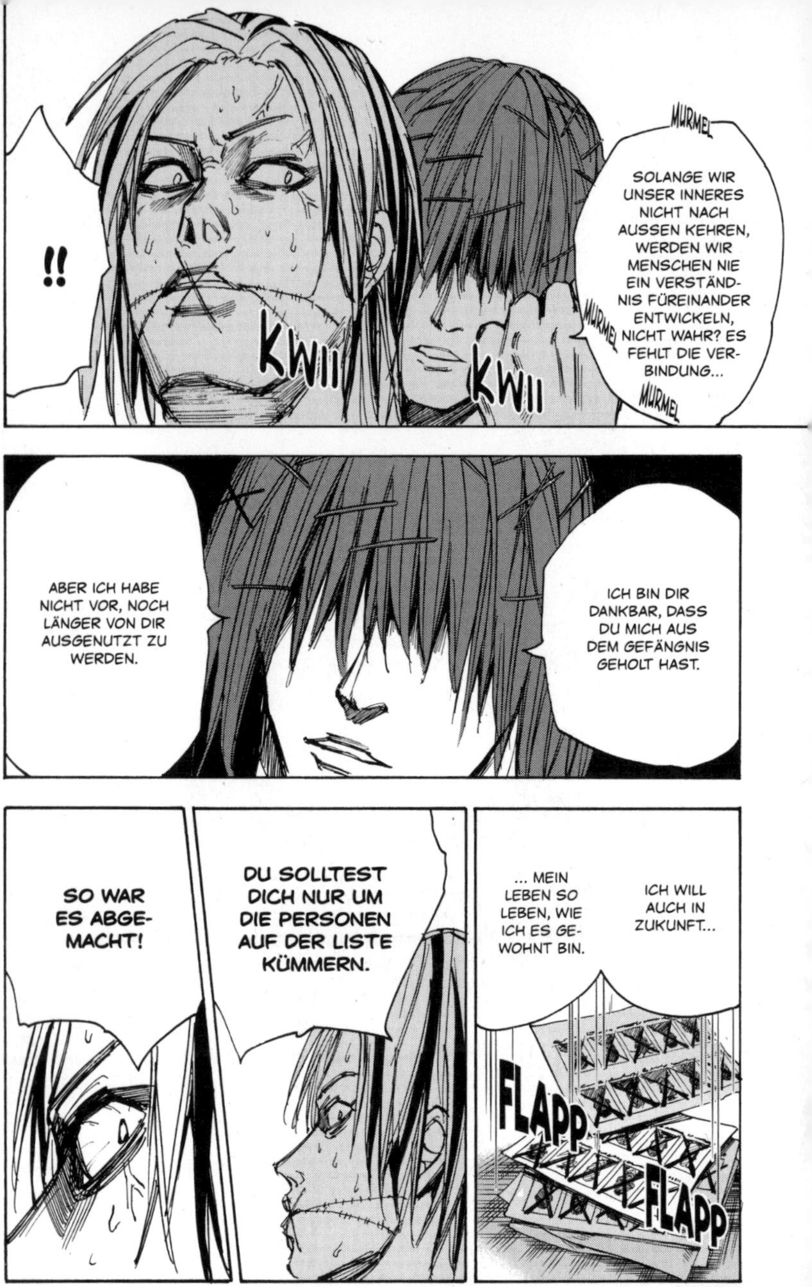
MURMEL
SOLANGE WIR UNSER INNERES NICHT NACH AUSSEN KEHREN, WERDEN WIR MENSCHEN NIE EIN VERSTÄNDNIS FÜREINANDER ENTWICKELN, NICHT WAHR? ES FEHLT DIE VERBINDUNG...
MURMEL
MURMEL
KWII
KWII
!!
ICH BIN DIR DANKBAR, DASS DU MICH AUS DEM GEFÄNGNIS GEHOLT HAST.
ABER ICH HABE NICHT VOR, NOCH LÄNGER VON DIR AUSGENUTZT ZU WERDEN.
ICH WILL AUCH IN ZUKUNFT...
... MEIN LEBEN SO LEBEN, WIE ICH ES GEWOHNT BIN.
FLAPP
FLAPP
DU SOLLTEST DICH NUR UM DIE PERSONEN AUF DER LISTE KÜMMERN.
SO WAR ES ABGEMACHT!

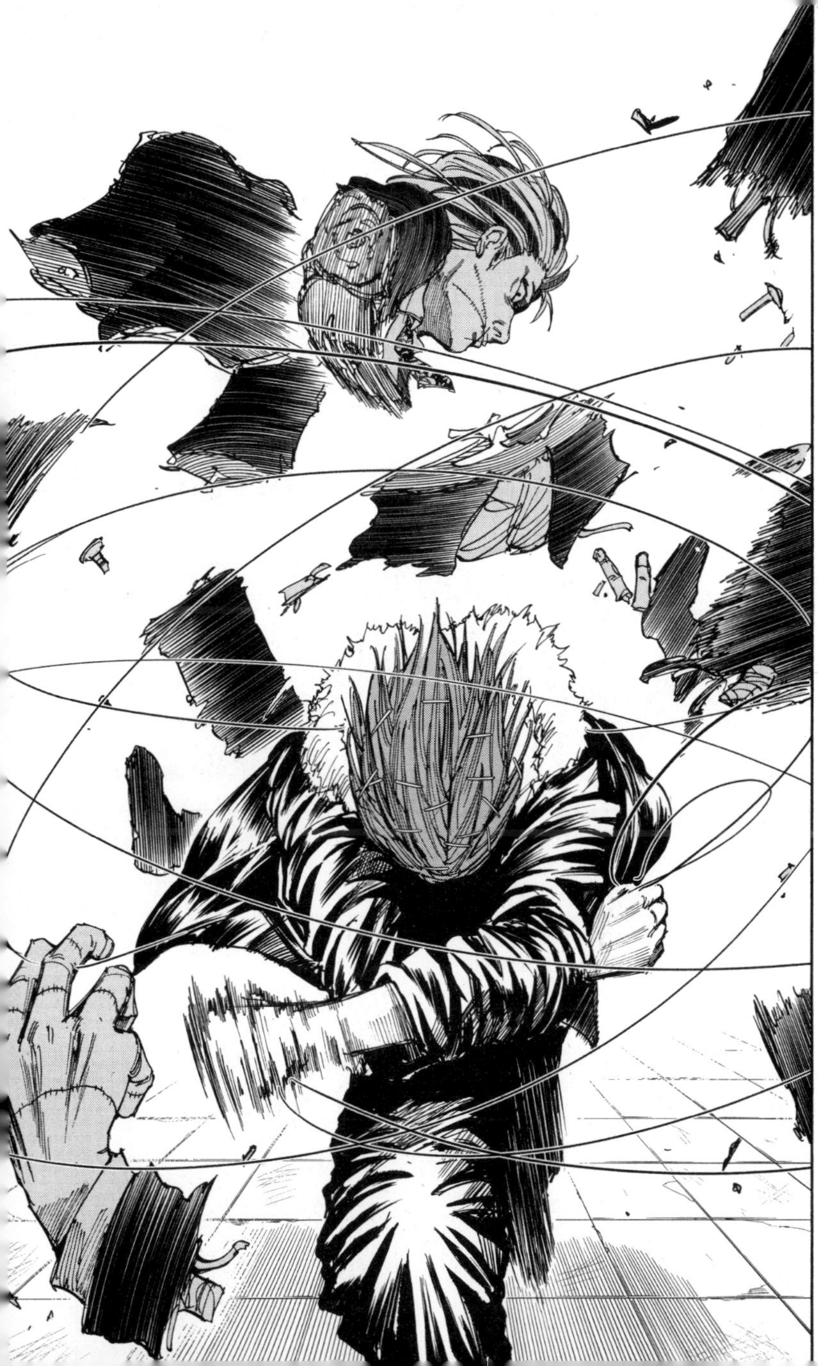

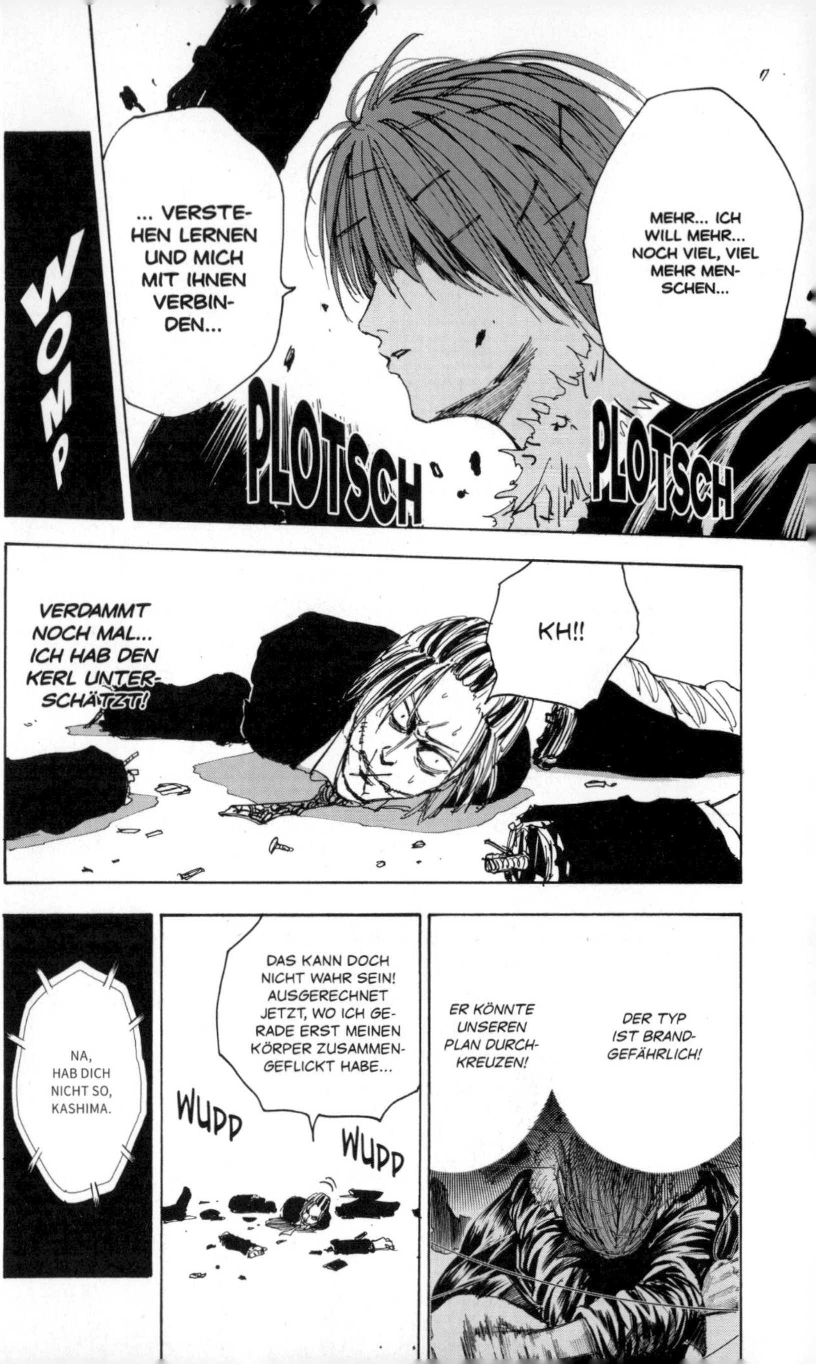
MEHR... ICH WILL MEHR... NOCH VIEL, VIEL MEHR MENSCHEN...
... VERSTEHEN LERNEN UND MICH MIT IHNEN VERBINDEN...
PLOTSCH
PLOTSCH
WOMP
KH!!
VERDAMMT NOCH MAL... ICH HAB DEN KERL UNTERSCHÄTZT!
DER TYP IST BRANDGEFÄHRLICH!
ER KÖNNTE UNSEREN PLAN DURCHKREUZEN!
DAS KANN DOCH NICHT WAHR SEIN! AUSGERECHNET JETZT, WO ICH GERADE ERST MEINEN KÖRPER ZUSAMMENGEFLICKT HABE...
WUPP
WUPP
NA, HAB DICH NICHT SO, KASHIMA.

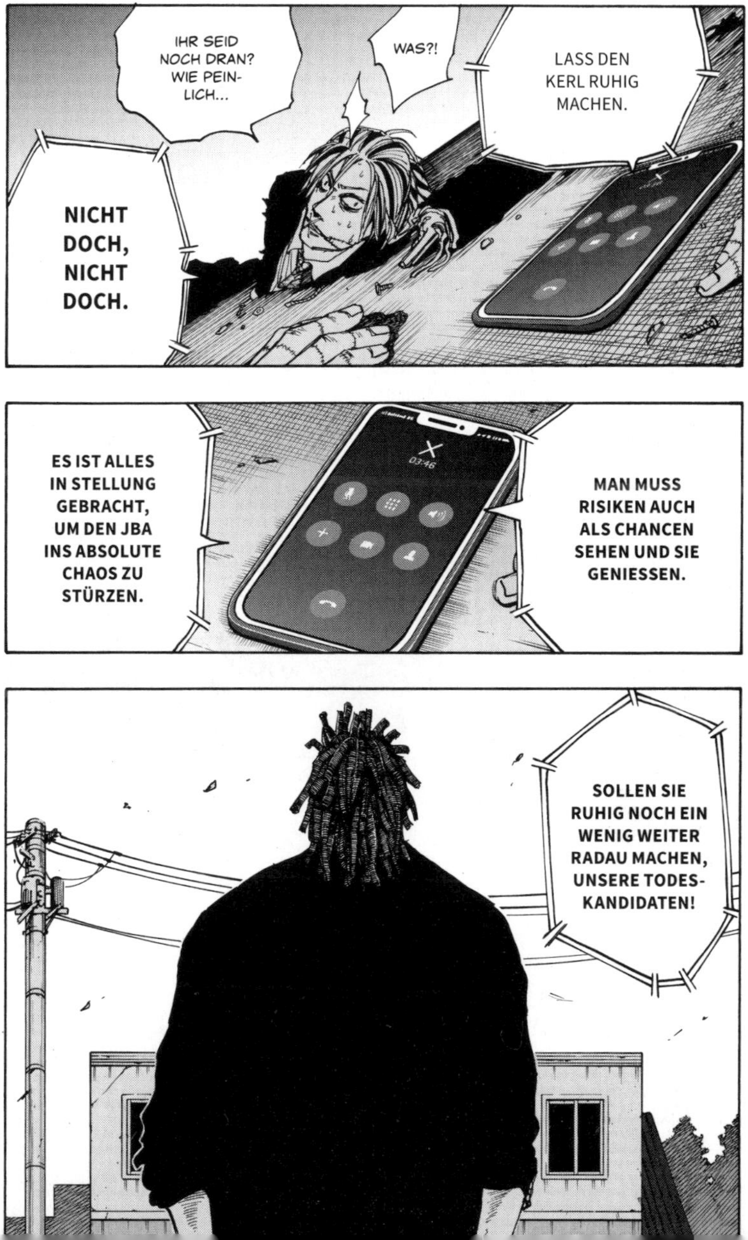
LASS DEN KERL RUHIG MACHEN.
WAS?!
IHR SEID NOCH DRAN? WIE PEIN-LICH...
NICHT DOCH, NICHT DOCH.
MAN MUSS RISIKEN AUCH ALS CHANCEN SEHEN UND SIE GENIESSEN.
ES IST ALLES IN STELLUNG GEBRACHT, UM DEN JBA INS ABSOLUTE CHAOS ZU STÜRZEN.
SOLLEN SIE RUHIG NOCH EIN WENIG WEITER RADAU MACHEN, UNSERE TODES-KANDIDATEN!

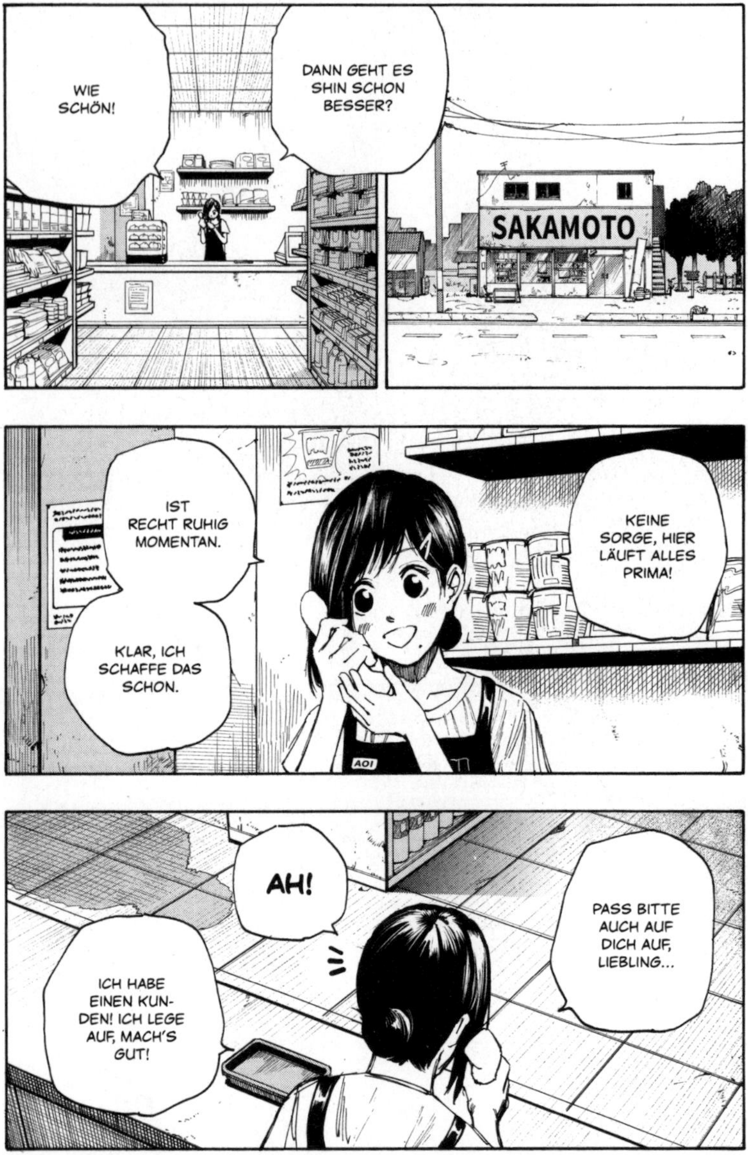
SAKAMOTO
DANN GEHT ES SHIN SCHON BESSER?
WIE SCHÖN!
KEINE SORGE, HIER LÄUFT ALLES PRIMA!
IST RECHT RUHIG MOMENTAN.
KLAR, ICH SCHAFFE DAS SCHON.
AOI
PASS BITTE AUCH AUF DICH AUF, LIEBLING...
AH!
ICH HABE EINEN KUNDEN! ICH LEGE AUF, MACH'S GUT!

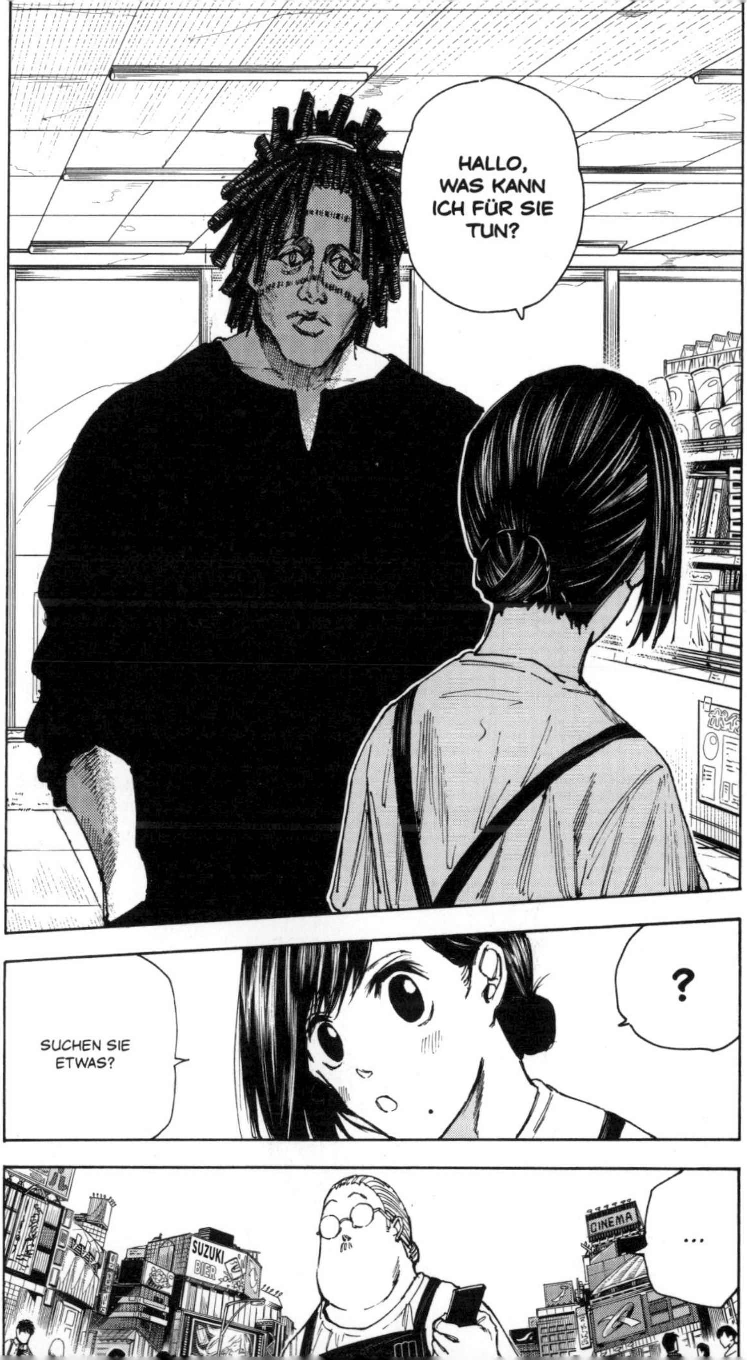
HALLO, WAS KANN ICH FÜR SIE TUN?
?
SUCHEN SIE ETWAS?
...

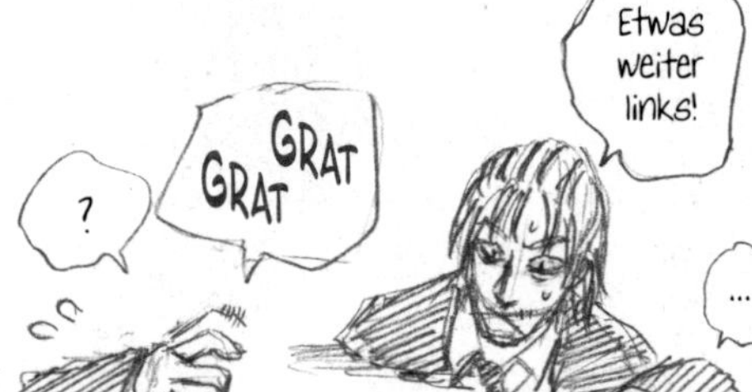
?
GRAT GRAT
Etwas weiter links!
...

DAYS 45 Sturmangriff

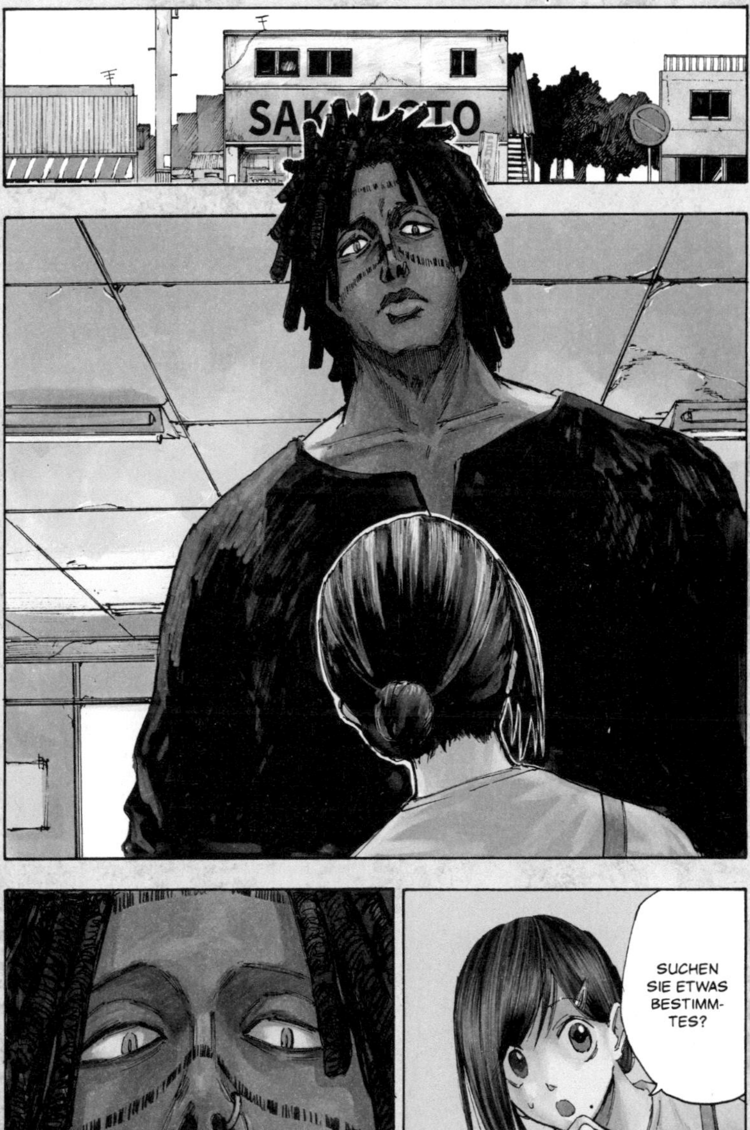

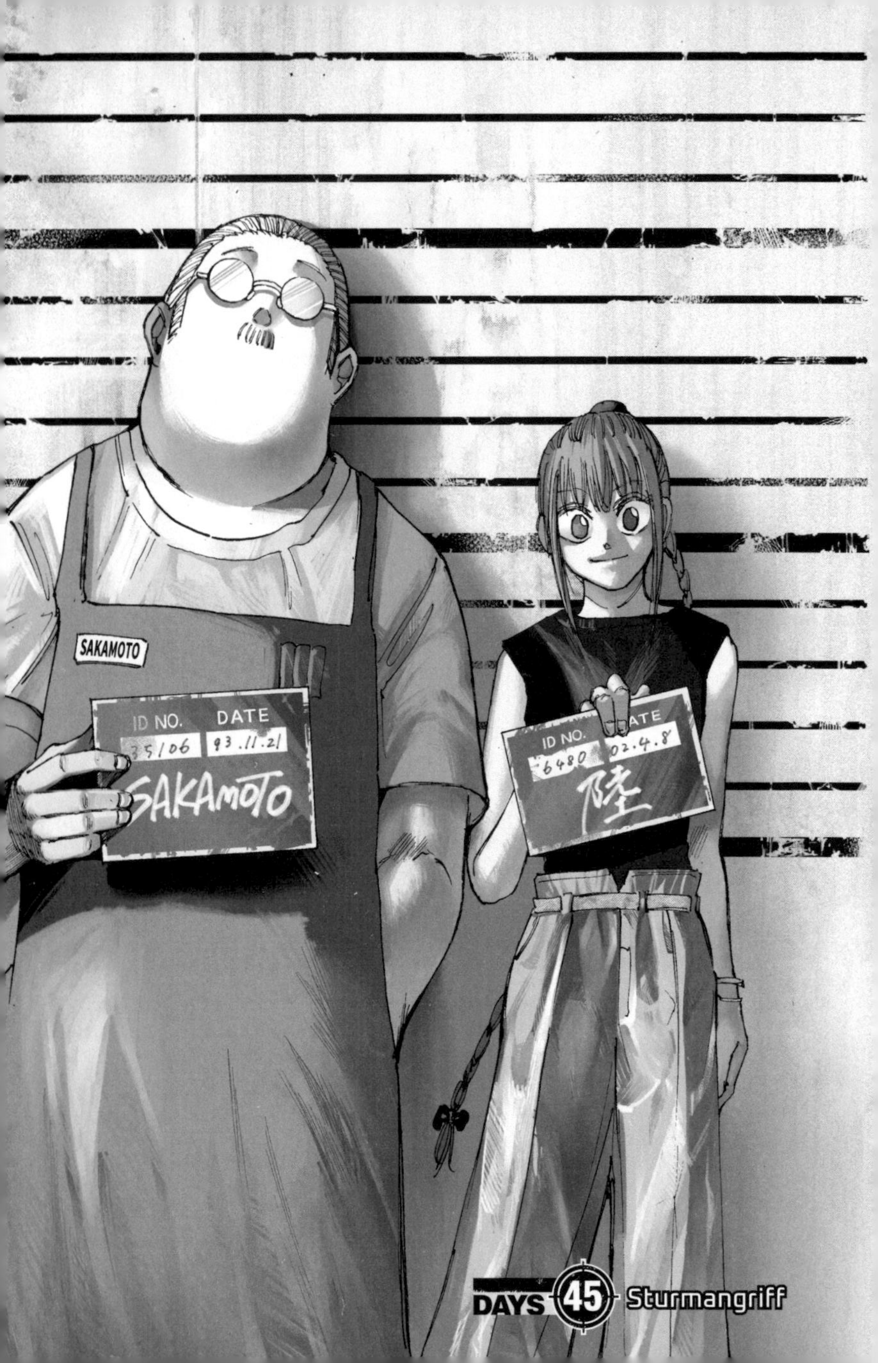
SAKAMOTO
ID NO.
DATE
35106
93.11.21
SAKAMOTO
ID NO.
DATE
6480
02.4.8
陸
DAYS 45 Sturmangriff

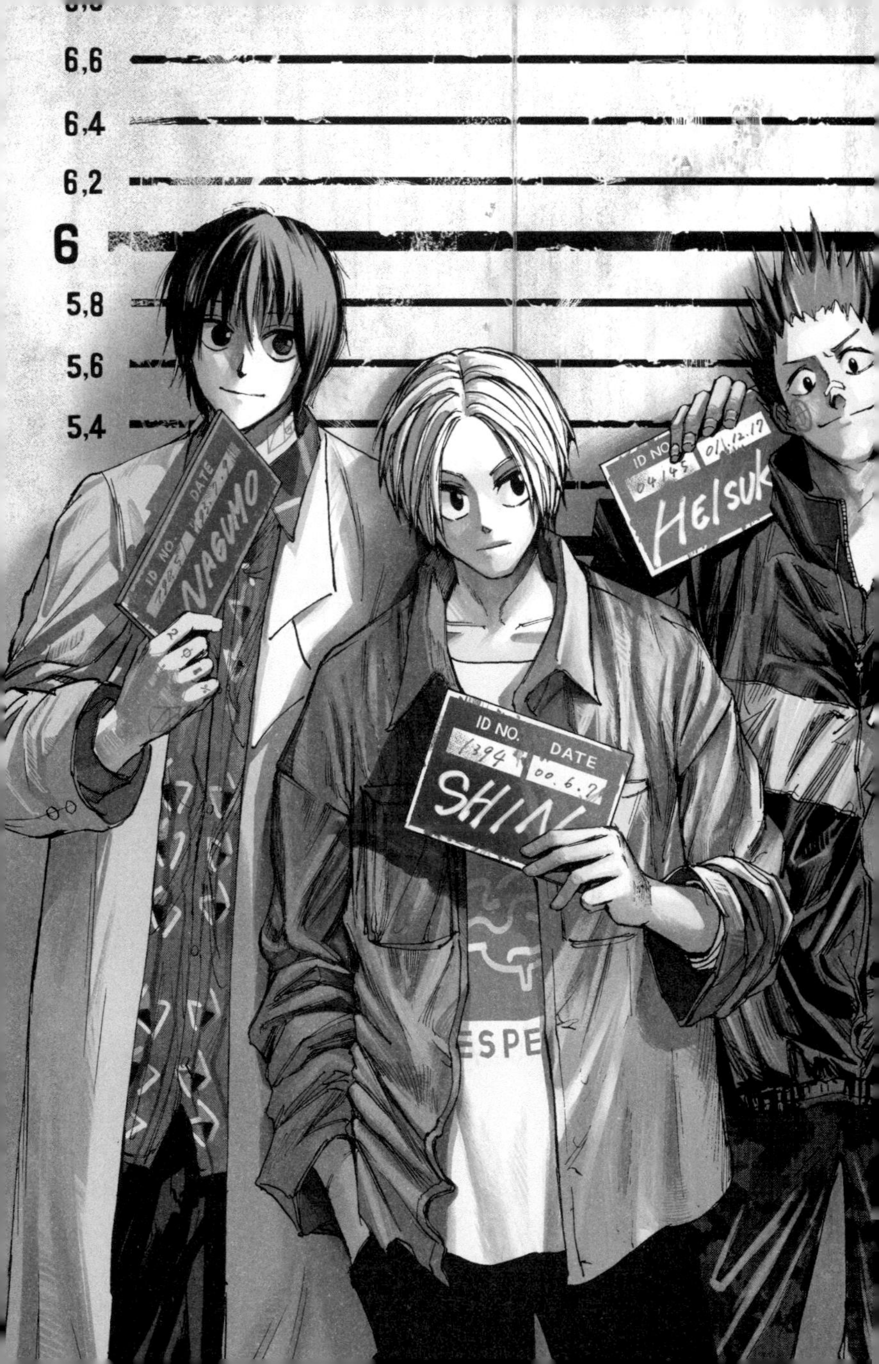
6,6
6,4
6,2
6
5,8
5,6
5,4
ID NO. DATE
NAGUMO
ID NO. DATE
1394 00.6.2
SHIN
ID NO.
04145 01.12.17
HEISUK
ESPE

SAKAMOTO DAYS

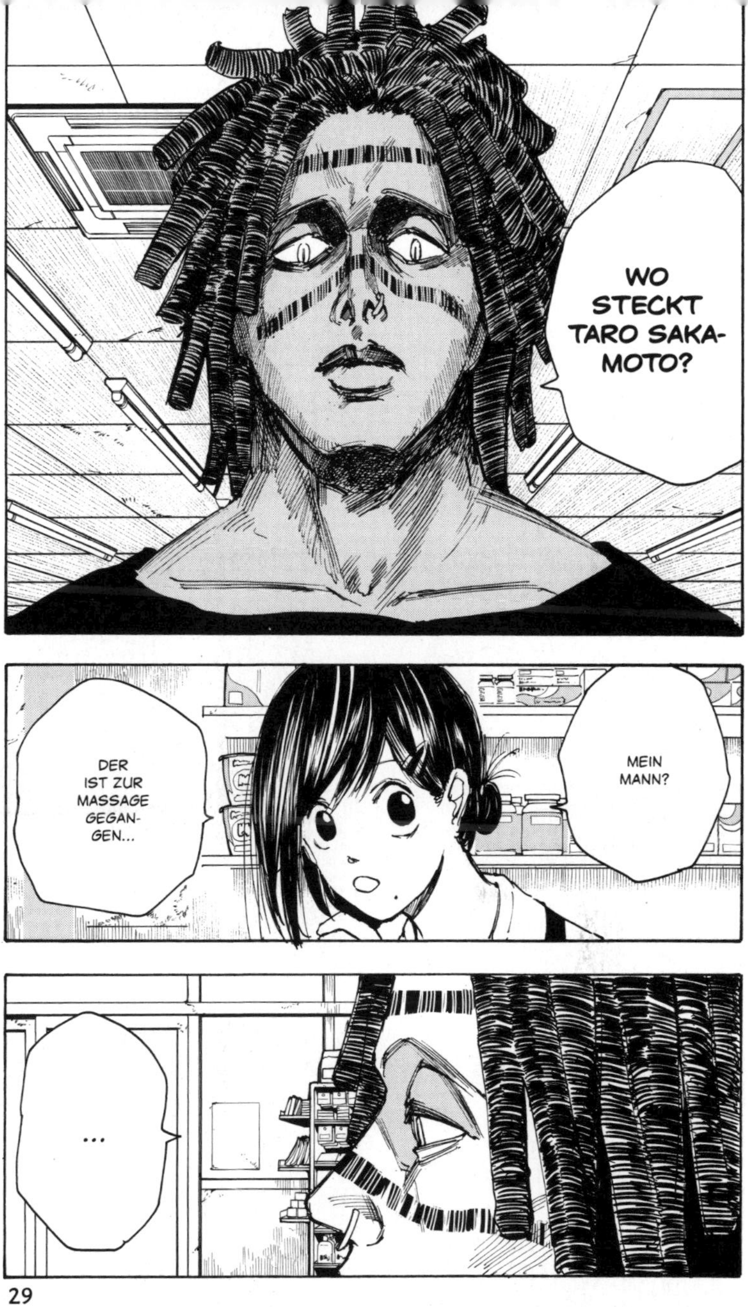
WO STECKT TARO SAKA-MOTO?
MEIN MANN?
DER IST ZUR MASSAGE GEGAN-GEN...
...

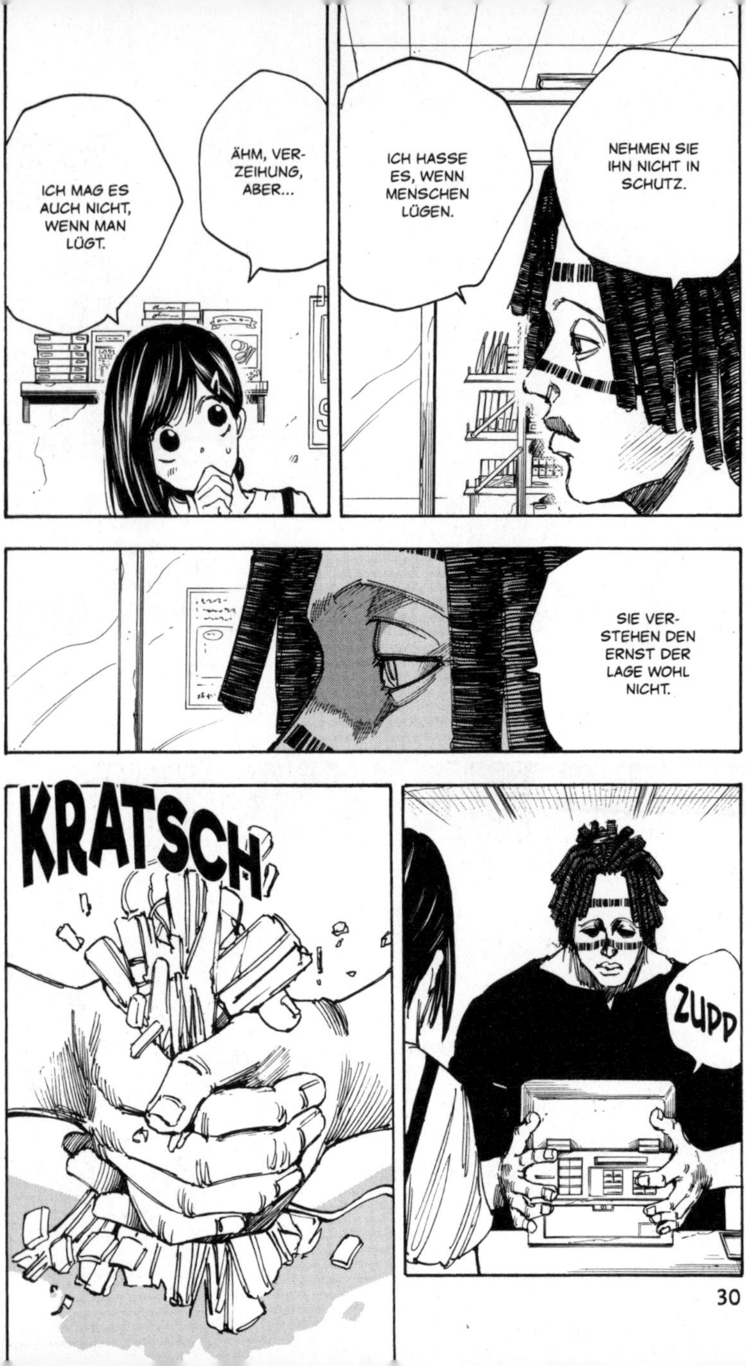
NEHMEN SIE IHN NICHT IN SCHUTZ.
ICH HASSE ES, WENN MENSCHEN LÜGEN.
ÄHM, VERZEIHUNG, ABER...
ICH MAG ES AUCH NICHT, WENN MAN LÜGT.
SIE VERSTEHEN DEN ERNST DER LAGE WOHL NICHT.
ZUPP
KRATSCH

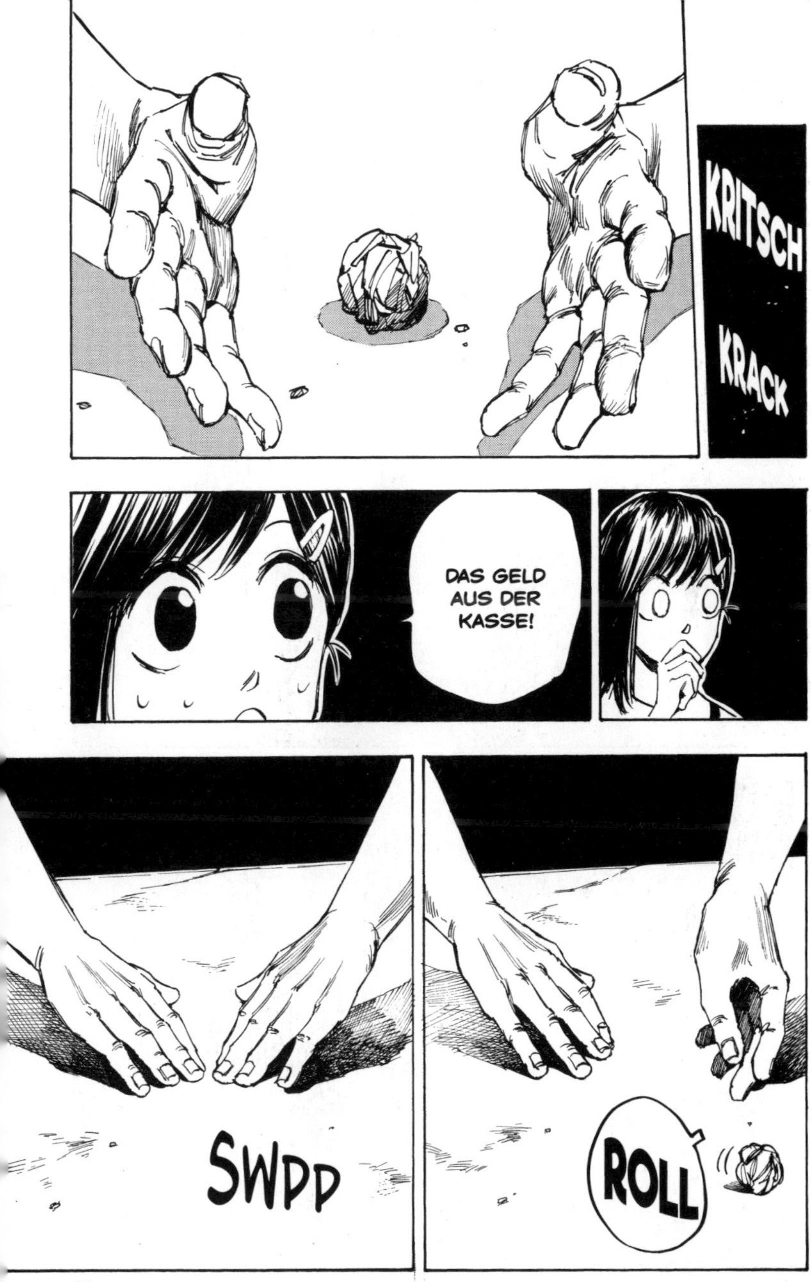
KRITSCH
KRACK
DAS GELD AUS DER KASSE!
SWPP
ROLL

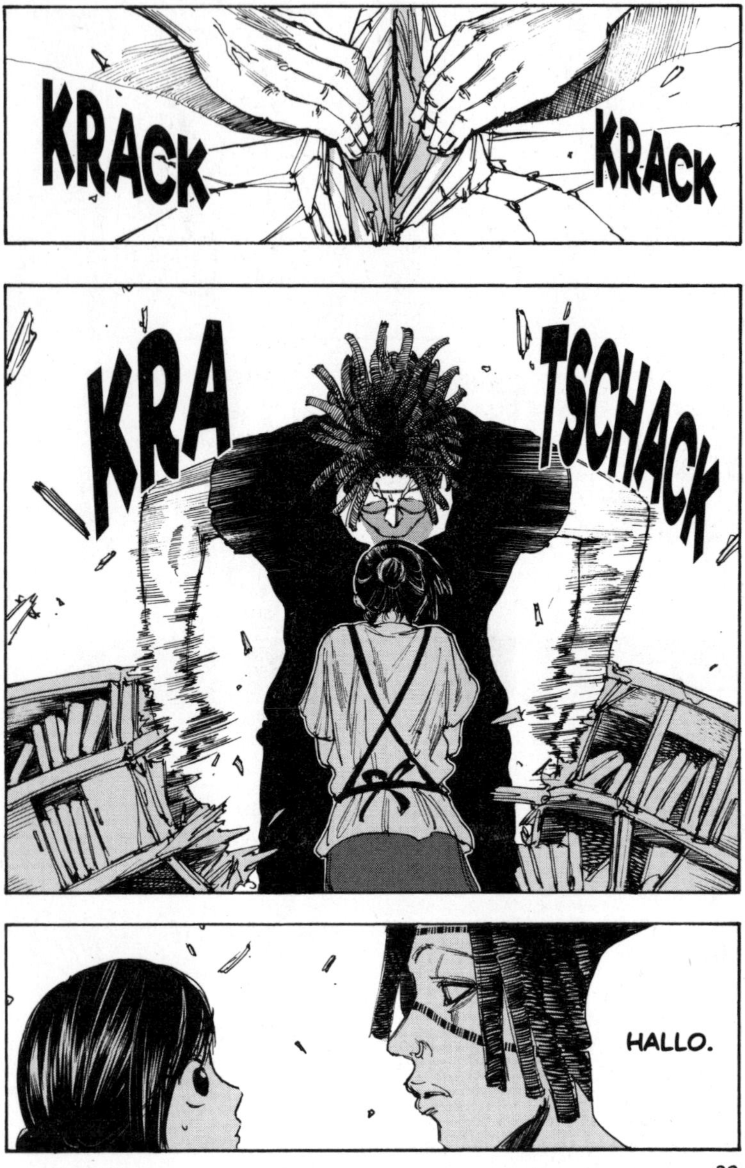
KRACK
KRACK
KRA
TSCHACK
HALLO.

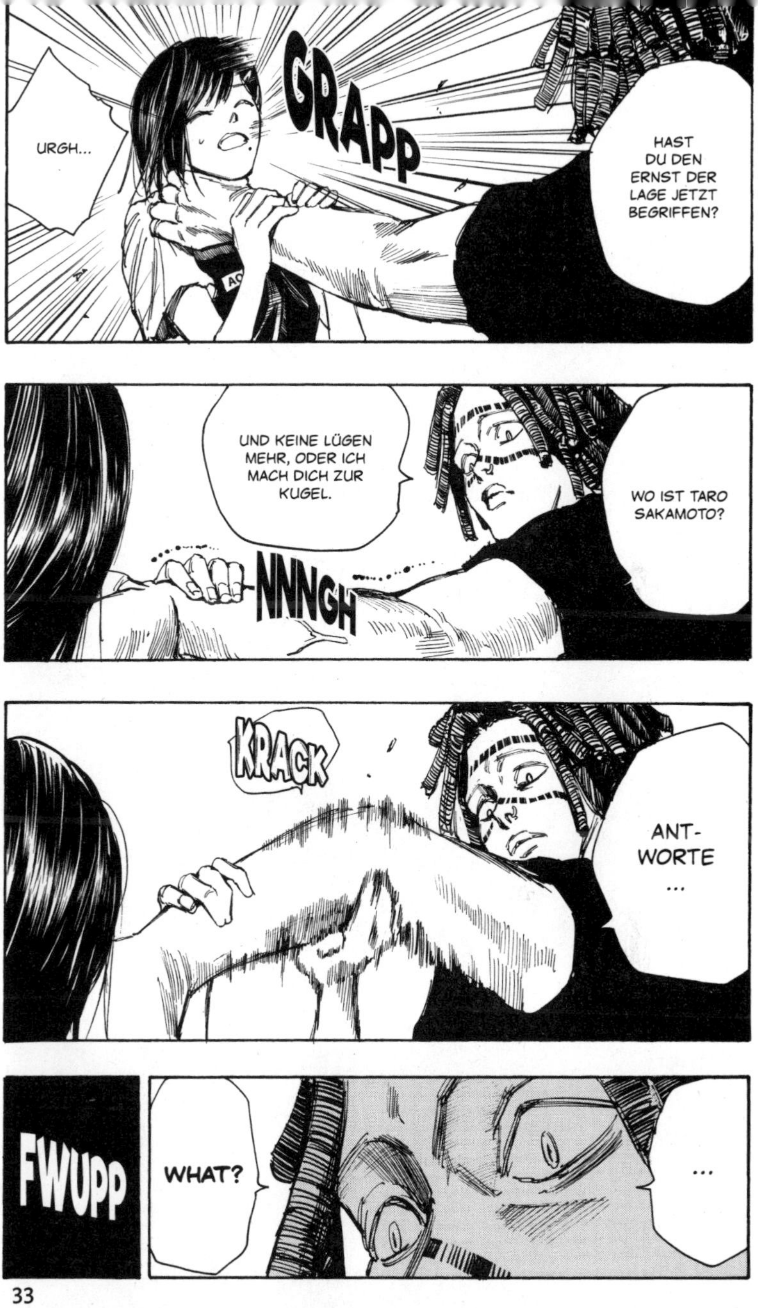
HAST DU DEN ERNST DER LAGE JETZT BEGRIFFEN?
GRAPP
URGH...
WO IST TARO SAKAMOTO?
UND KEINE LÜGEN MEHR, ODER ICH MACH DICH ZUR KUGEL.
NNNGH
ANT-WORTE ...
KRACK
...
WHAT?
FWUPP

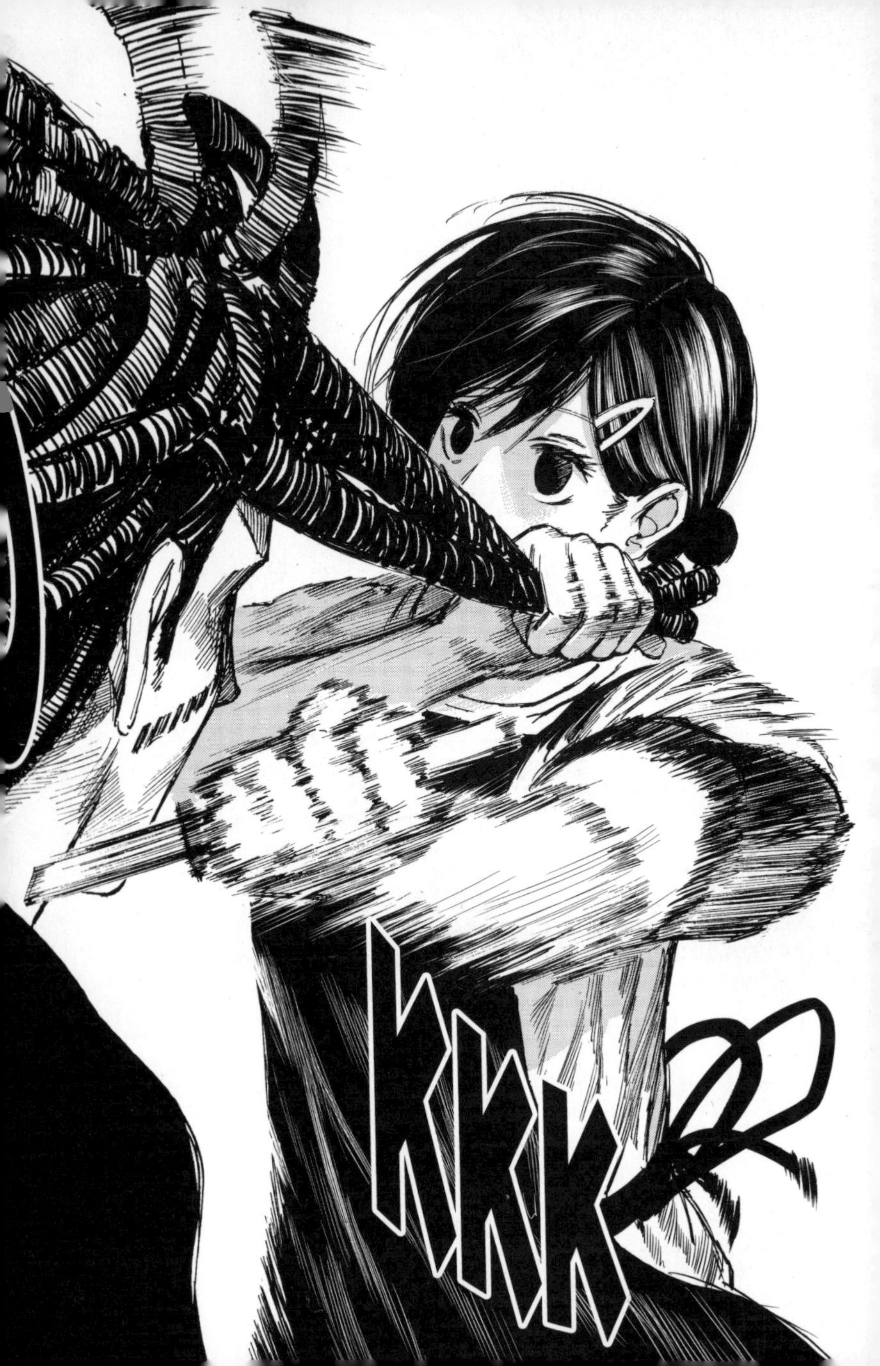
KKK

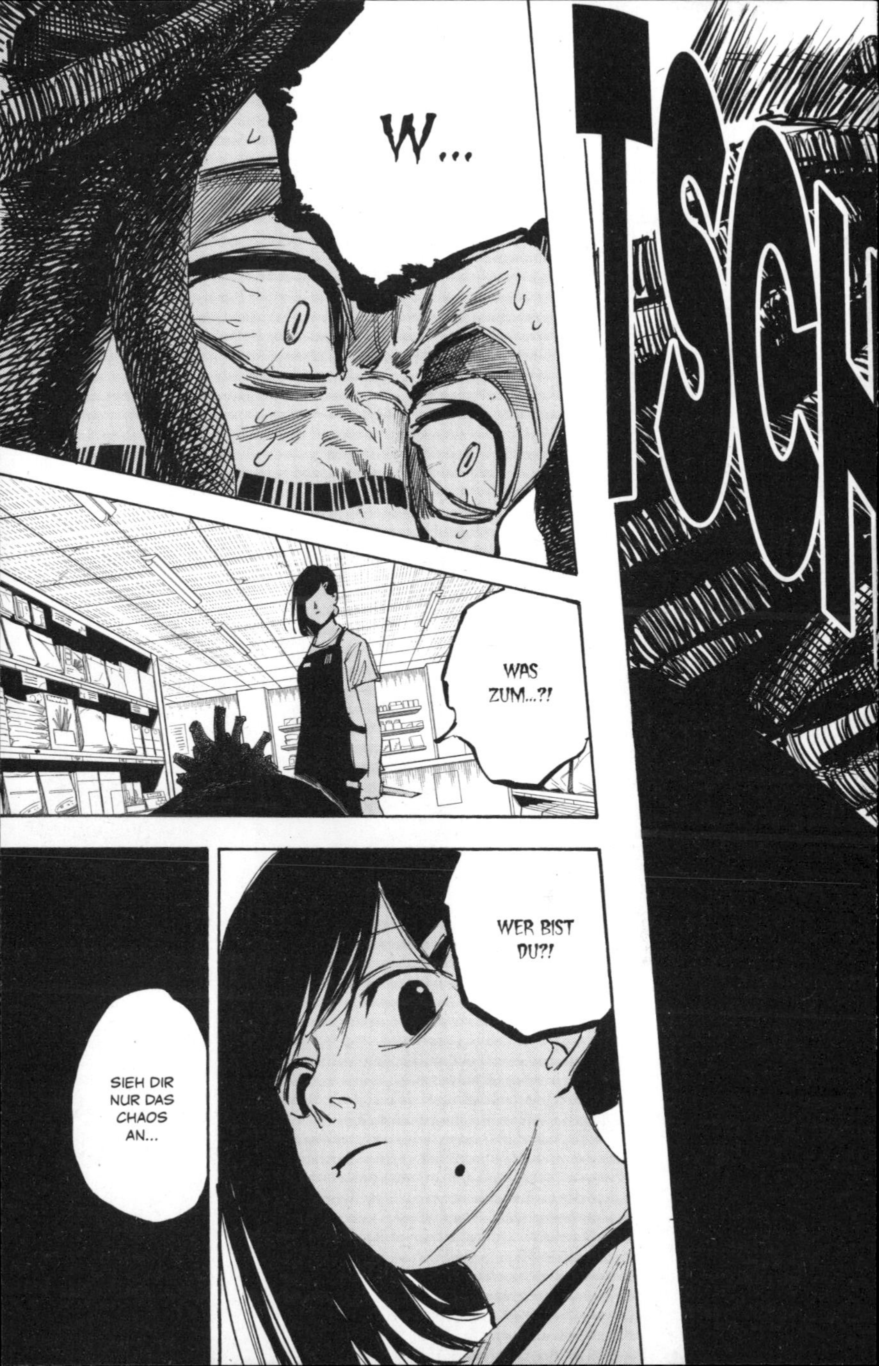
TSCH
W...
WAS ZUM...?!
WER BIST DU?!
SIEH DIR NUR DAS CHAOS AN...

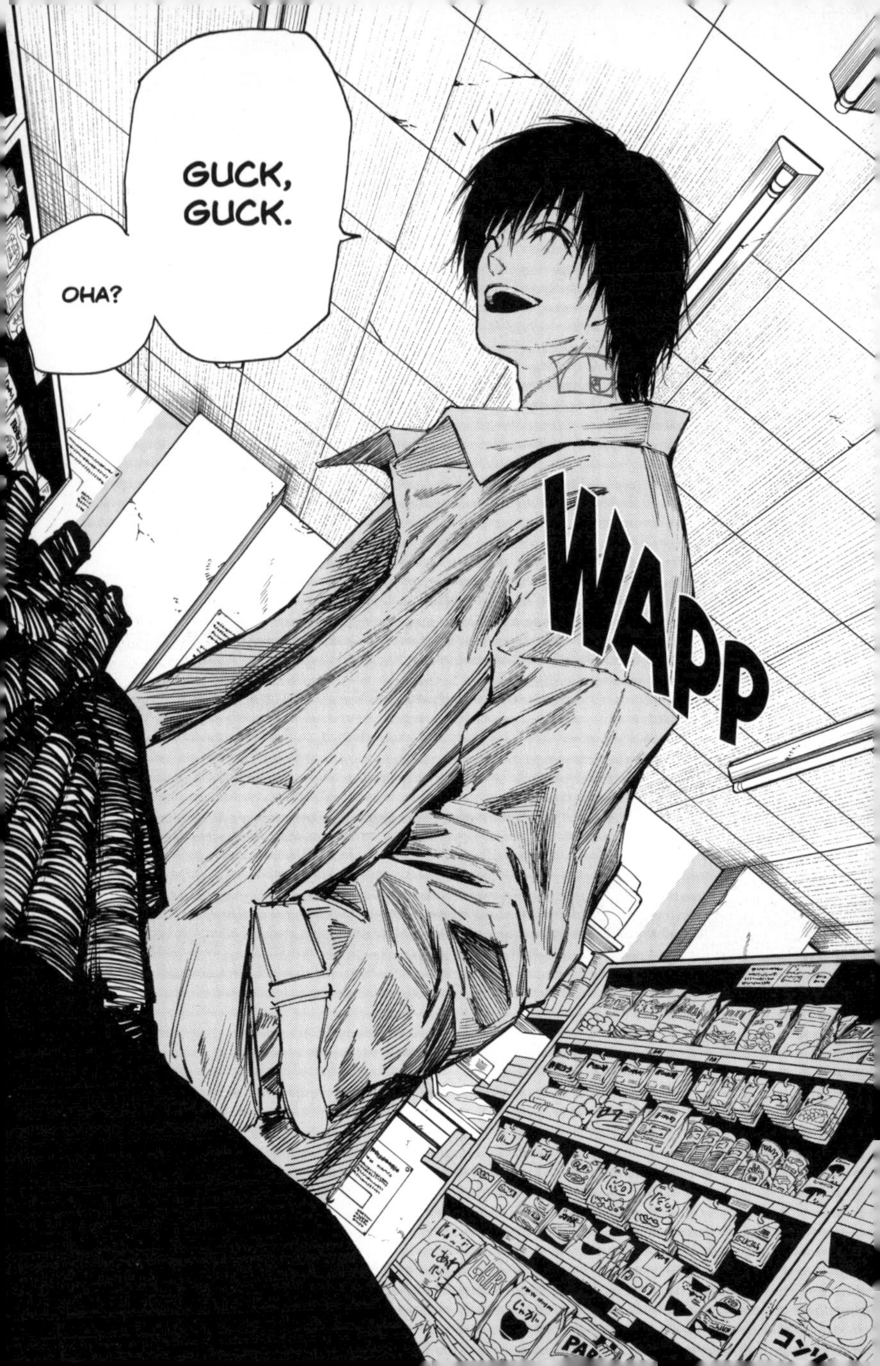
GUCK, GUCK.
OHA?
WAPP

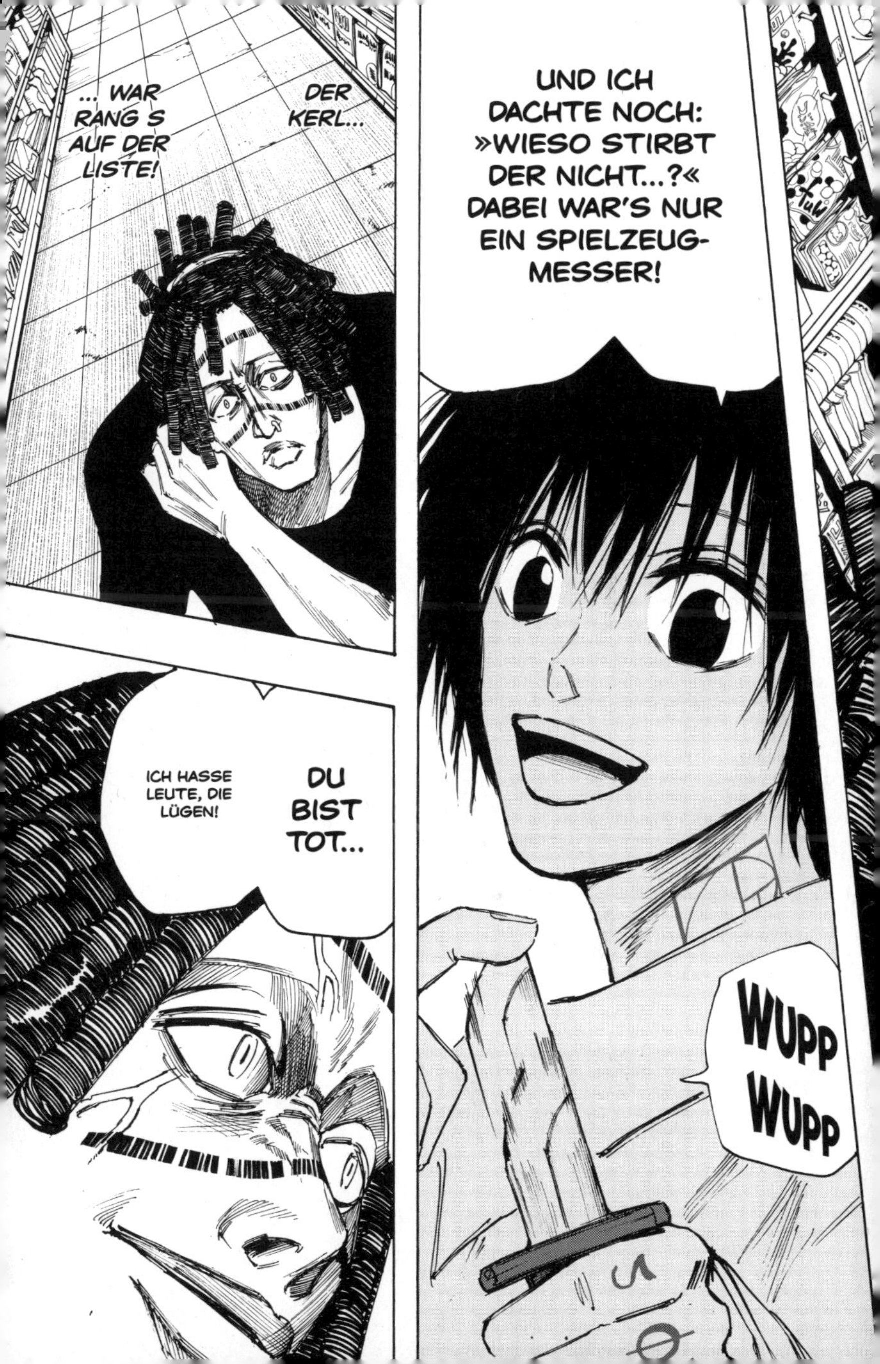
UND ICH DACHTE NOCH: »WIESO STIRBT DER NICHT...?« DABEI WAR'S NUR EIN SPIELZEUG-MESSER!
WUPP WUPP
DER KERL...
... WAR RANG S AUF DER LISTE!
DU BIST TOT...
ICH HASSE LEUTE, DIE LÜGEN!

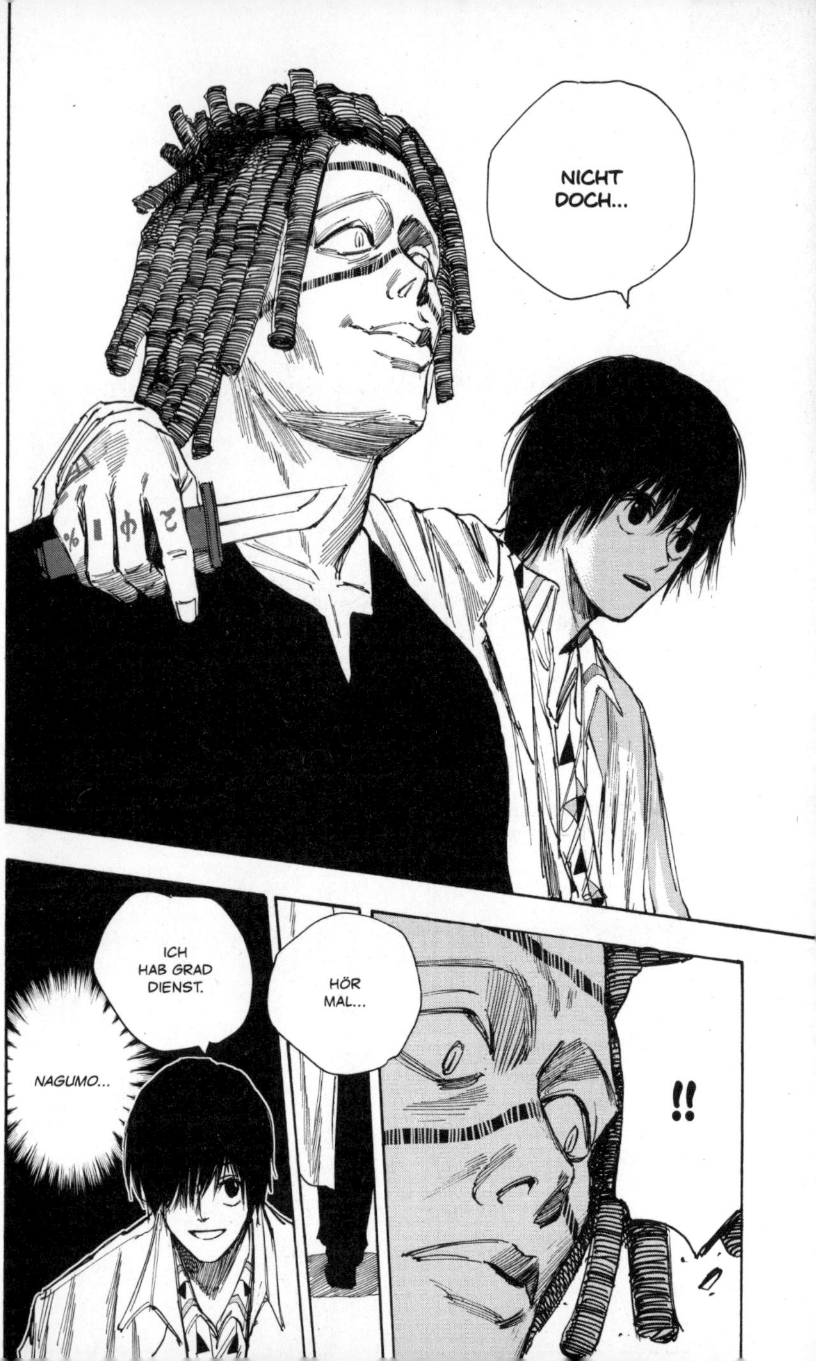
NICHT DOCH...
!!
HÖR MAL...
ICH HAB GRAD DIENST.
NAGUMO...

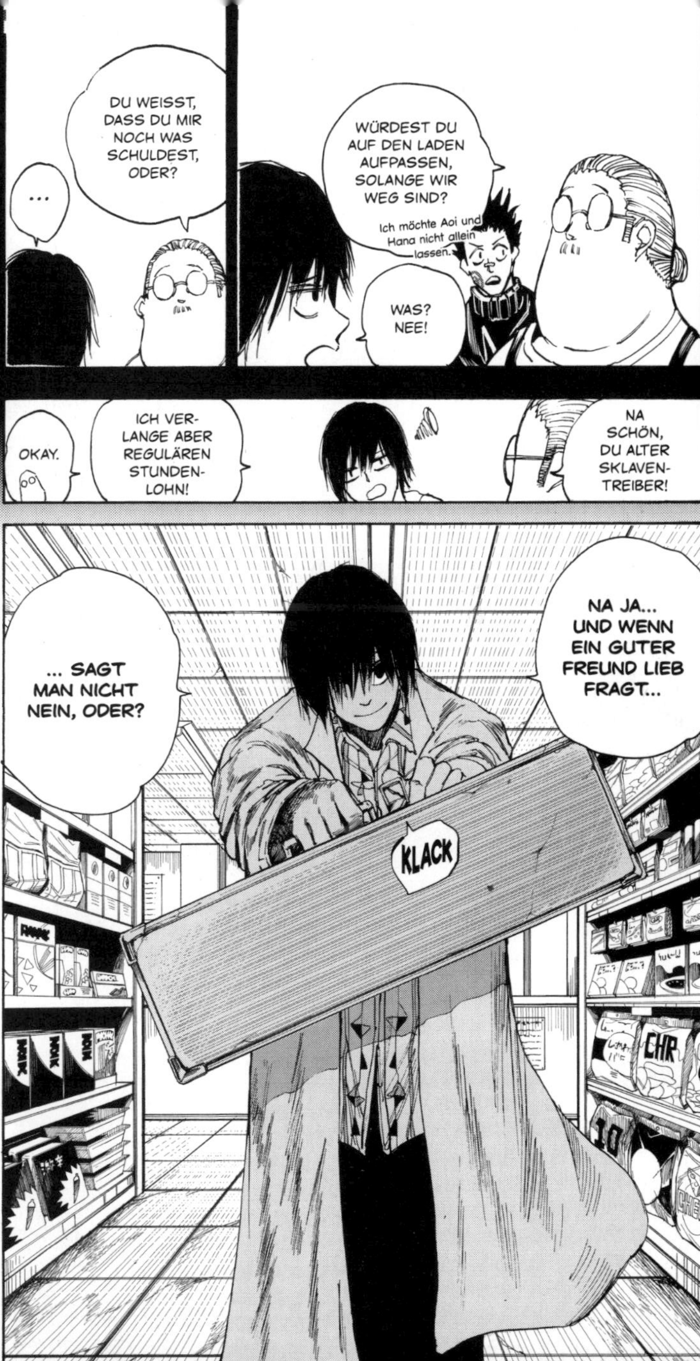
WÜRDEST DU AUF DEN LADEN AUFPASSEN, SOLANGE WIR WEG SIND?
Ich möchte Aoi und Hana nicht allein lassen.
WAS? NEE!
DU WEISST, DASS DU MIR NOCH WAS SCHULDEST, ODER?
...
NA SCHÖN, DU ALTER SKLAVENTREIBER!
ICH VERLANGE ABER REGULÄREN STUNDENLOHN!
OKAY.
NA JA... UND WENN EIN GUTER FREUND LIEB FRAGT...
... SAGT MAN NICHT NEIN, ODER?
KLACK

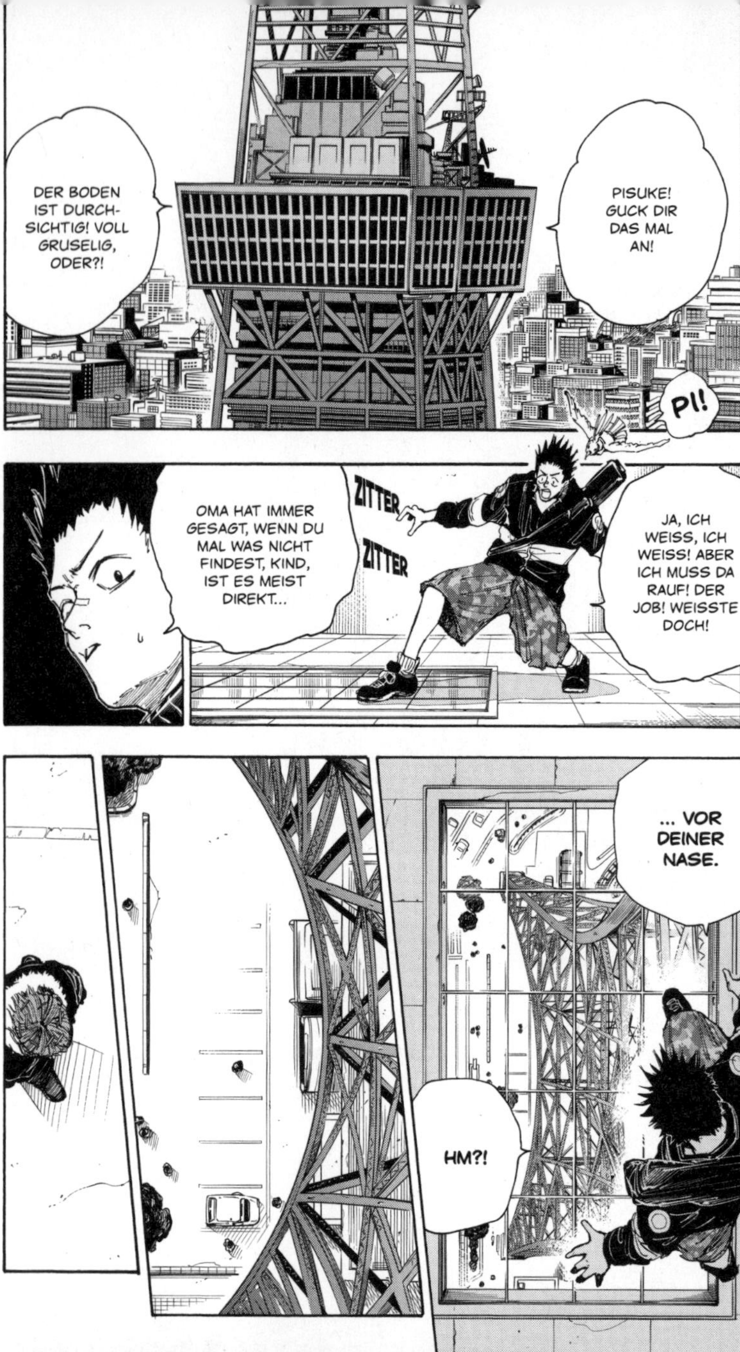
PISUKE! GUCK DIR DAS MAL AN!
DER BODEN IST DURCH-SICHTIG! VOLL GRUSELIG, ODER?!
PI!
JA, ICH WEISS, ICH WEISS! ABER ICH MUSS DA RAUF! DER JOB! WEISSTE DOCH!
ZITTER
ZITTER
OMA HAT IMMER GESAGT, WENN DU MAL WAS NICHT FINDEST, KIND, IST ES MEIST DIREKT...
... VOR DEINER NASE.
HM?!

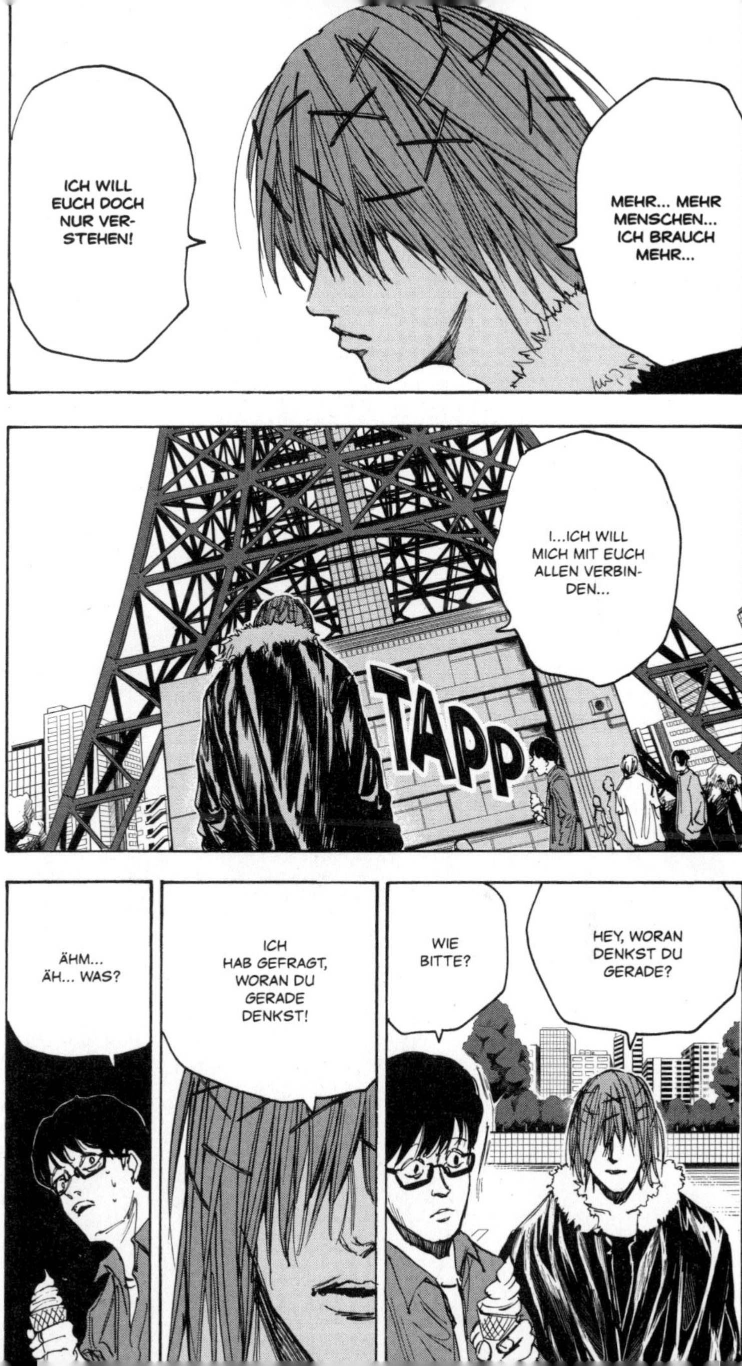
MEHR... MEHR MENSCHEN... ICH BRAUCH MEHR...
ICH WILL EUCH DOCH NUR VER-STEHEN!
I...ICH WILL MICH MIT EUCH ALLEN VERBIN-DEN...
TAPP
HEY, WORAN DENKST DU GERADE?
WIE BITTE?
ICH HAB GEFRAGT, WORAN DU GERADE DENKST!
ÄHM... ÄH... WAS?

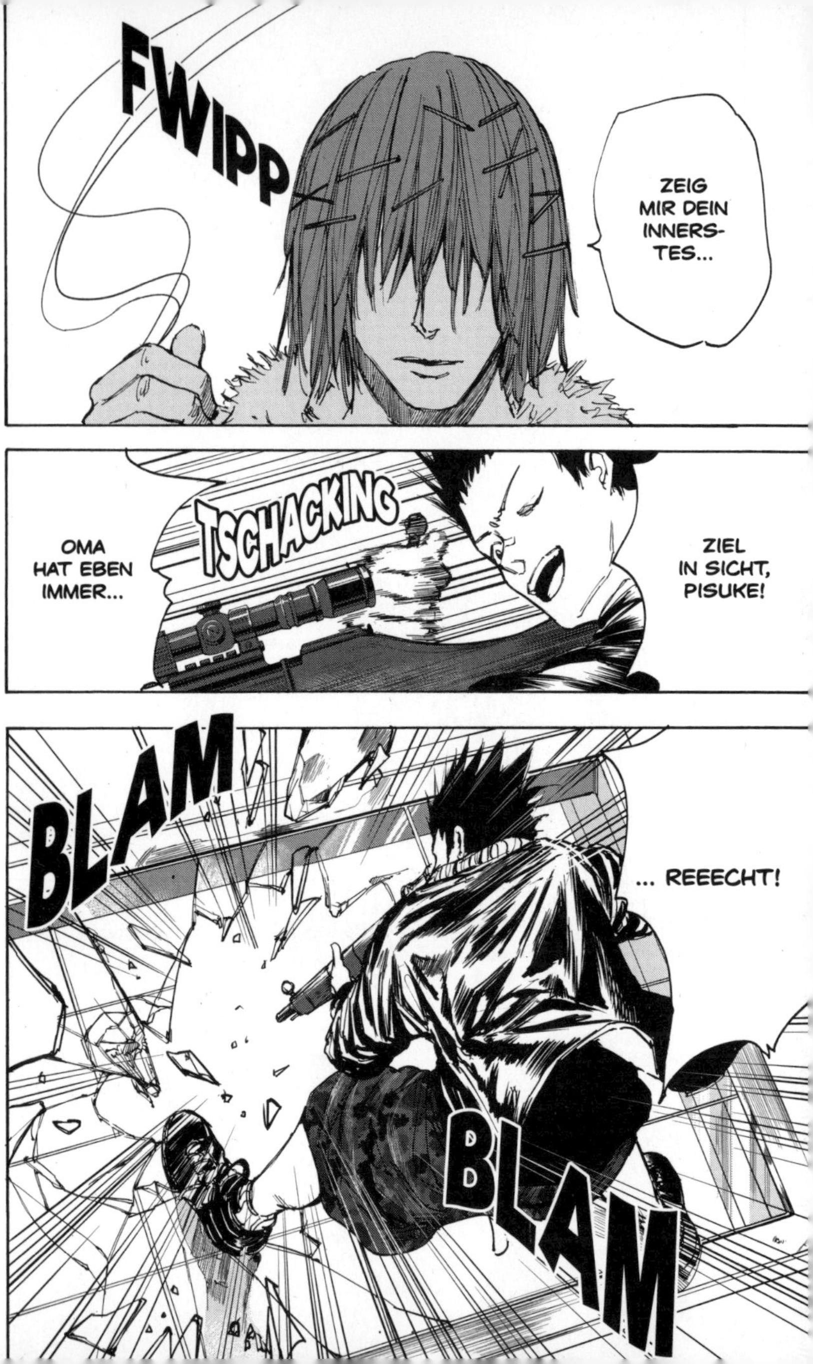
ZEIG MIR DEIN INNERSTES...
FWIPP
ZIEL IN SICHT, PISUKE!
TSCHACKING
OMA HAT EBEN IMMER...
... REEECHT!
BLAM
BLAM

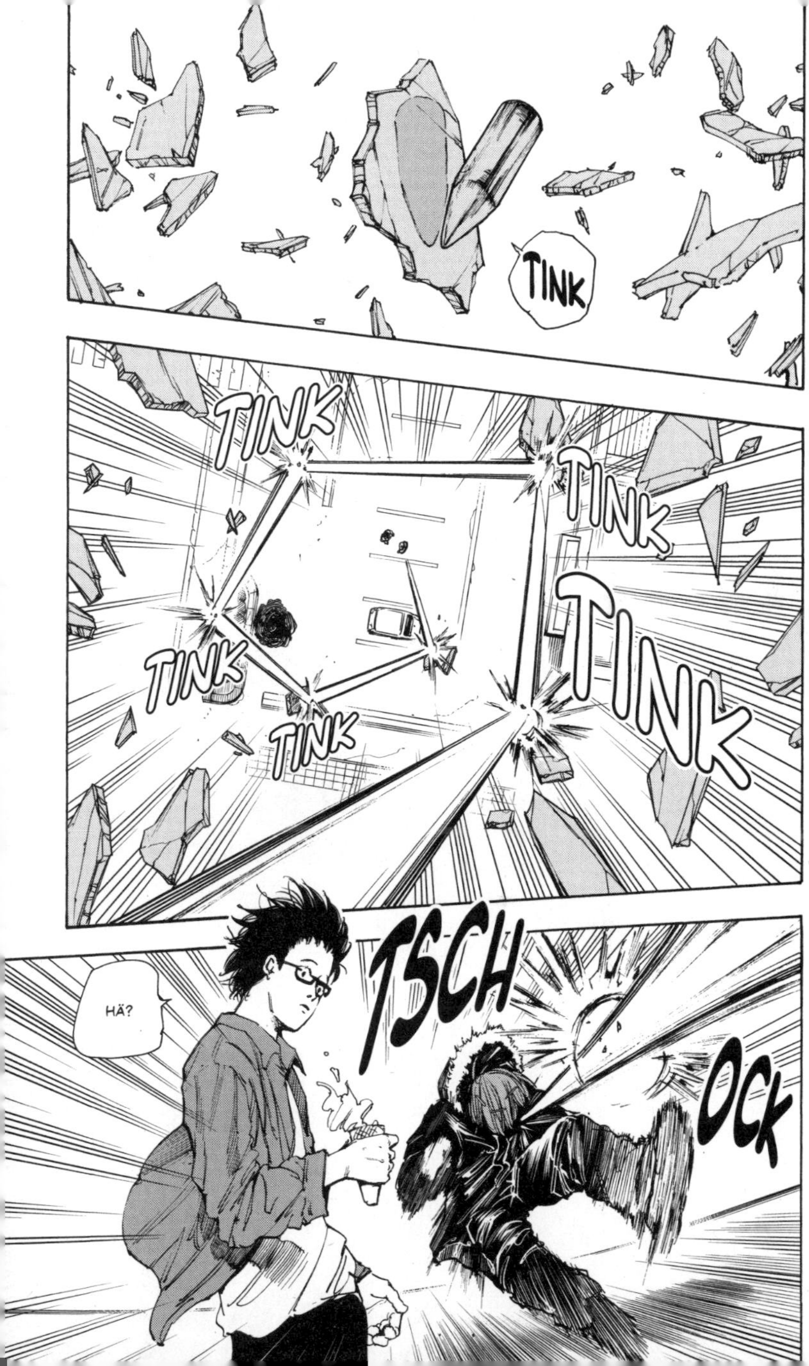
TINK
TINK
TINK
TINK
TINK
TINK
TINK
TSCH
HÄ?
OCK

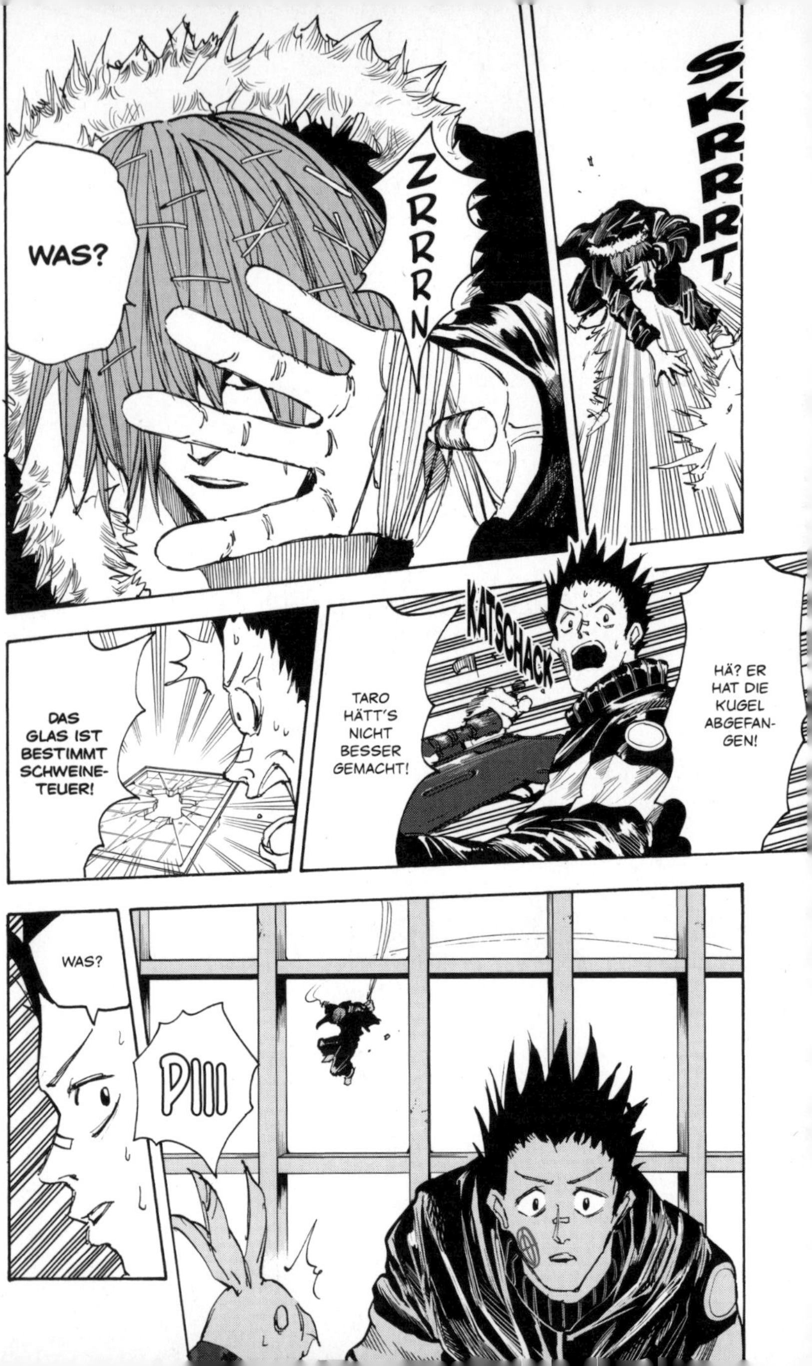
SKRRRRT
ZRRRN
WAS?
HÄ? ER HAT DIE KUGEL ABGEFAN-GEN!
KATSCHACK
TARO HÄTT'S NICHT BESSER GEMACHT!
DAS GLAS IST BESTIMMT SCHWEINE-TEUER!
PIII
WAS?

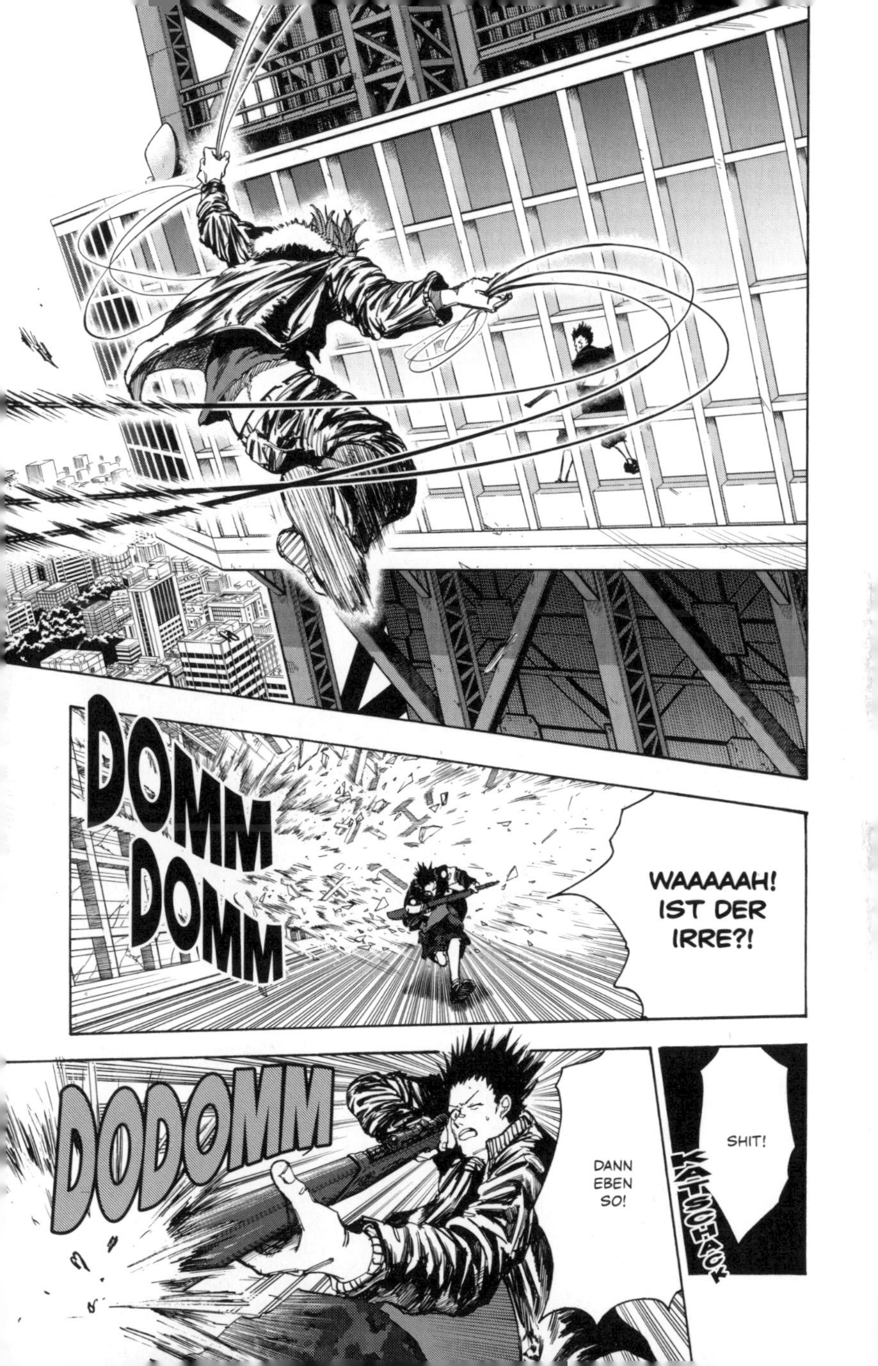
DOMM DOMM DOMM
WAAAAAH! IST DER IRRE?!
SHIT!
KATSCHACK
DANN EBEN SO!
DODOMM

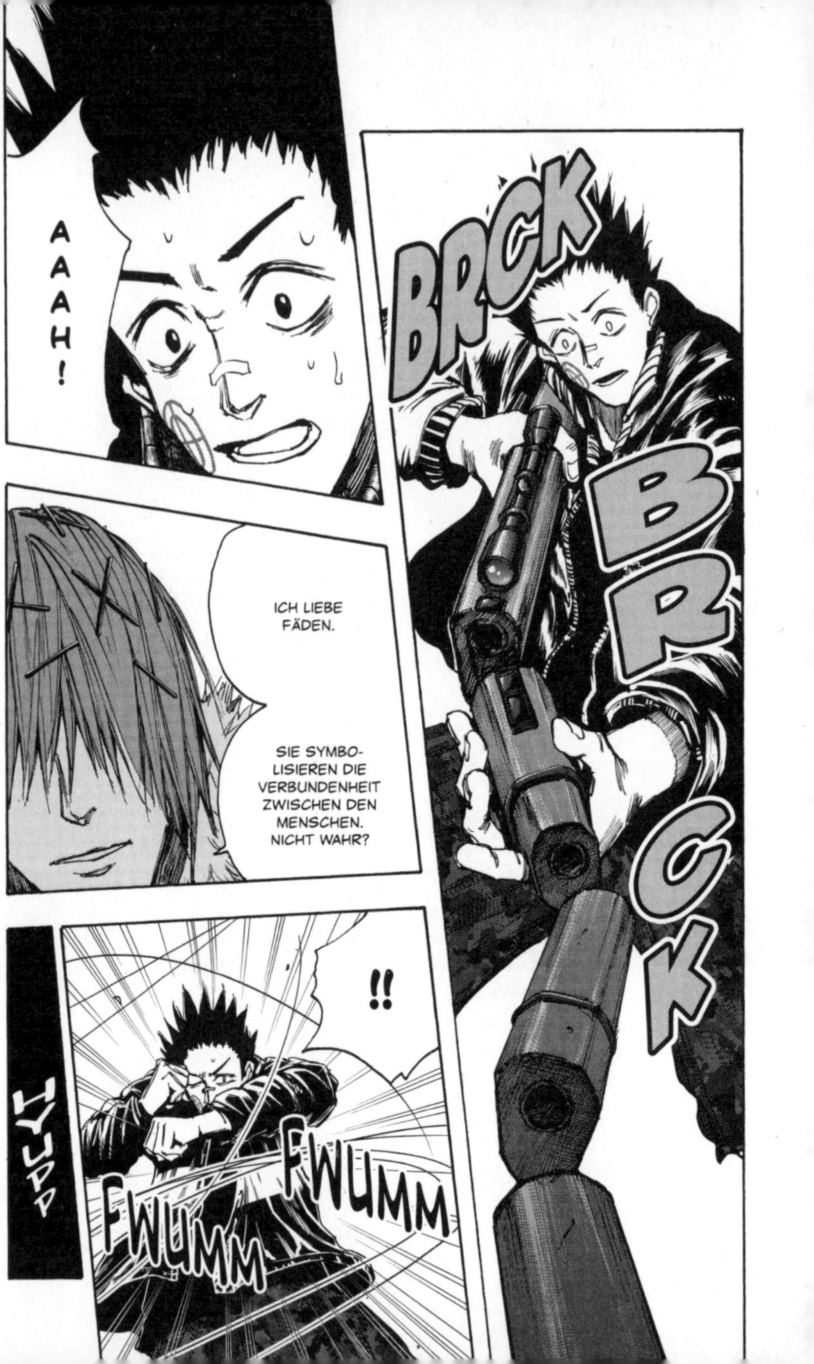

BRCK
BRCK
AAAAH!
ICH LIEBE FÄDEN.
SIE SYMBO-LISIEREN DIE VERBUNDENHEIT ZWISCHEN DEN MENSCHEN. NICHT WAHR?
!!
HYUPP
FWUMM
FWUMM

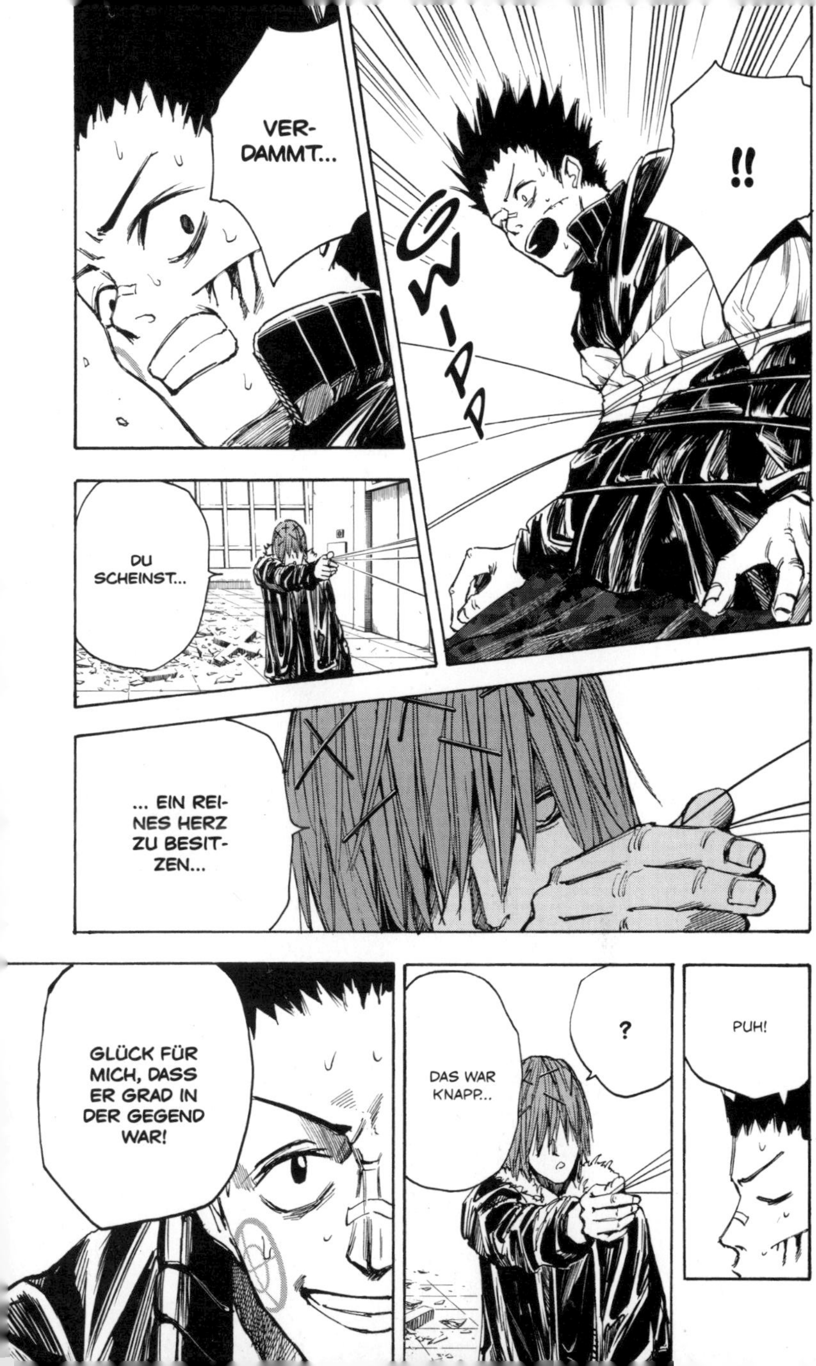
!!
WIPP
VER-DAMMT...
DU SCHEINST...
... EIN REINES HERZ ZU BESITZEN...
PUH!
?
DAS WAR KNAPP...
GLÜCK FÜR MICH, DASS ER GRAD IN DER GEGEND WAR!

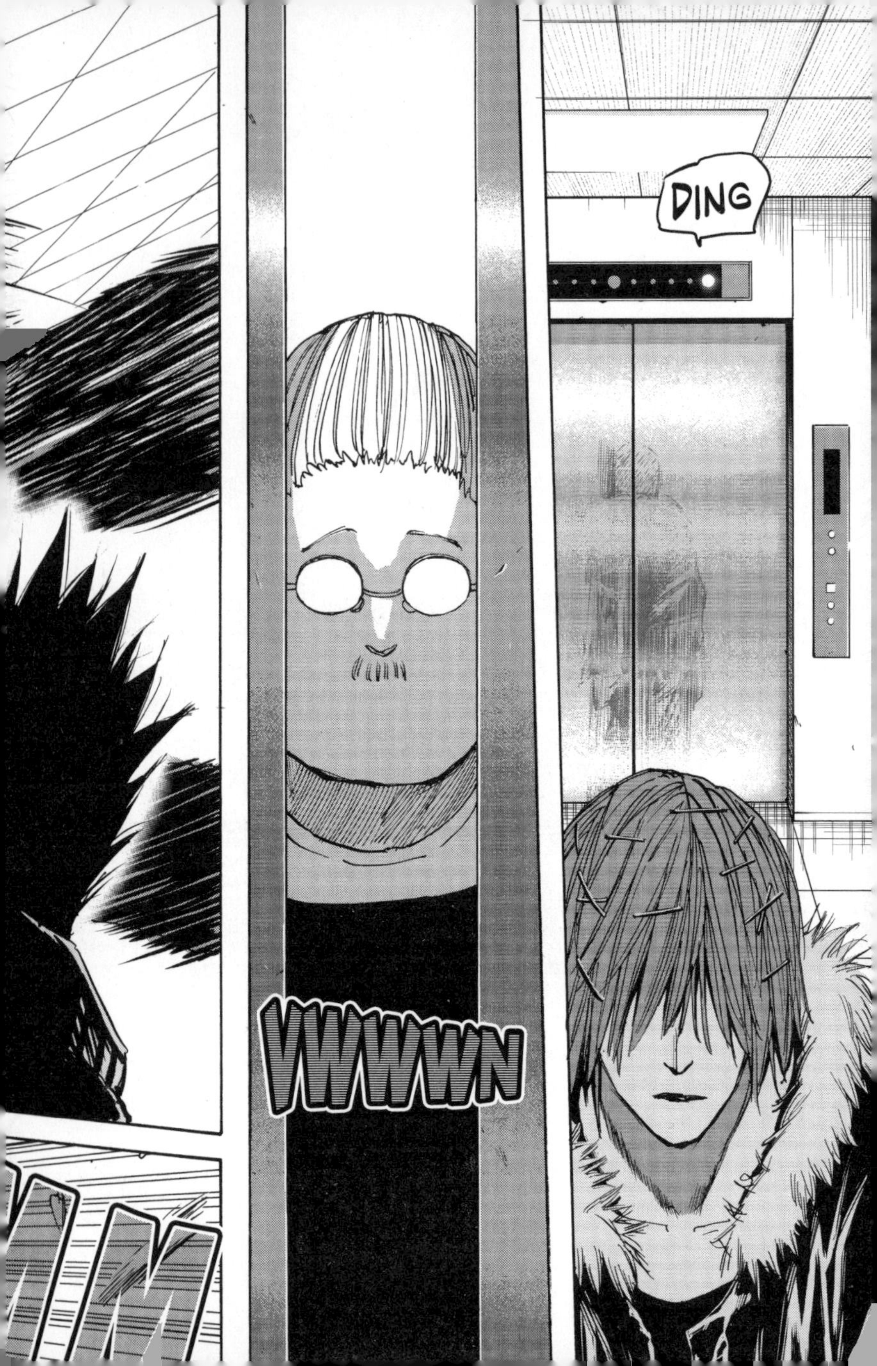

DING
VWWWN

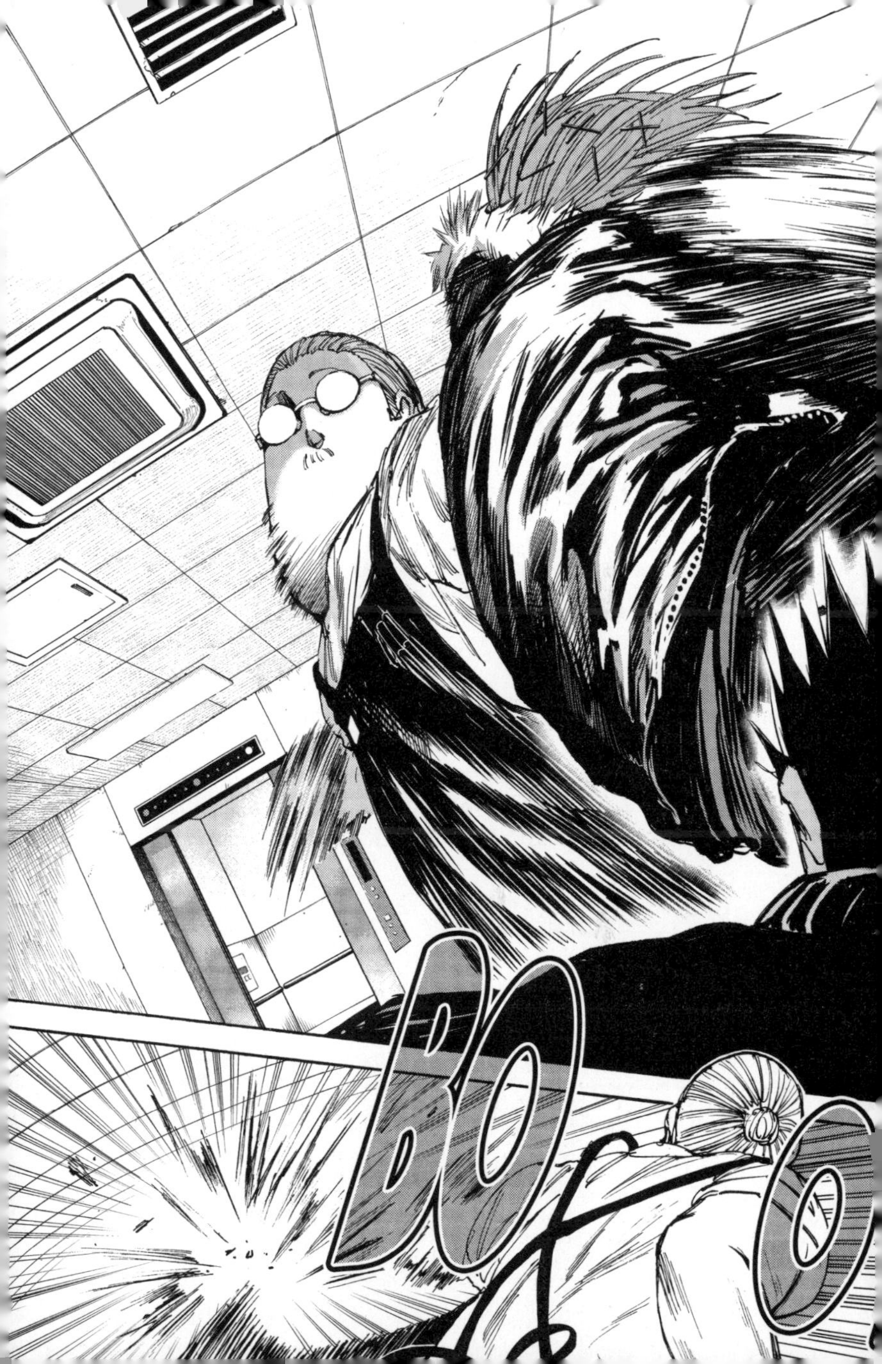
BOFO

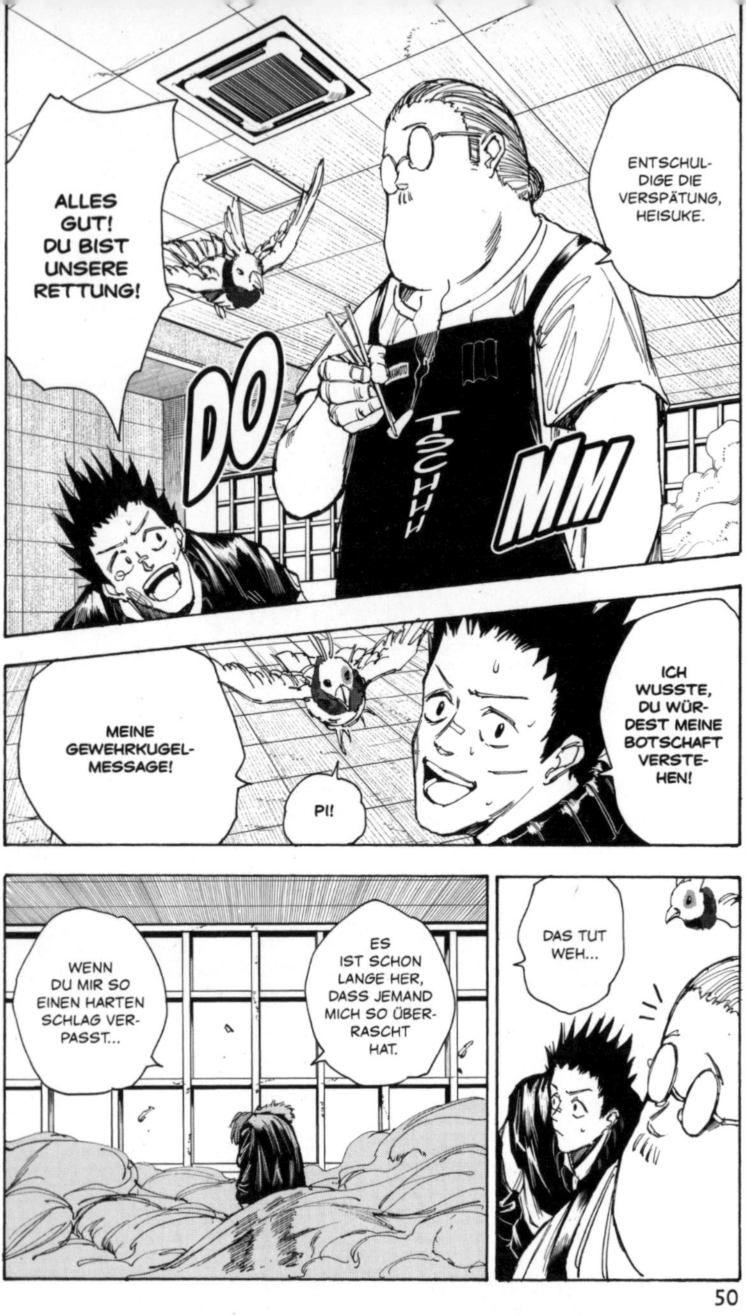
ENTSCHULDIGE DIE VERSPÄTUNG, HEISUKE.
ALLES GUT! DU BIST UNSERE RETTUNG!
DO MM
TSCHHH
ICH WUSSTE, DU WÜRDEST MEINE BOTSCHAFT VERSTEHEN!
MEINE GEWEHRKUGEL-MESSAGE!
PI!
DAS TUT WEH...
ES IST SCHON LANGE HER, DASS JEMAND MICH SO ÜBERRASCHT HAT.
WENN DU MIR SO EINEN HARTEN SCHLAG VERPASST...

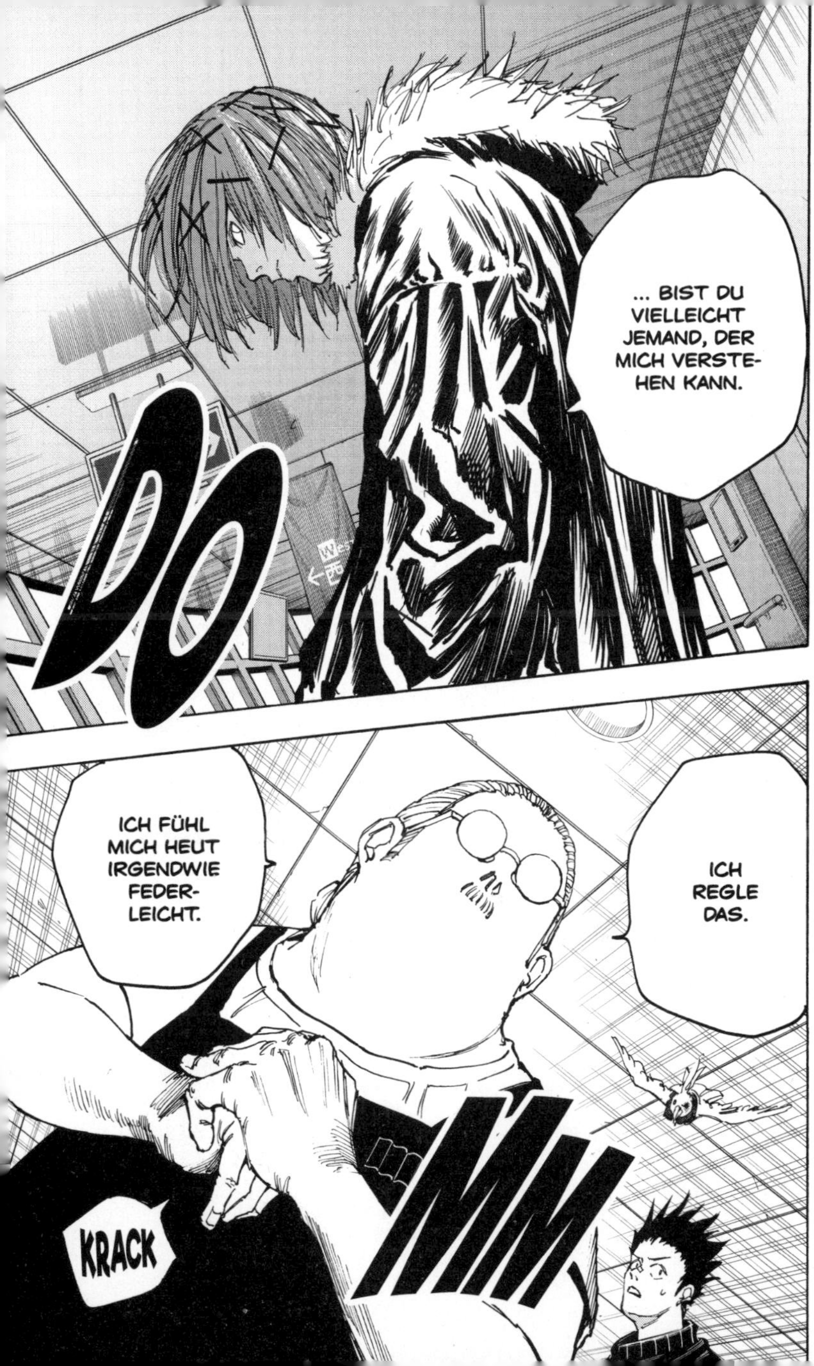
... BIST DU VIELLEICHT JEMAND, DER MICH VERSTE-HEN KANN.
ICH REGLE DAS.
ICH FÜHL MICH HEUT IRGENDWIE FEDER-LEICHT.
KRACK

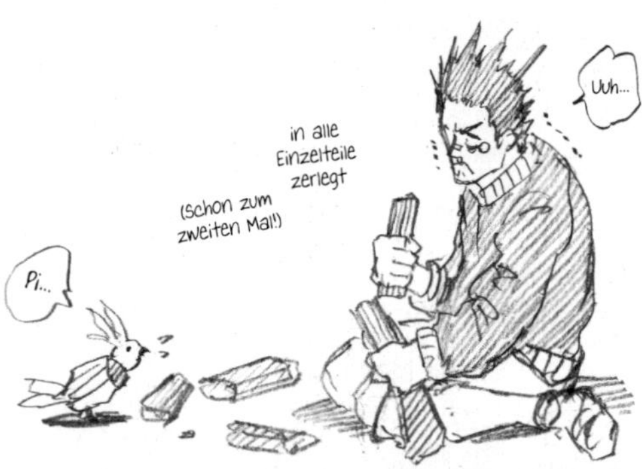
Uuh...
in alle
Einzelteile
zerlegt
(schon zum
zweiten Mal!)
Pi...

DAYS 46 Kein Glück, was?

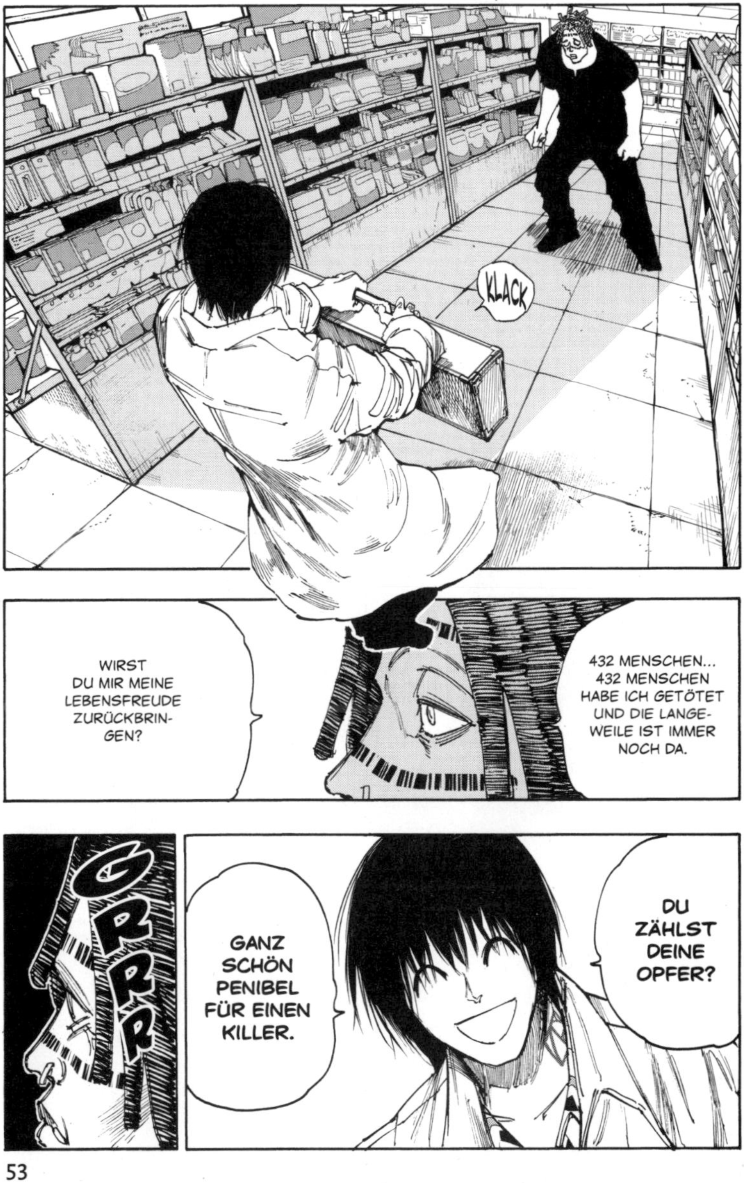

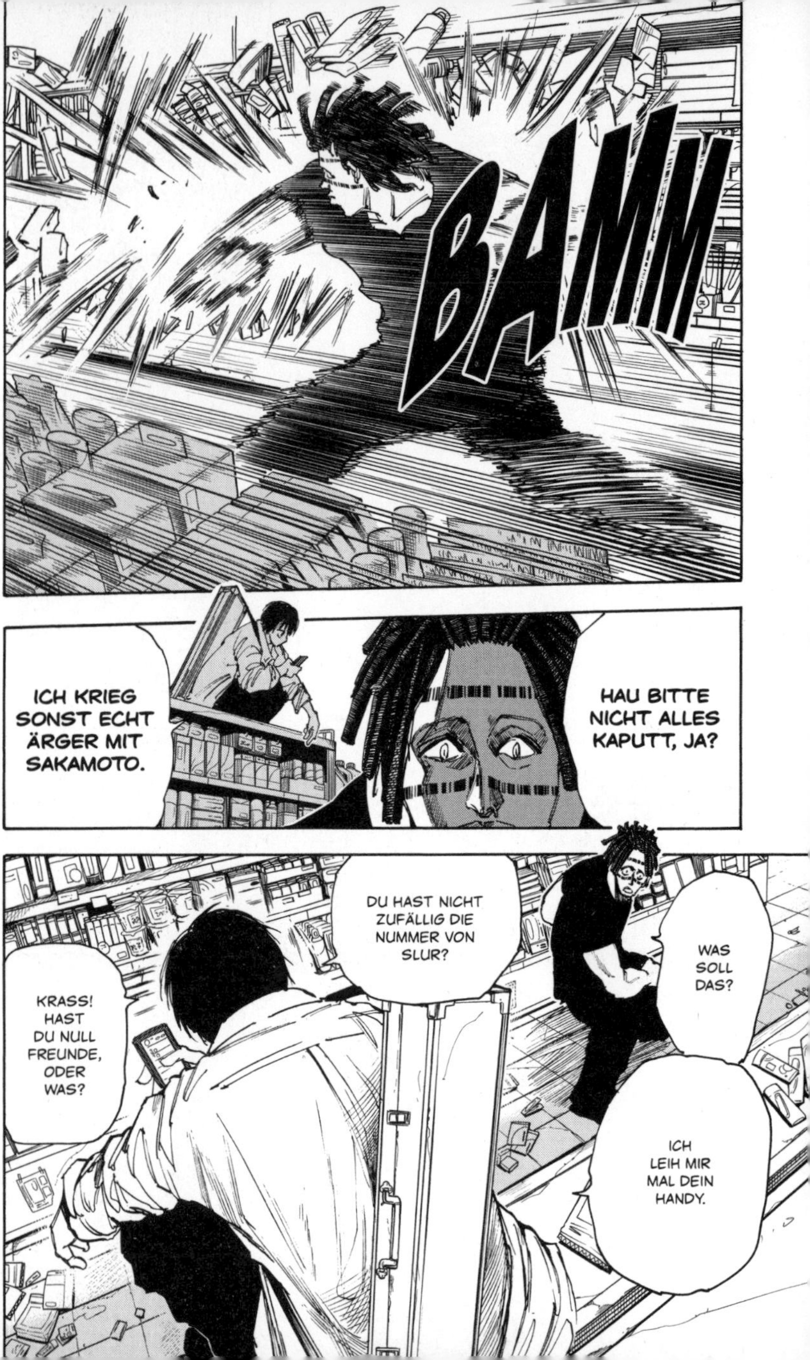
BAMM
HAU BITTE NICHT ALLES KAPUTT, JA?
ICH KRIEG SONST ECHT ÄRGER MIT SAKAMOTO.
WAS SOLL DAS?
ICH LEIH MIR MAL DEIN HANDY.
DU HAST NICHT ZUFÄLLIG DIE NUMMER VON SLUR?
KRASS! HAST DU NULL FREUNDE, ODER WAS?

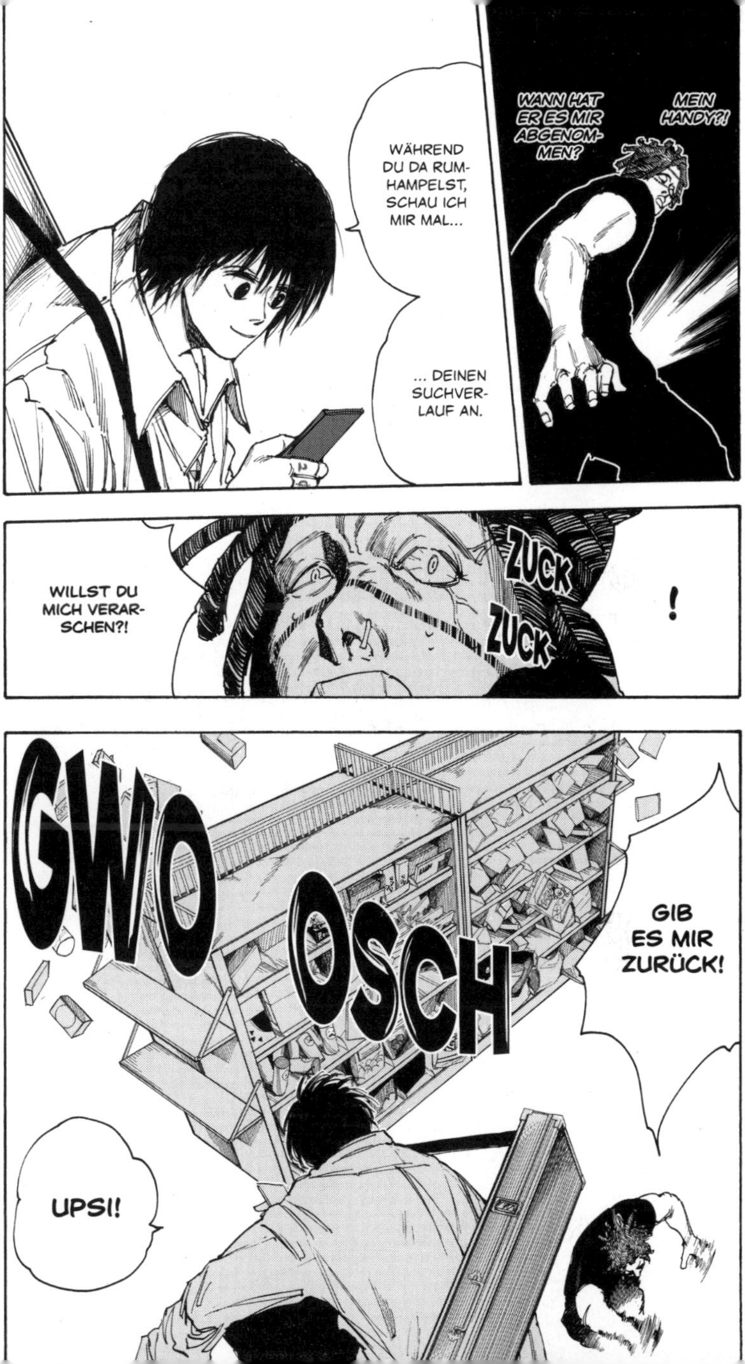
MEIN HANDY?!
WANN HAT ER ES MIR ABGENOM-MEN?
WÄHREND DU DA RUM-HAMPELST, SCHAU ICH MIR MAL...
... DEINEN SUCHVER-LAUF AN.
!
ZUCK ZUCK
WILLST DU MICH VERAR-SCHEN?!
GIB ES MIR ZURÜCK!
GWOOSCH
UPSI!

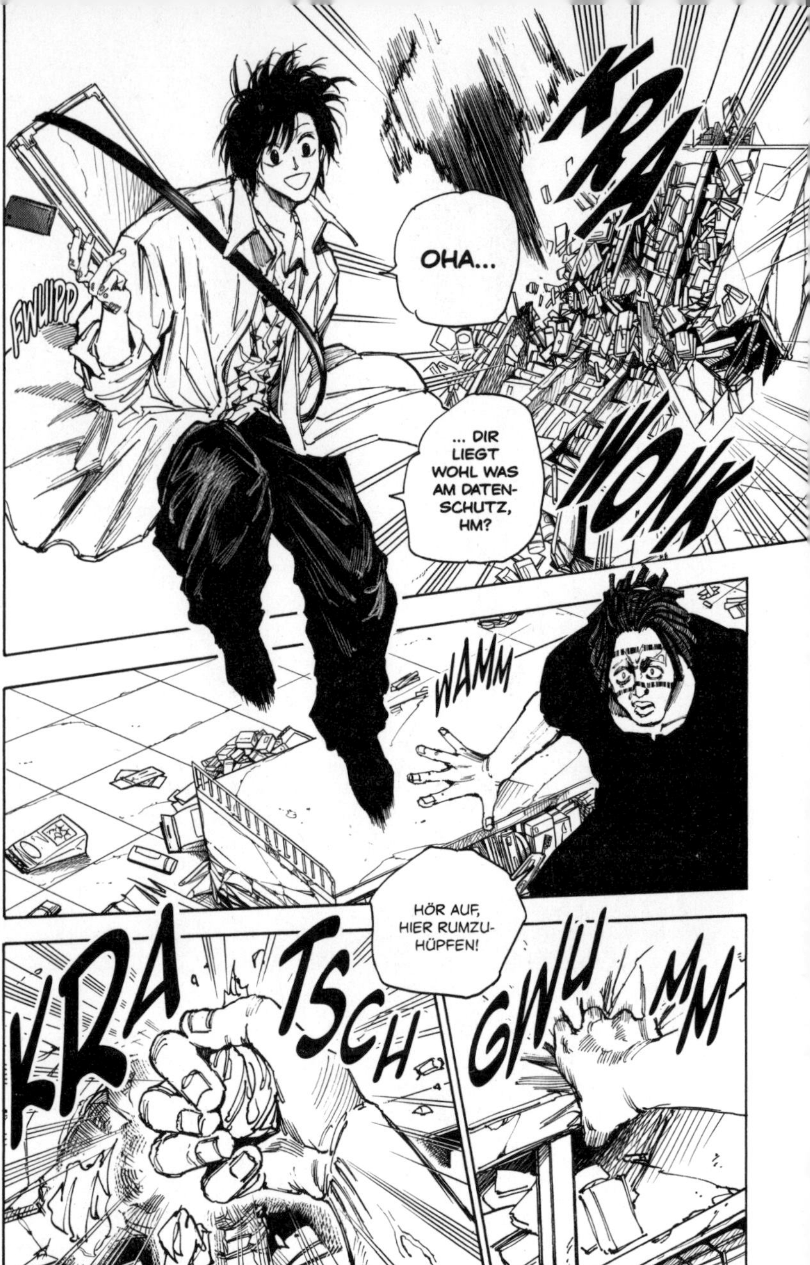
KRA
OHA...
FWUPP
WONK
... DIR LIEGT WOHL WAS AM DATEN-SCHUTZ, HM?
WAMM
HÖR AUF, HIER RUMZU-HÜPFEN!
GWUMM
KRATSCH

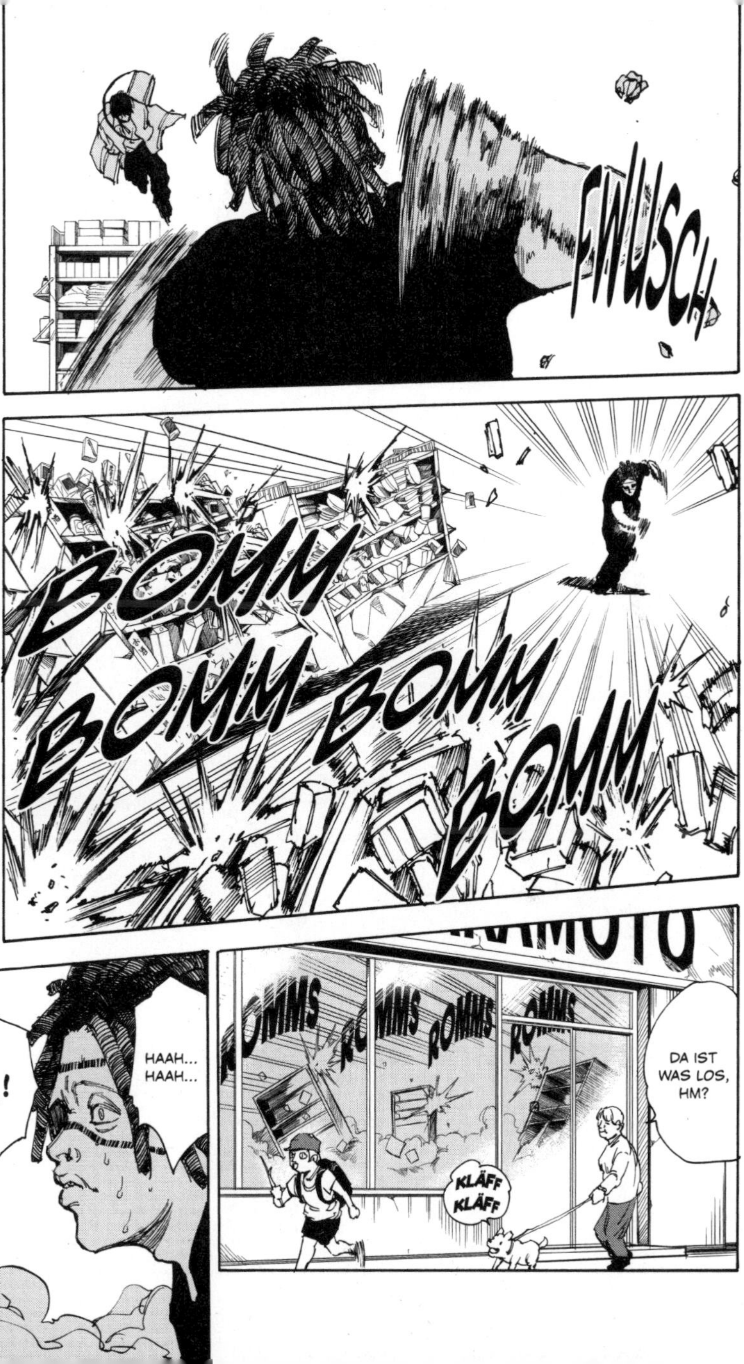
FWUSCH
BOMM
BOMM
BOMM
BOMM
BOMM
ROMMS
ROMMS
ROMMS
ROMMS
DA IST WAS LOS, HM?
KLÄFF KLÄFF
HAAH... HAAH...
!

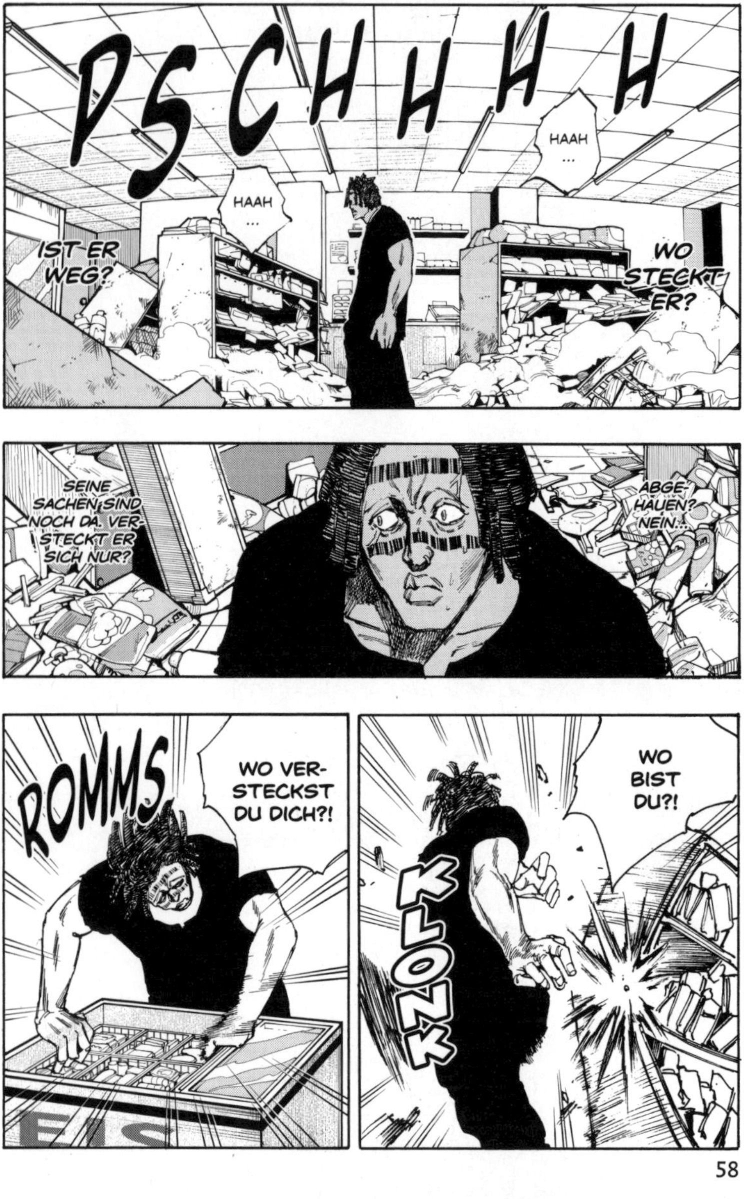
PSCHHHHH
HAAH …
HAAH …
IST ER WEG?
WO STECKT ER?
SEINE SACHEN SIND NOCH DA. VERSTECKT ER SICH NUR?
ABGEHAUEN? NEIN…
ROMMS
WO VERSTECKST DU DICH?!
EIS
WO BIST DU?!
KLONK

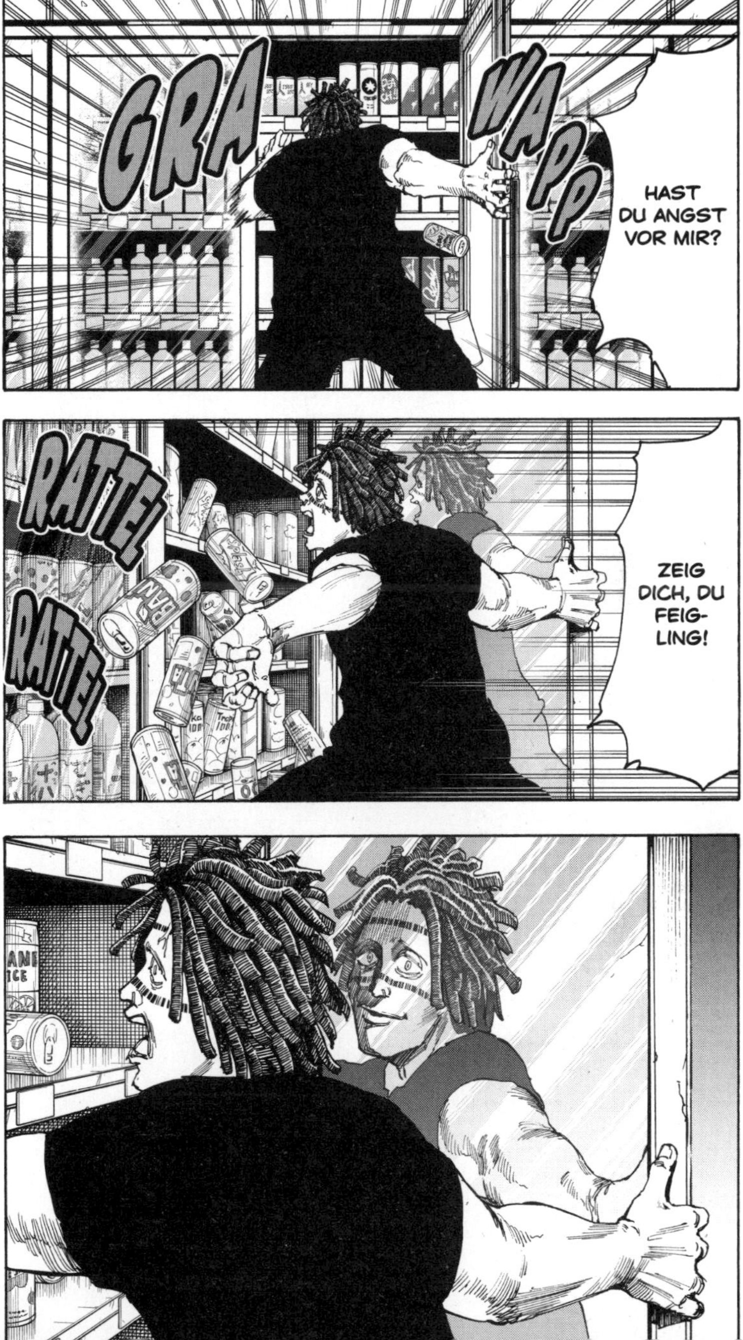
HAST DU ANGST VOR MIR?
WAPP
GRA
ZEIG DICH, DU FEIG-LING!
RATTEL
RATTEL

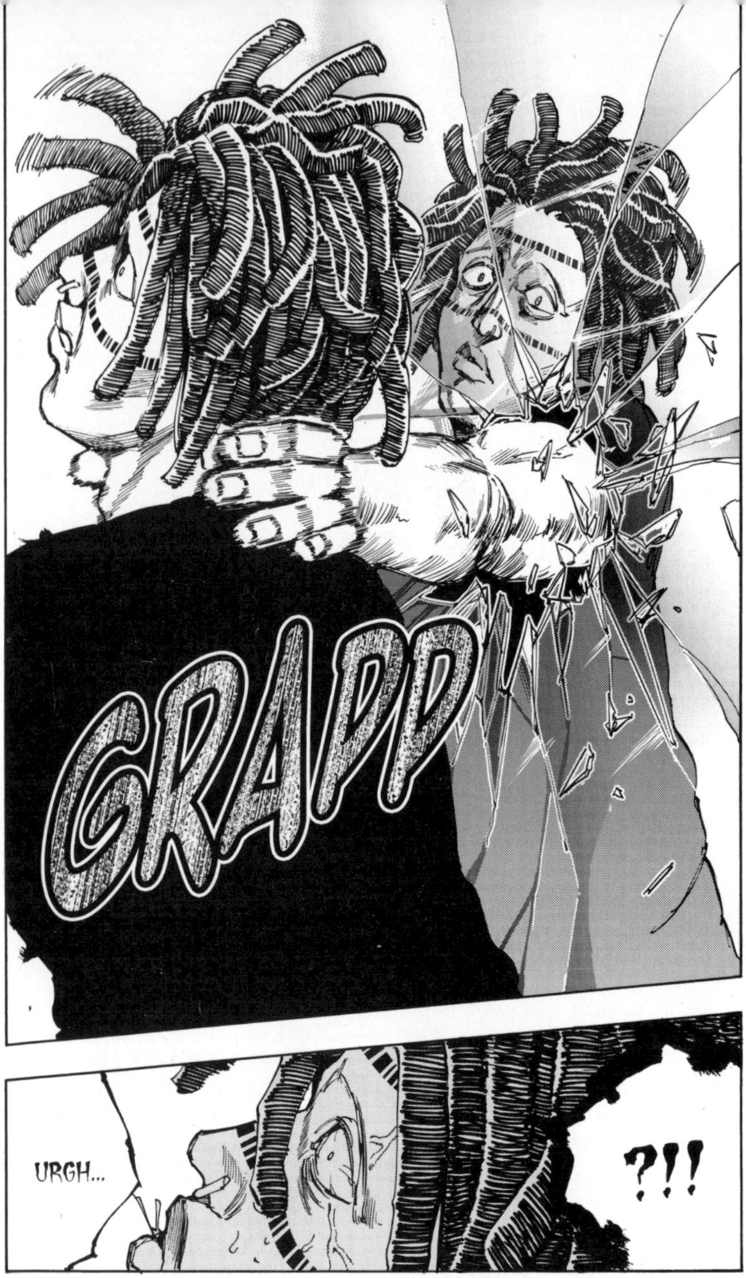
GRAPP
?!!
URGH...

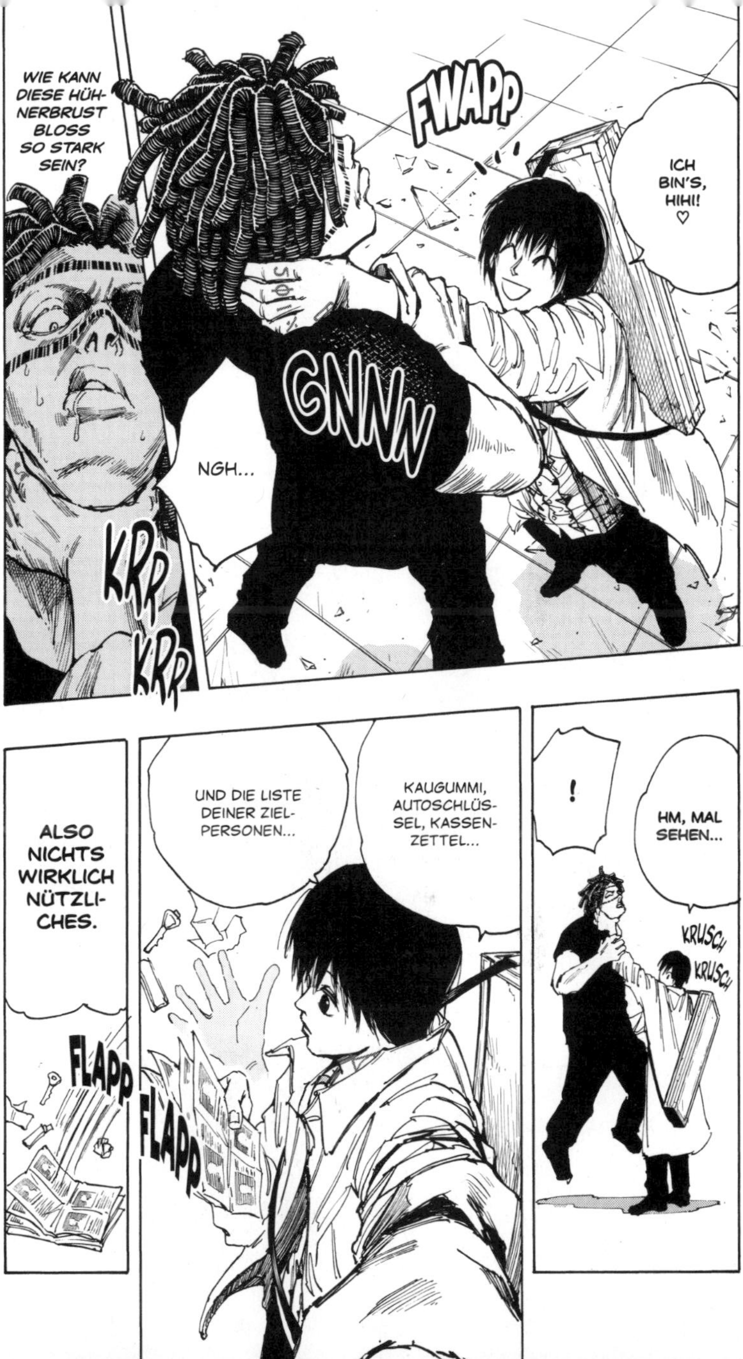
FWAPP
ICH BIN'S, HIHI! ♡
WIE KANN DIESE HÜHNERBRUST BLOSS SO STARK SEIN?
GNNN
NGH...
KRR KRR
!
HM, MAL SEHEN...
KRUSCH KRUSCH
KAUGUMMI, AUTOSCHLÜSSEL, KASSENZETTEL...
UND DIE LISTE DEINER ZIELPERSONEN...
FLAPP FLAPP
ALSO NICHTS WIRKLICH NÜTZLICHES.

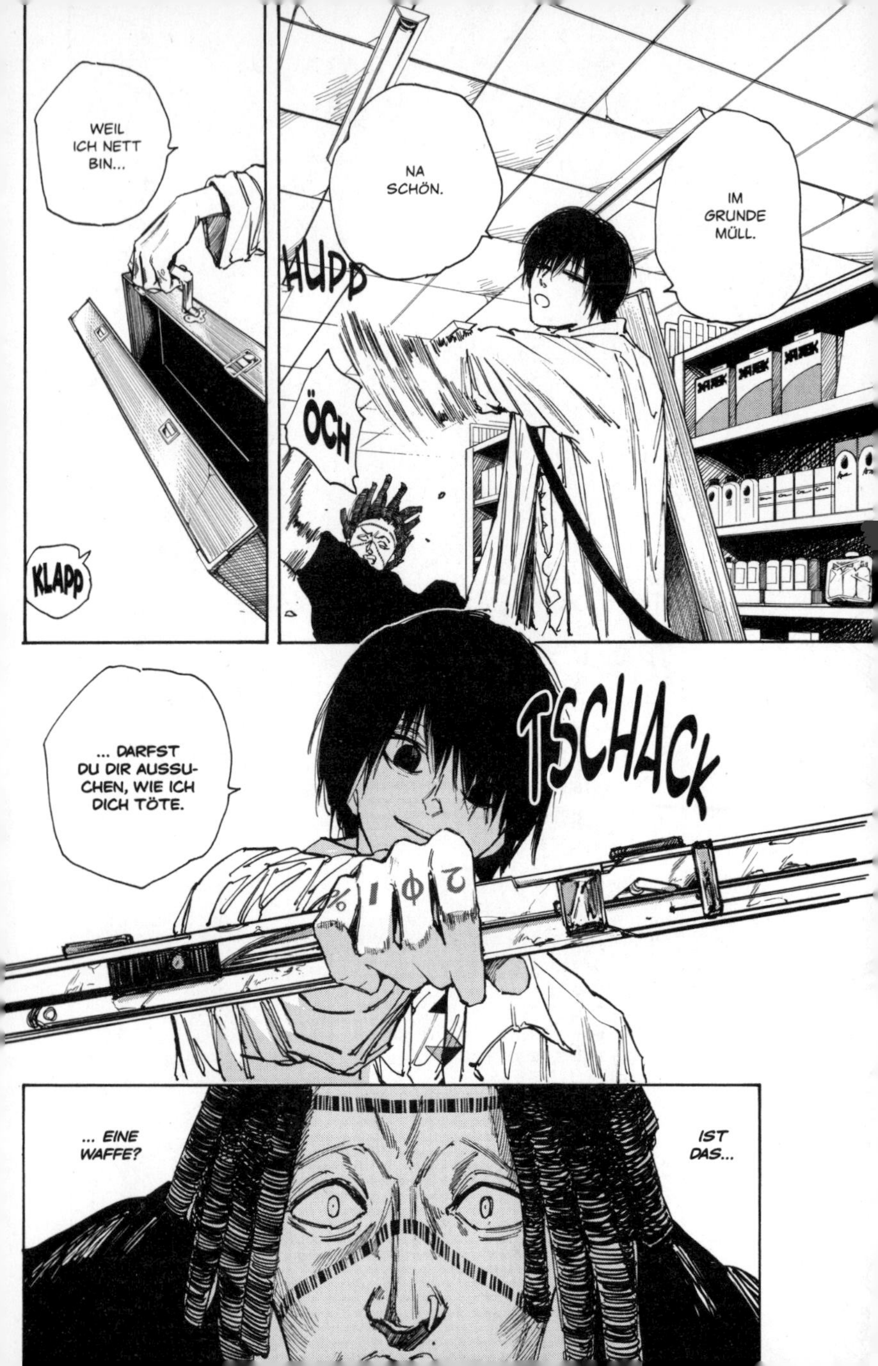
IM GRUNDE MÜLL.
NA SCHÖN.
HUPP
ÖCH
WEIL ICH NETT BIN...
KLAPP
TSCHACK
... DARFST DU DIR AUSSU-CHEN, WIE ICH DICH TÖTE.
IST DAS...
... EINE WAFFE?

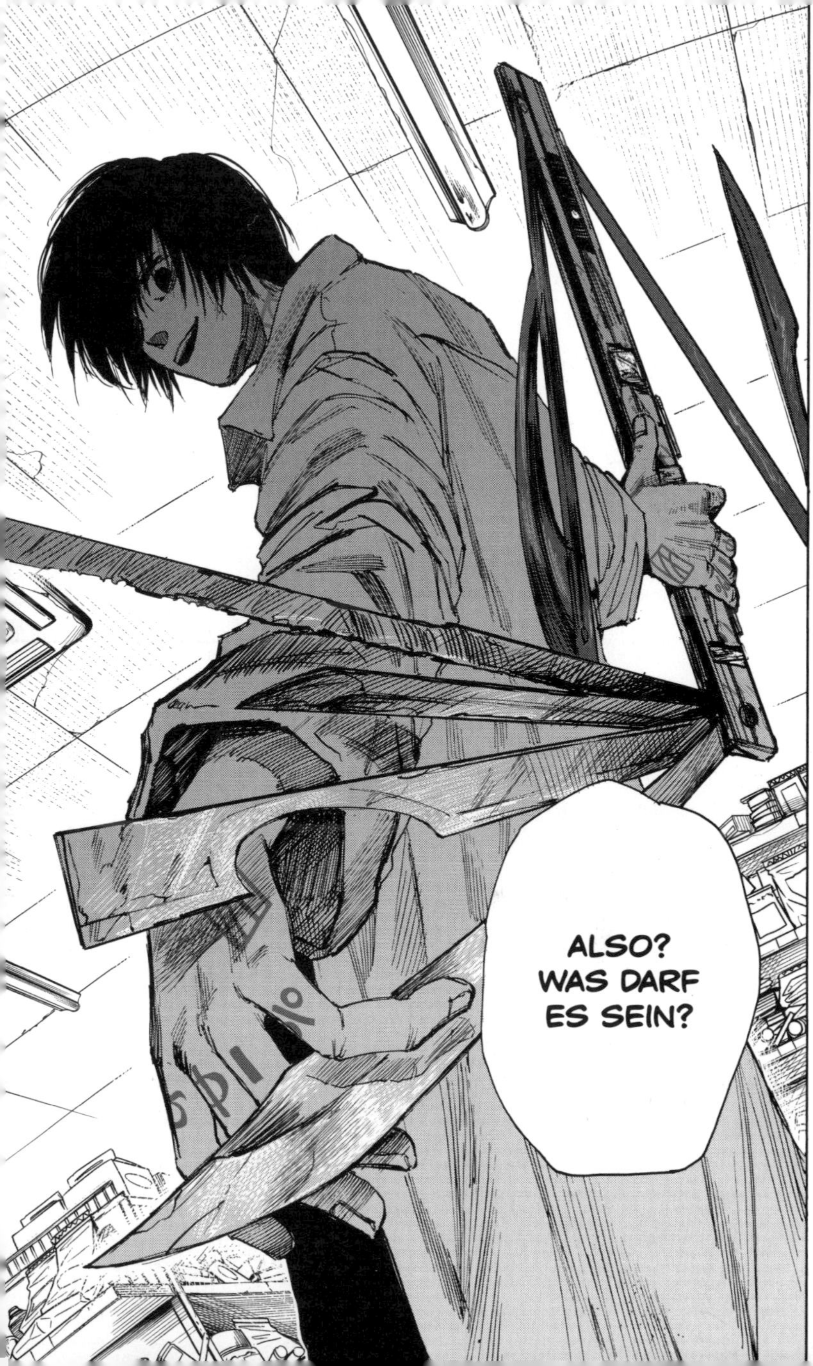
ALSO? WAS DARF ES SEIN?

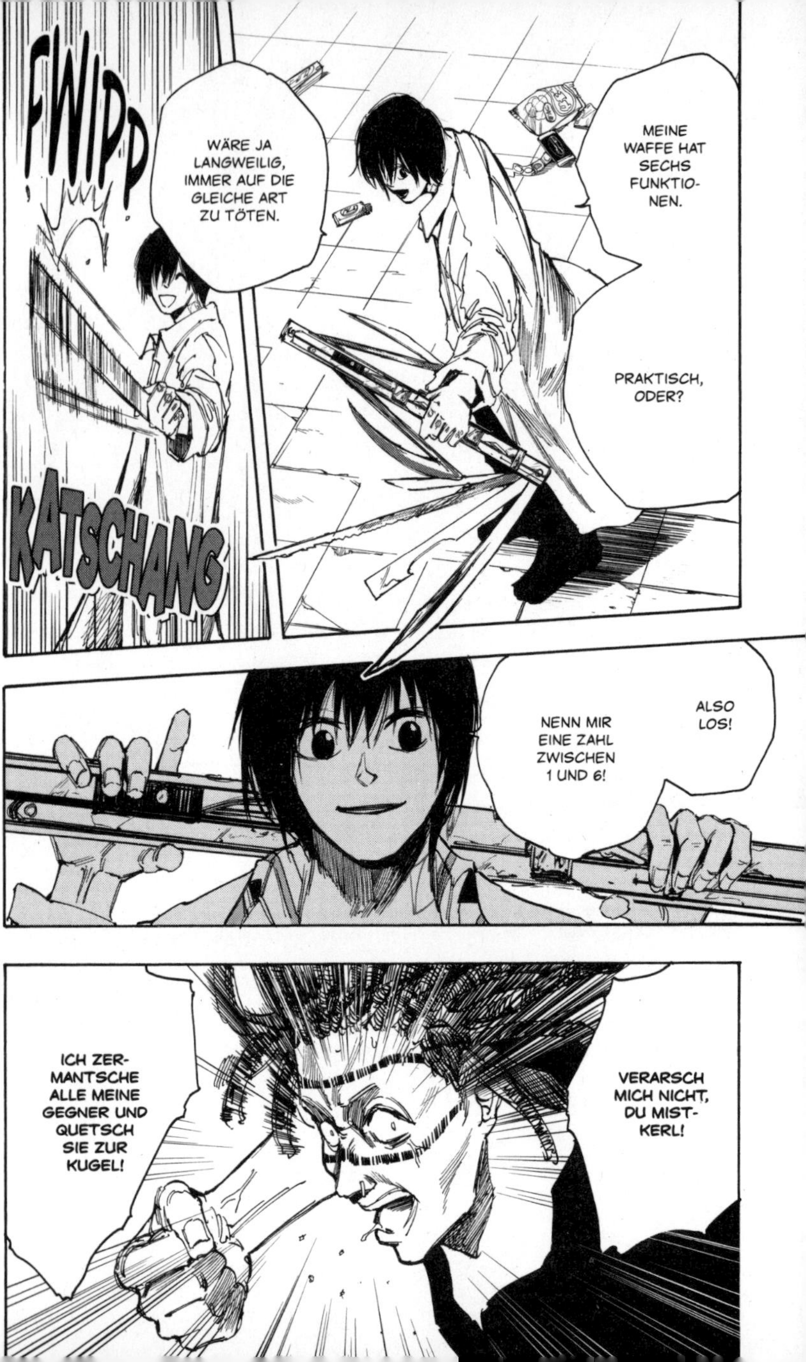
MEINE WAFFE HAT SECHS FUNKTIONEN.
PRAKTISCH, ODER?
WÄRE JA LANGWEILIG, IMMER AUF DIE GLEICHE ART ZU TÖTEN.
FWIPP
KATSCHANG
ALSO LOS!
NENN MIR EINE ZAHL ZWISCHEN 1 UND 6!
VERARSCH MICH NICHT, DU MISTKERL!
ICH ZERMANTSCHE ALLE MEINE GEGNER UND QUETSCH SIE ZUR KUGEL!

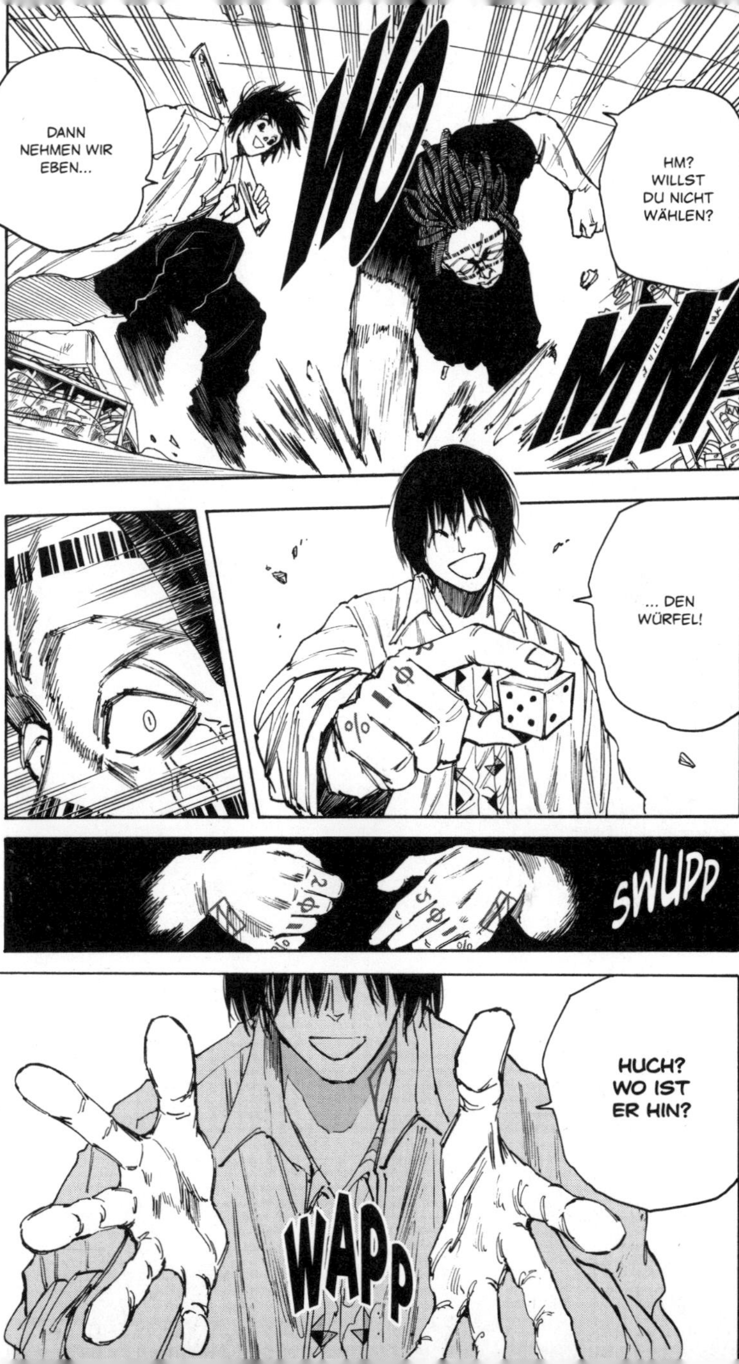
HM? WILLST DU NICHT WÄHLEN?
DANN NEHMEN WIR EBEN...
WOMM
... DEN WÜRFEL!
SWUPP
HUCH? WO IST ER HIN?
WAPP

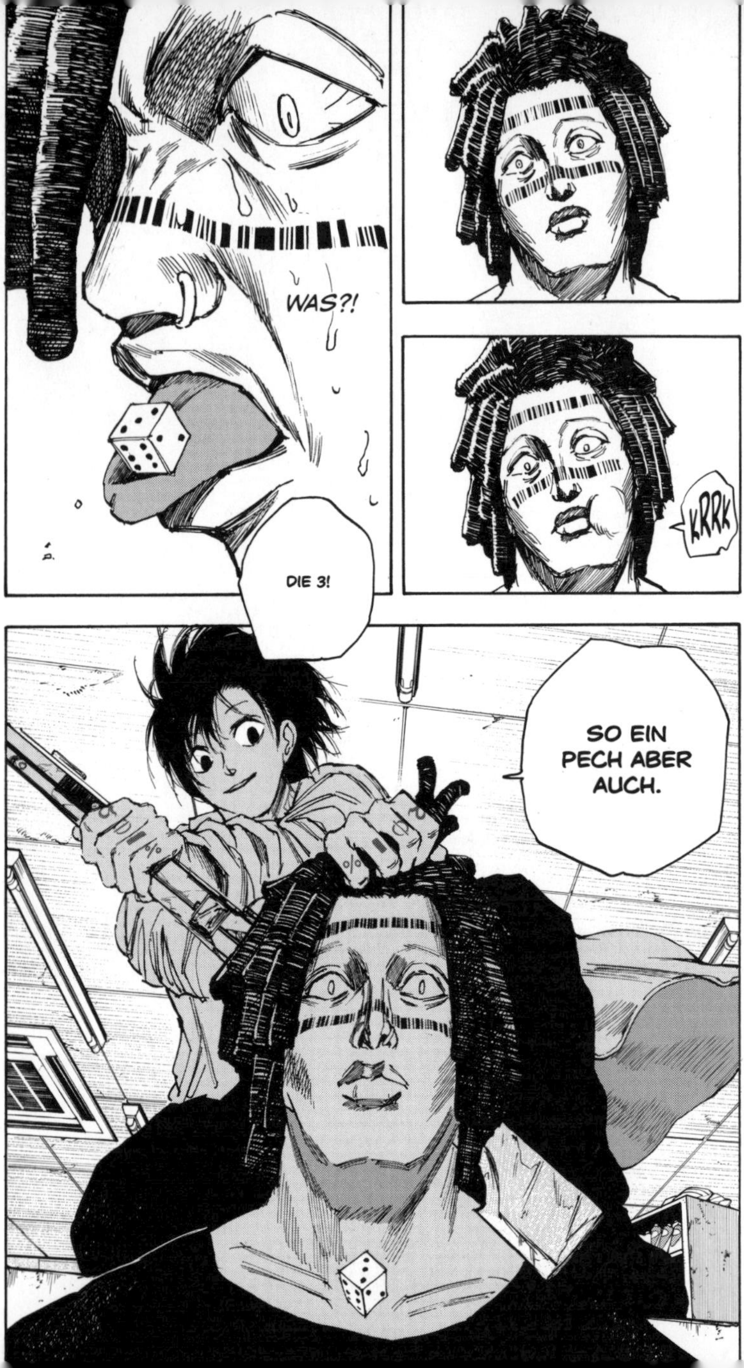

WAS?!
KRRK
DIE 3!
SO EIN PECH ABER AUCH.

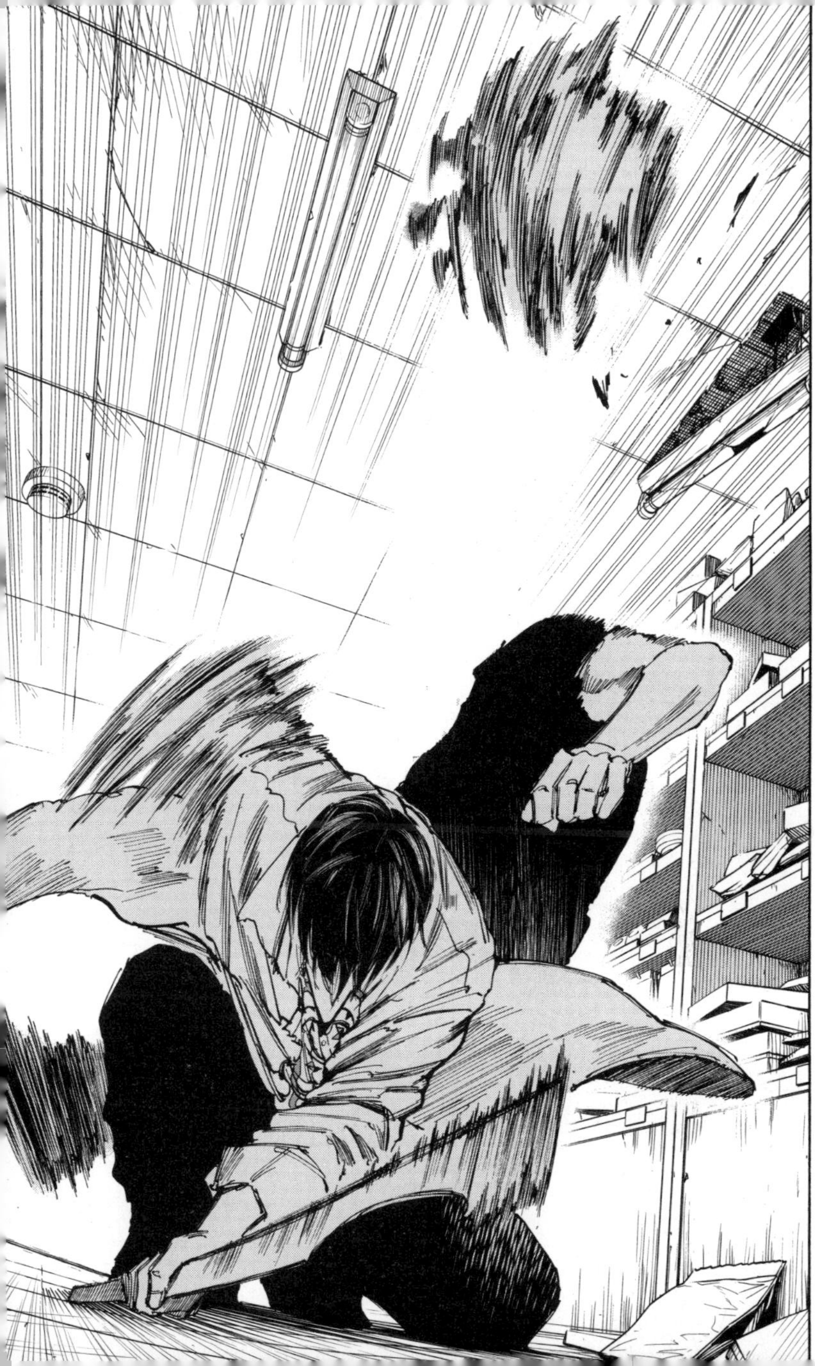

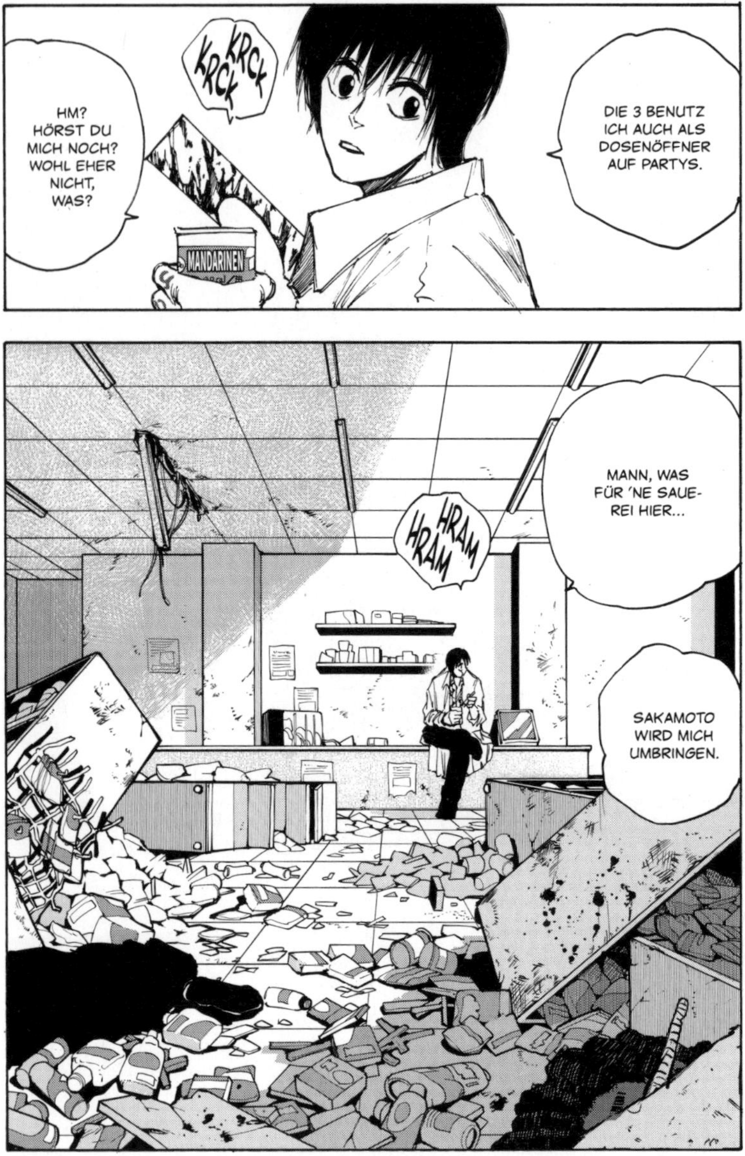
DIE 3 BENUTZ ICH AUCH ALS DOSENÖFFNER AUF PARTYS.
KRCK KRCK
MANDARINEN
HM? HÖRST DU MICH NOCH? WOHL EHER NICHT, WAS?
MANN, WAS FÜR 'NE SAUE-REI HIER...
HRAM HRAM
SAKAMOTO WIRD MICH UMBRINGEN.

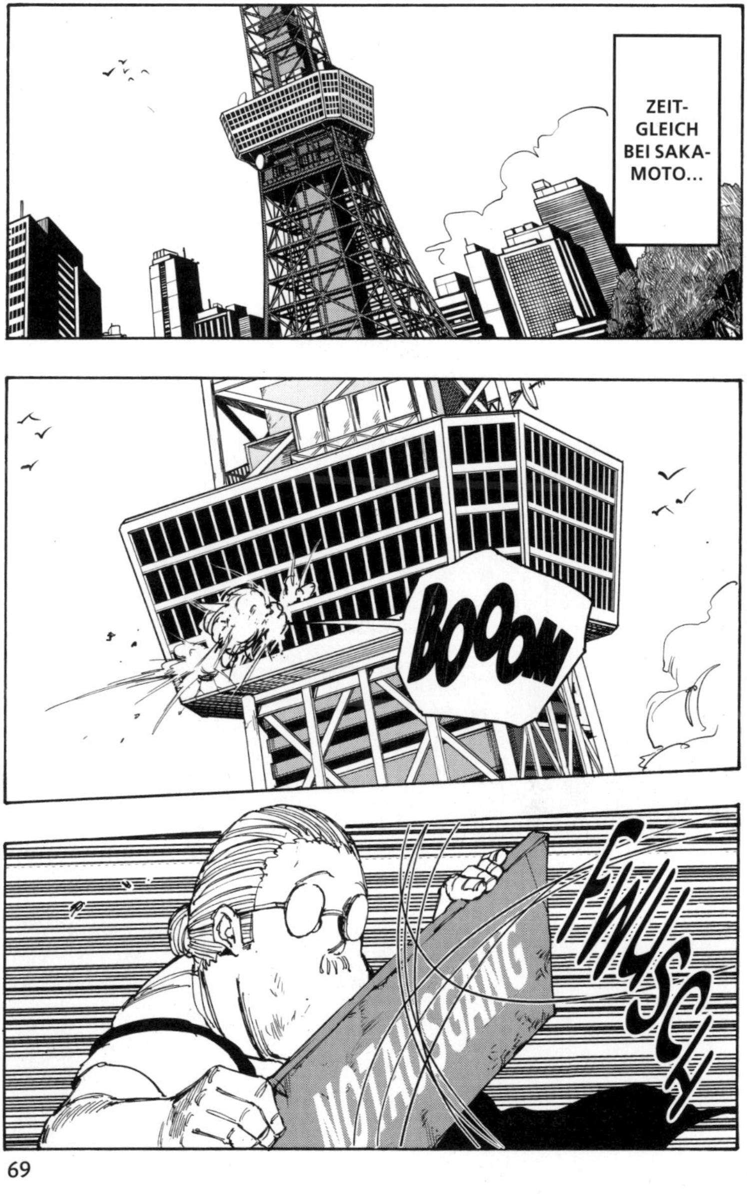
ZEIT-
GLEICH
BEI SAKA-
MOTO...
BOOOM
FWUSCH
NOTAUSGANG

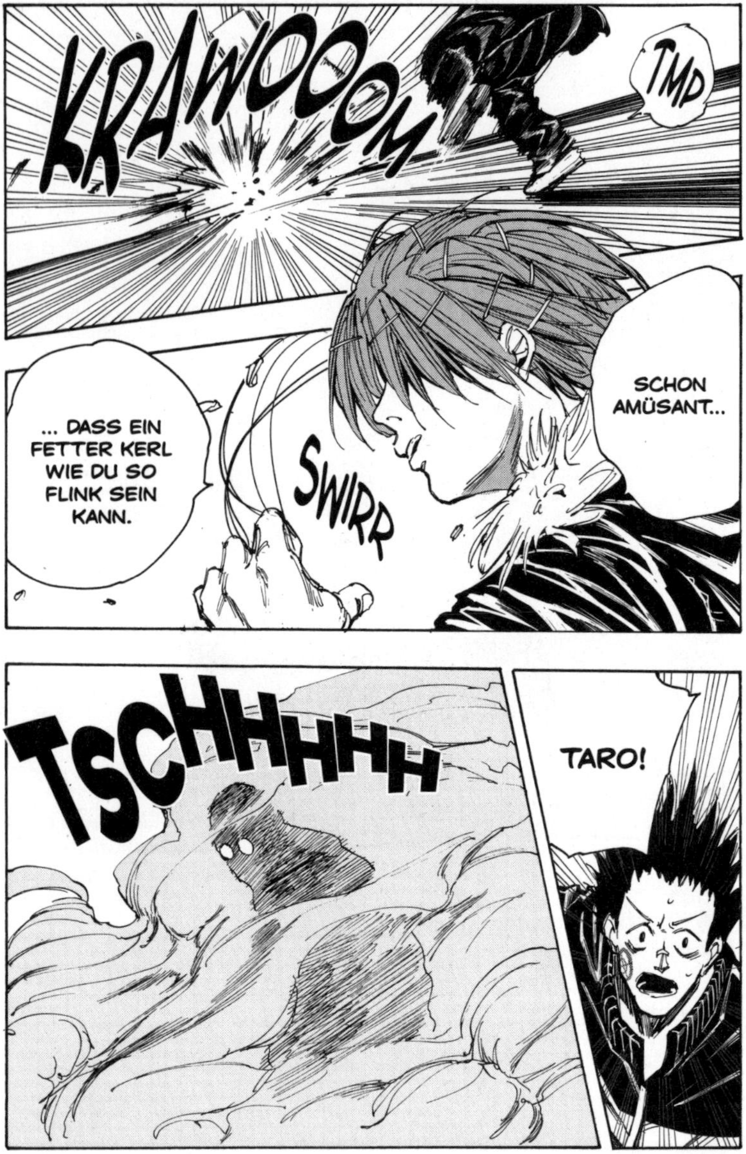
KRAWOOOM
TMP
SCHON AMÜSANT...
... DASS EIN FETTER KERL WIE DU SO FLINK SEIN KANN.
SWIRR
TARO!
TSCHHHHHH

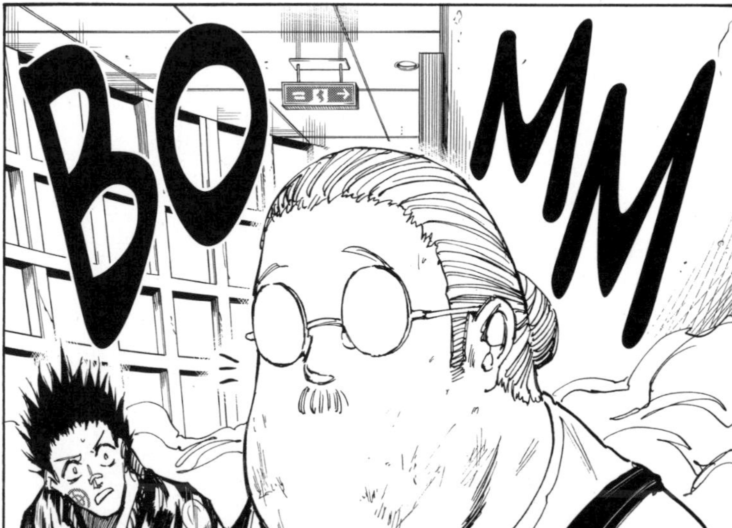
BOMM
SAKAMOTO
HM?

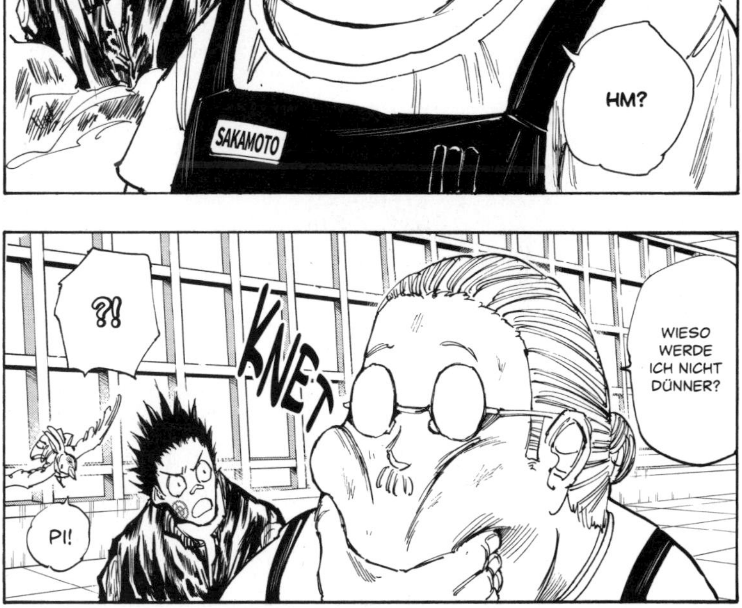
WIESO WERDE ICH NICHT DÜNNER?
KNET
?!
PI!

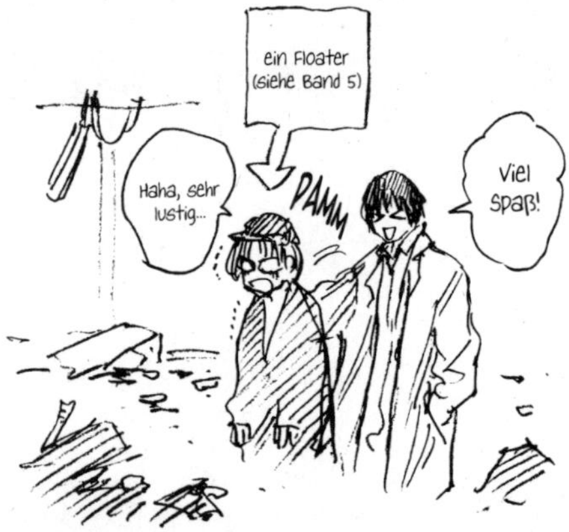
Viel Spaß!
ein Floater (siehe Band 5)
PAMM
Haha, sehr lustig...

DAYS 47 Wir fahren nach oben

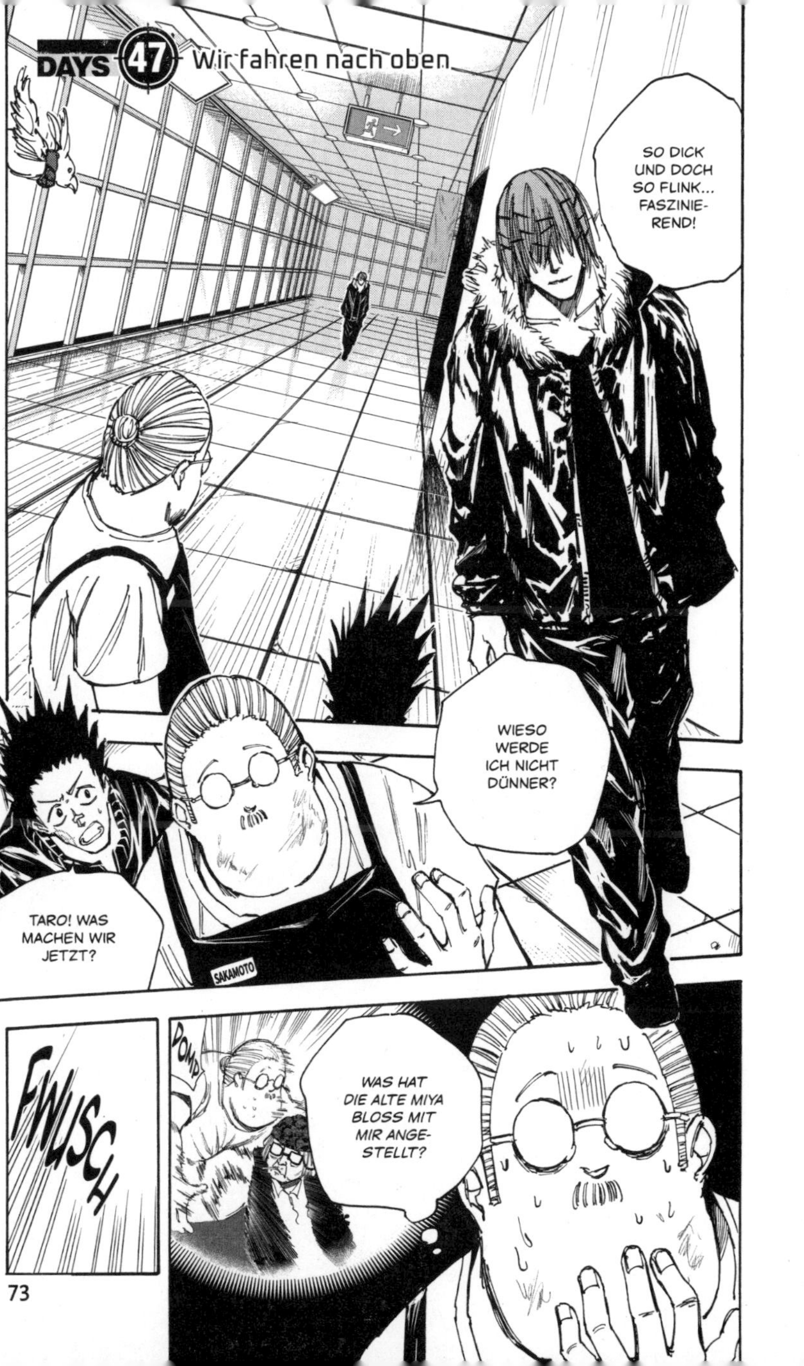

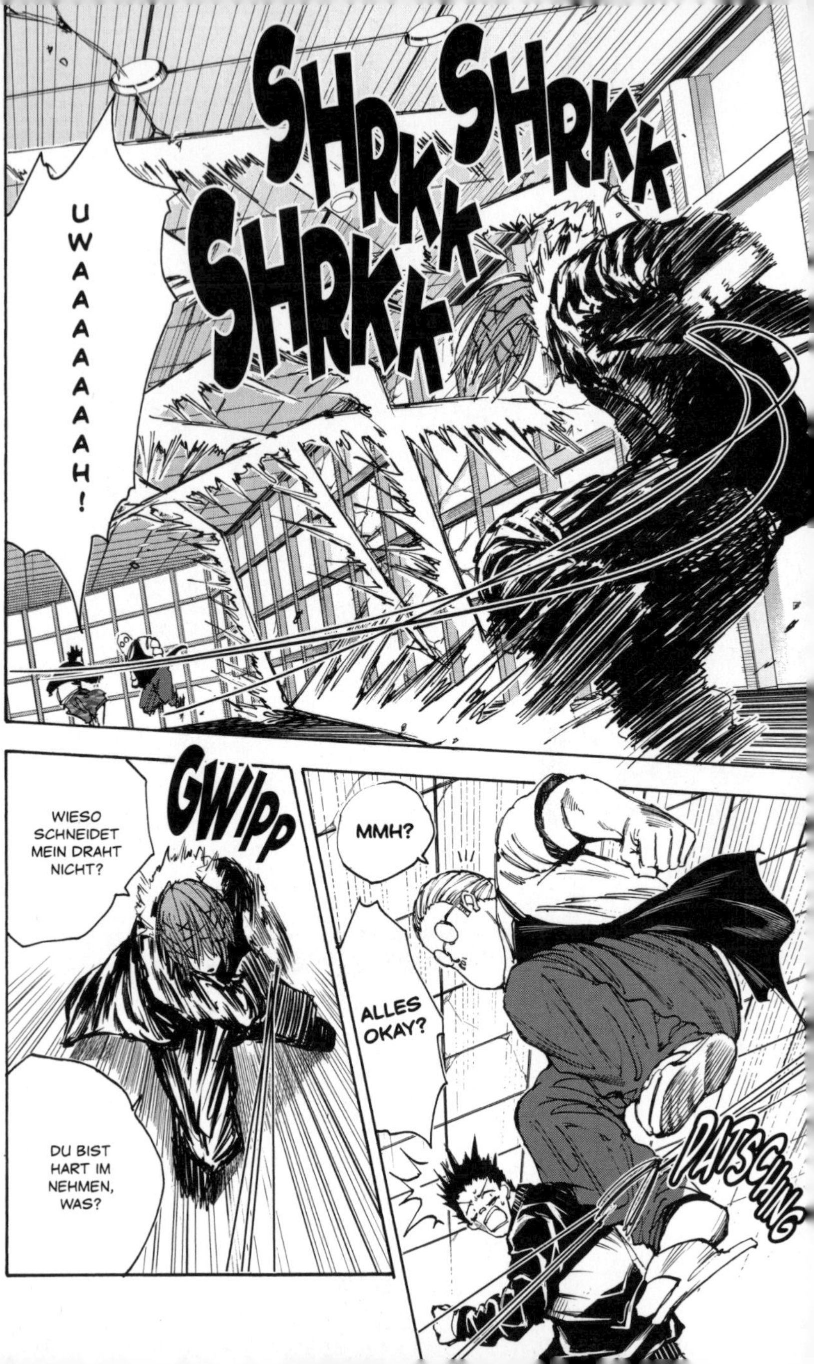

SHRKK SHRKK
SHRKK
UWAAAAAAAAAAAH!
MMH?
ALLES OKAY?
PATSCHING
GWIPP
WIESO SCHNEIDET MEIN DRAHT NICHT?
DU BIST HART IM NEHMEN, WAS?

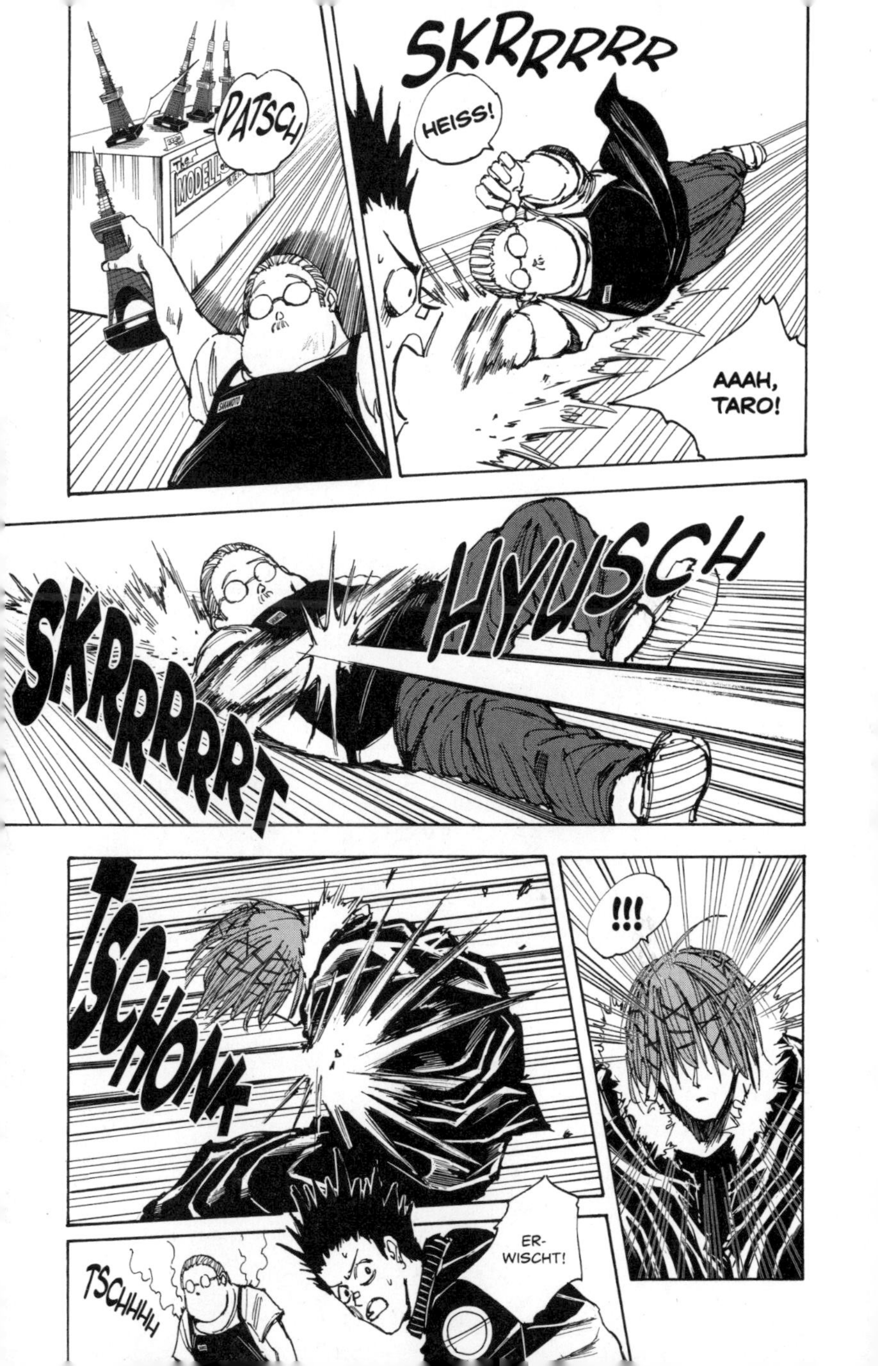
SKRRRRRR
HEISS!
AAAH, TARO!
PATSCH
HYUSCH
SKRRRRRRT
!!!
TSCHONK
ER-WISCHT!
TSCHHHH

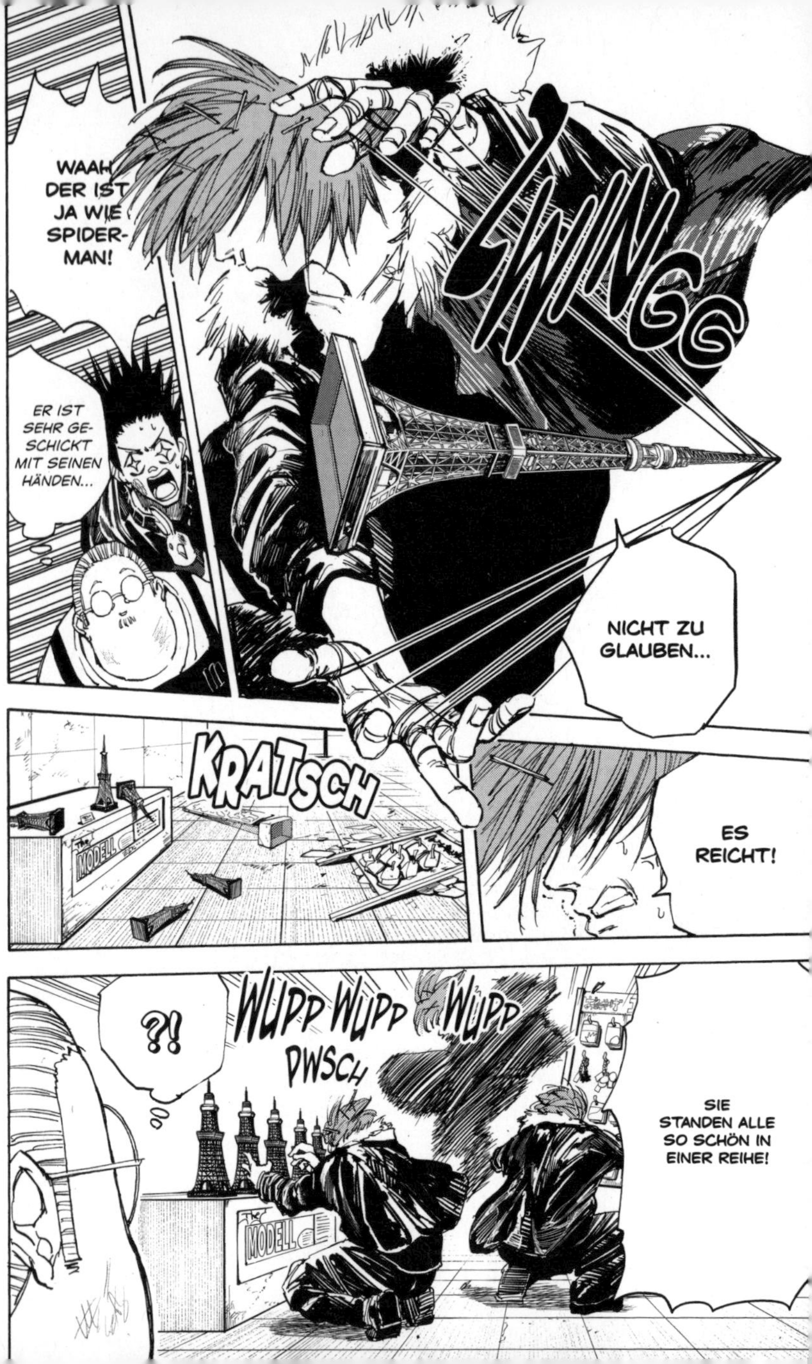
SWINGG
WAAH! DER IST JA WIE SPIDER-MAN!
ER IST SEHR GESCHICKT MIT SEINEN HÄNDEN...
NICHT ZU GLAUBEN...
ES REICHT!
KRATSCH
WUPP WUPP WUPP
DWSCH
?!
SIE STANDEN ALLE SO SCHÖN IN EINER REIHE!
MODELL
MODELL

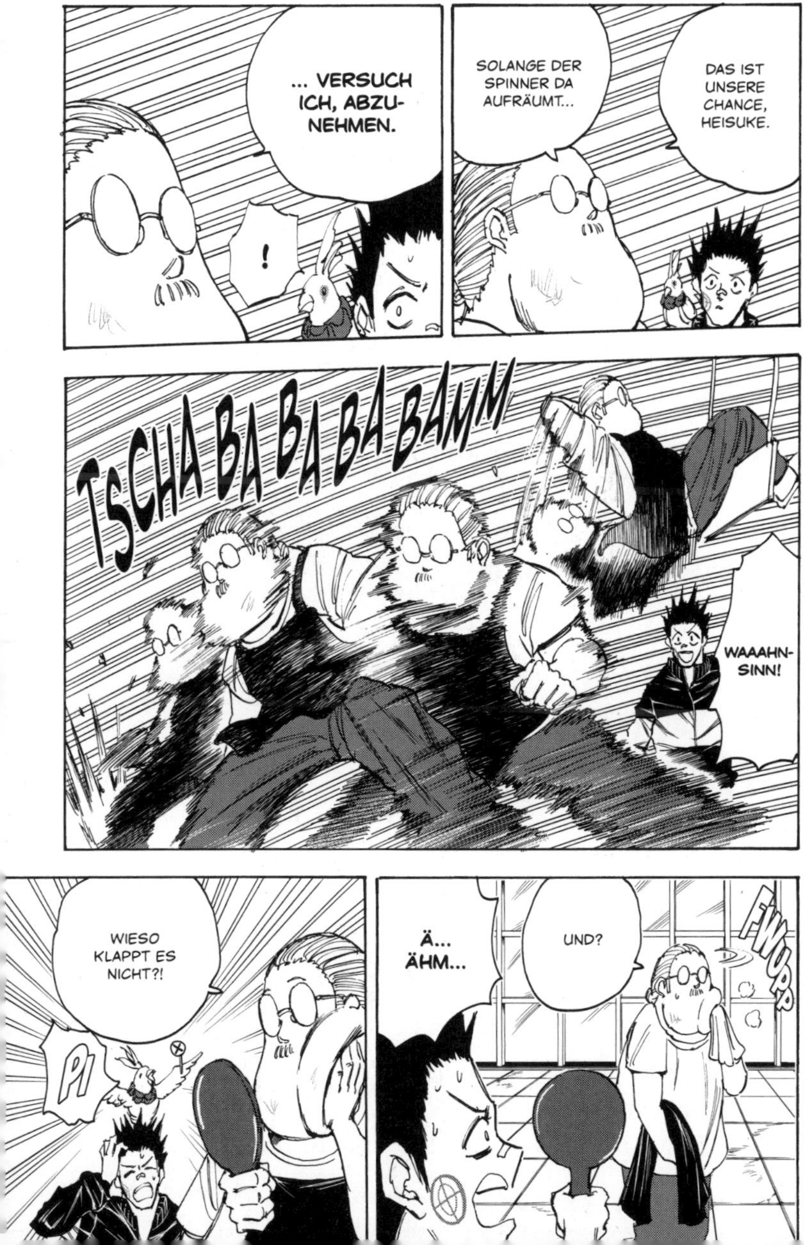

DAS IST UNSERE CHANCE, HEISUKE.
SOLANGE DER SPINNER DA AUFRÄUMT...
... VERSUCH ICH, ABZU-NEHMEN.
!
TSCHA BA BA BA BAMM
WAAAHN-SINN!
FWUPP
UND?
Ä... ÄHM...
WIESO KLAPPT ES NICHT?!
PI

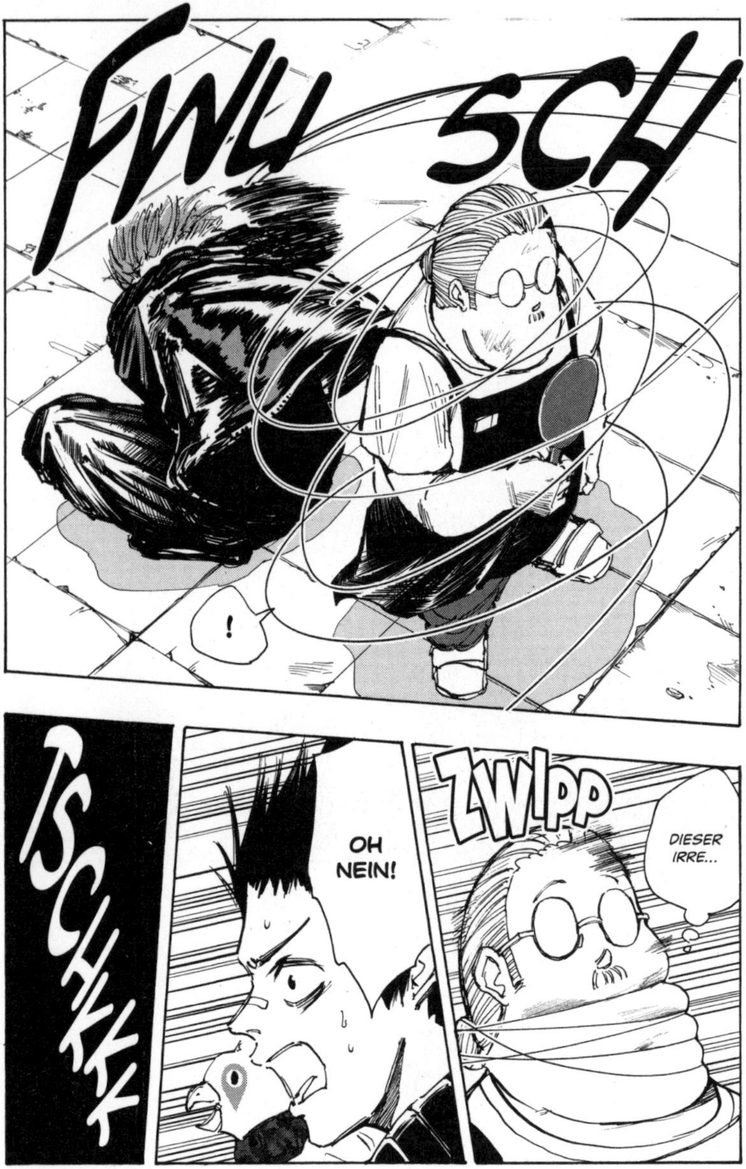
FWUSCH
!
TSCHKKK
OH NEIN!
ZWIPP
DIESER IRRE...

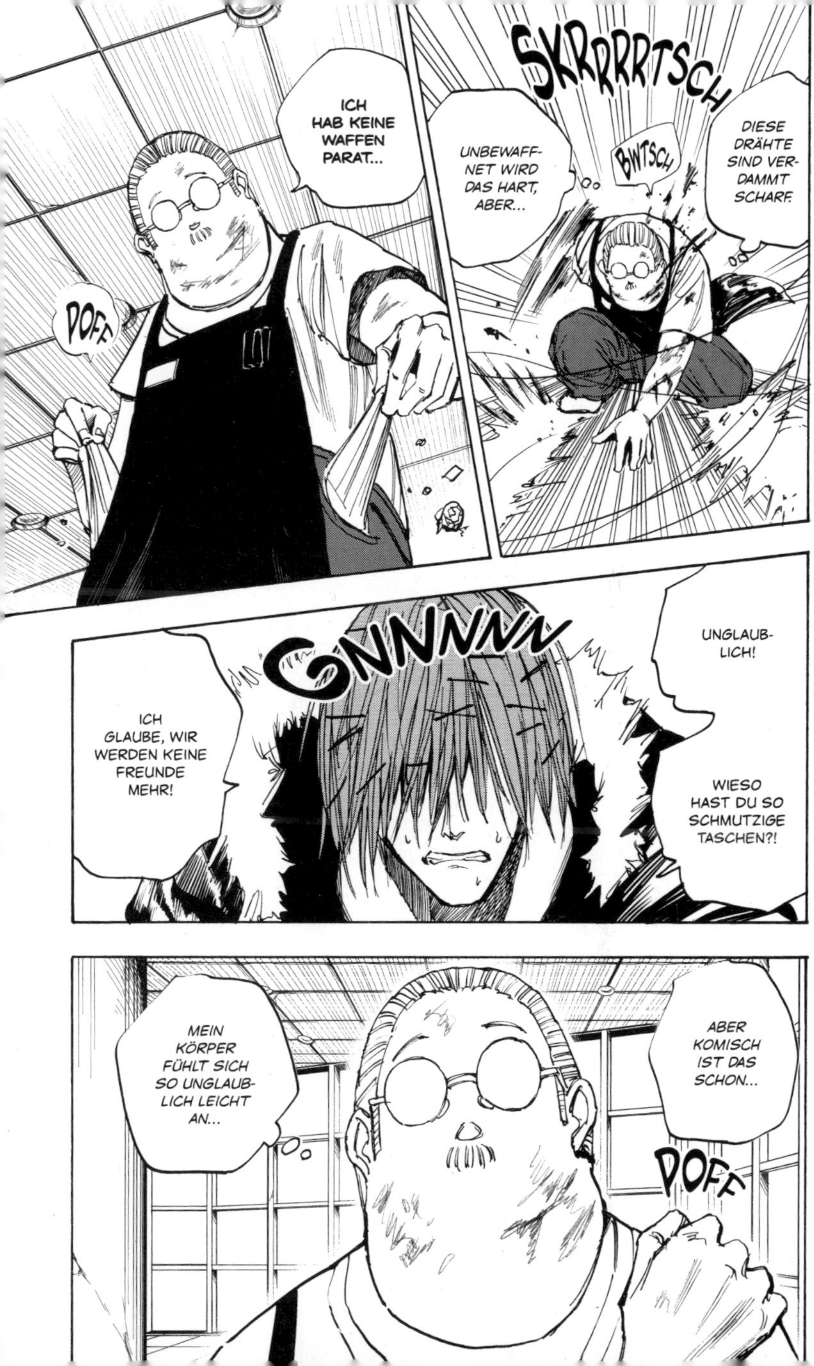
SKRRRRTSCH
DIESE DRÄHTE SIND VERDAMMT SCHARF.
BWTSCH
UNBEWAFFNET WIRD DAS HART, ABER...
ICH HAB KEINE WAFFEN PARAT...
DOFF
UNGLAUBLICH!
WIESO HAST DU SO SCHMUTZIGE TASCHEN?!
GNNNNN
ICH GLAUBE, WIR WERDEN KEINE FREUNDE MEHR!
ABER KOMISCH IST DAS SCHON...
MEIN KÖRPER FÜHLT SICH SO UNGLAUBLICH LEICHT AN...
DOFF

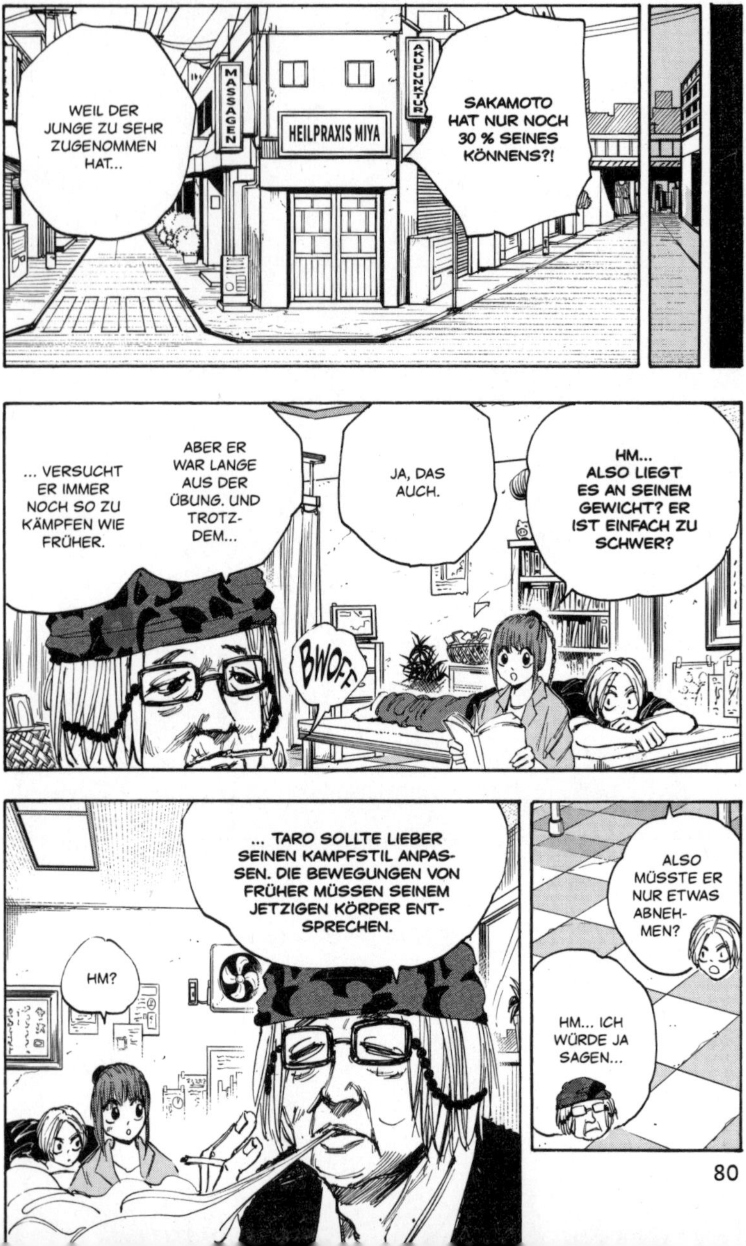
SAKAMOTO HAT NUR NOCH 30 % SEINES KÖNNENS?!
WEIL DER JUNGE ZU SEHR ZUGENOMMEN HAT...
MASSAGEN
HEILPRAXIS MIYA
AKUPUNKTUR
HM... ALSO LIEGT ES AN SEINEM GEWICHT? ER IST EINFACH ZU SCHWER?
JA, DAS AUCH.
ABER ER WAR LANGE AUS DER ÜBUNG. UND TROTZDEM...
... VERSUCHT ER IMMER NOCH SO ZU KÄMPFEN WIE FRÜHER.
BWOFF
ALSO MÜSSTE ER NUR ETWAS ABNEHMEN?
HM... ICH WÜRDE JA SAGEN...
... TARO SOLLTE LIEBER SEINEN KAMPFSTIL ANPASSEN. DIE BEWEGUNGEN VON FRÜHER MÜSSEN SEINEM JETZIGEN KÖRPER ENTSPRECHEN.
HM?

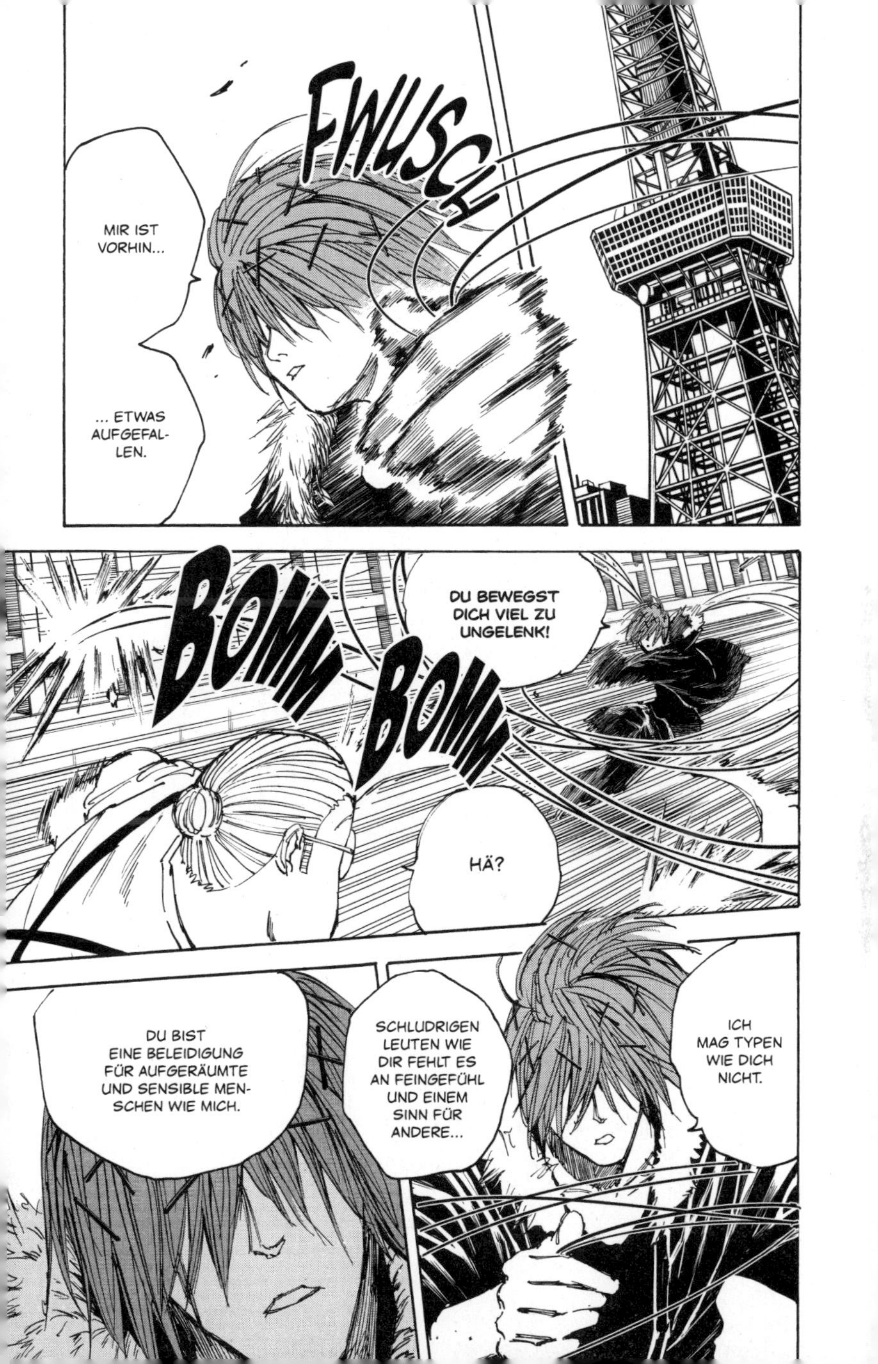
FWUSCH
MIR IST VORHIN...
... ETWAS AUFGEFAL-LEN.
DU BEWEGST DICH VIEL ZU UNGELENK!
BOMM
BOMM
HÄ?
ICH MAG TYPEN WIE DICH NICHT.
SCHLUDRIGEN LEUTEN WIE DIR FEHLT ES AN FEINGEFÜHL UND EINEM SINN FÜR ANDERE...
DU BIST EINE BELEIDIGUNG FÜR AUFGERÄUMTE UND SENSIBLE MEN-SCHEN WIE MICH.

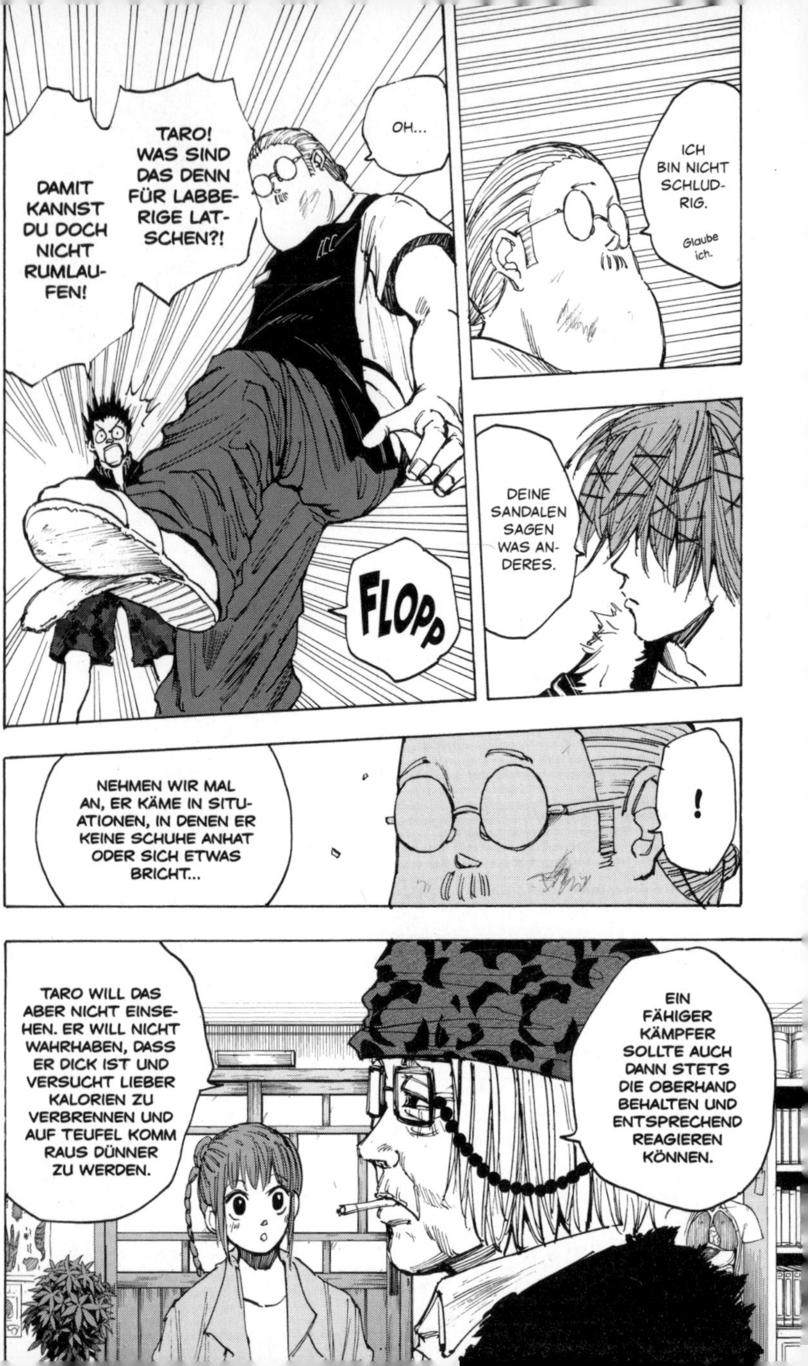

ICH BIN NICHT SCHLUDRIG.
Glaube ich.
OH...
DEINE SANDALEN SAGEN WAS ANDERES.
FLOPP
TARO! WAS SIND DAS DENN FÜR LABBERIGE LATSCHEN?!
DAMIT KANNST DU DOCH NICHT RUMLAUFEN!
!
NEHMEN WIR MAL AN, ER KÄME IN SITUATIONEN, IN DENEN ER KEINE SCHUHE ANHAT ODER SICH ETWAS BRICHT...
EIN FÄHIGER KÄMPFER SOLLTE AUCH DANN STETS DIE OBERHAND BEHALTEN UND ENTSPRECHEND REAGIEREN KÖNNEN.
TARO WILL DAS ABER NICHT EINSEHEN. ER WILL NICHT WAHRHABEN, DASS ER DICK IST UND VERSUCHT LIEBER KALORIEN ZU VERBRENNEN UND AUF TEUFEL KOMM RAUS DÜNNER ZU WERDEN.

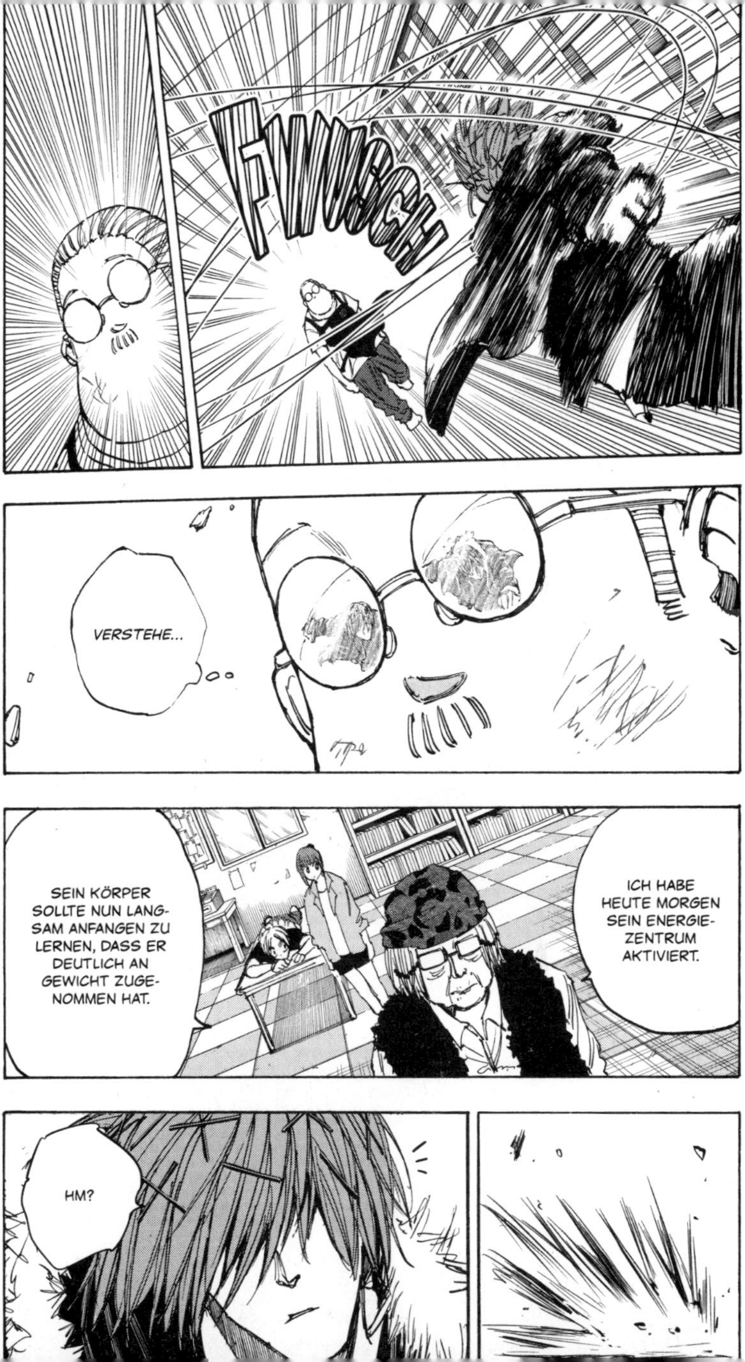
FWUSCH
VERSTEHE...
ICH HABE HEUTE MORGEN SEIN ENERGIEZENTRUM AKTIVIERT.
SEIN KÖRPER SOLLTE NUN LANGSAM ANFANGEN ZU LERNEN, DASS ER DEUTLICH AN GEWICHT ZUGENOMMEN HAT.
HM?

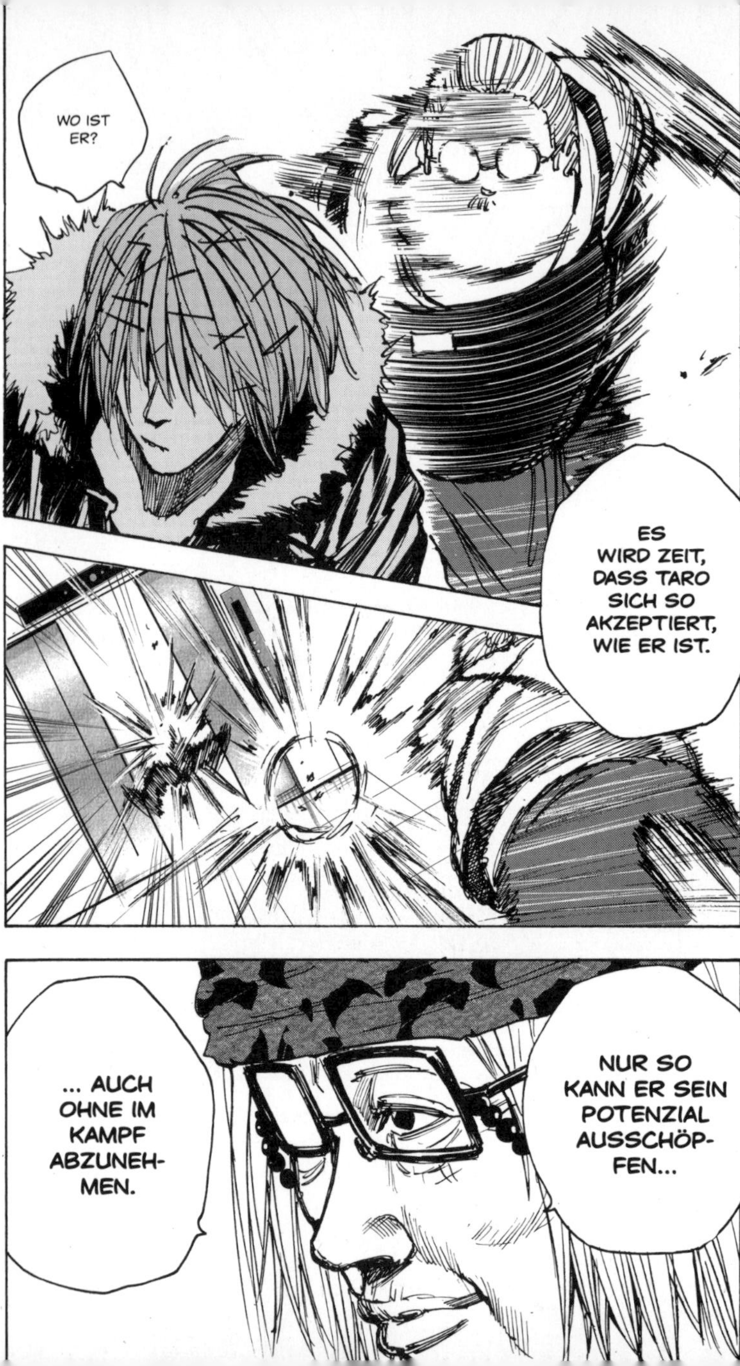
WO IST ER?
ES WIRD ZEIT, DASS TARO SICH SO AKZEPTIERT, WIE ER IST.
NUR SO KANN ER SEIN POTENZIAL AUSSCHÖP-FEN...
... AUCH OHNE IM KAMPF ABZUNEH-MEN.

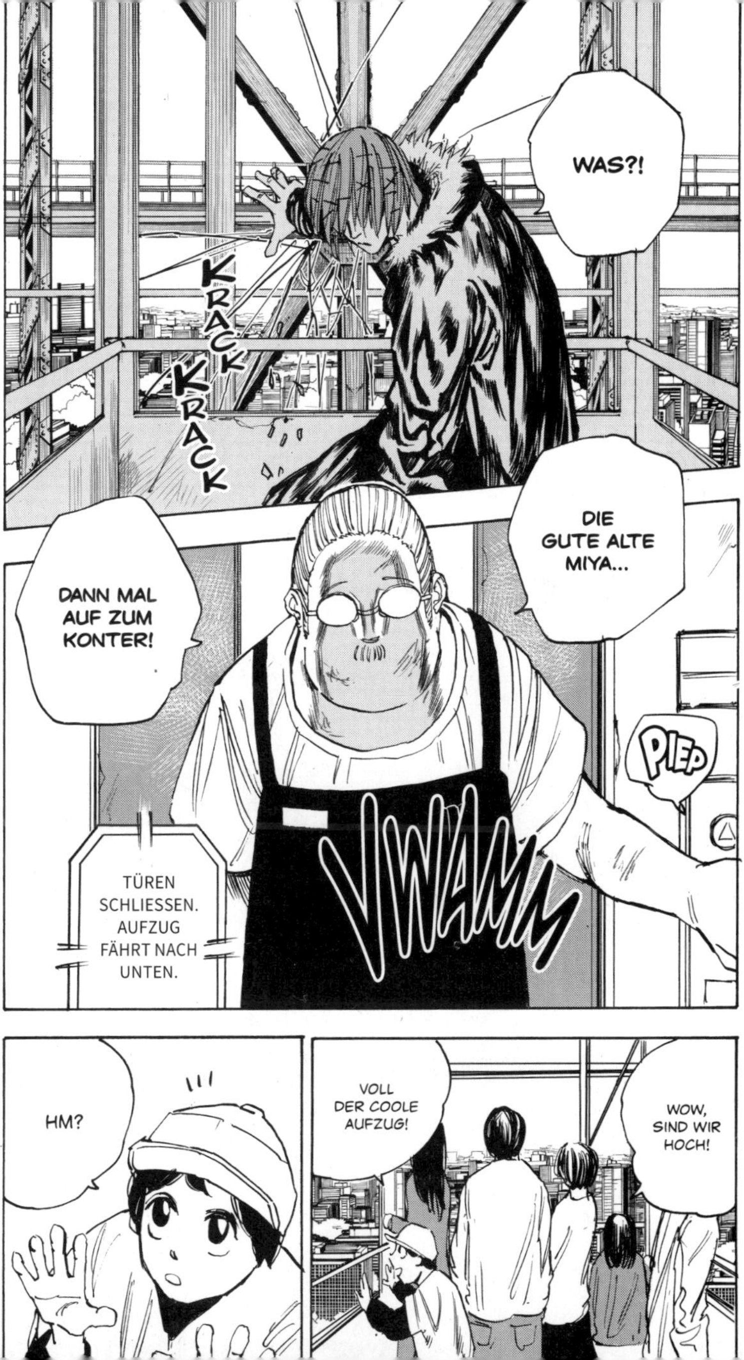
WAS?!
KRACK
KRACK
DIE GUTE ALTE MIYA...
DANN MAL AUF ZUM KONTER!
PIEP
WAMM
TÜREN SCHLIESSEN. AUFZUG FÄHRT NACH UNTEN.
WOW, SIND WIR HOCH!
VOLL DER COOLE AUFZUG!
HM?

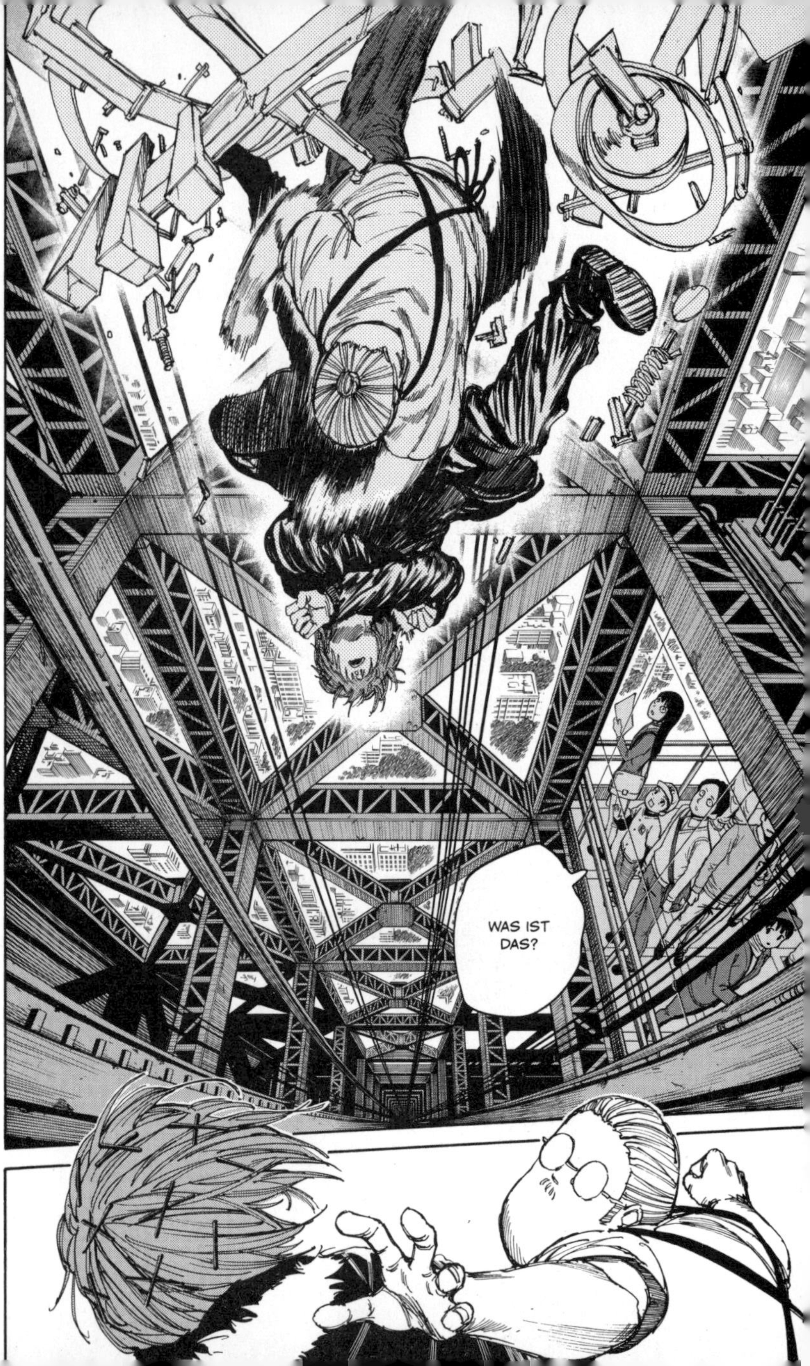
WAS IST DAS?

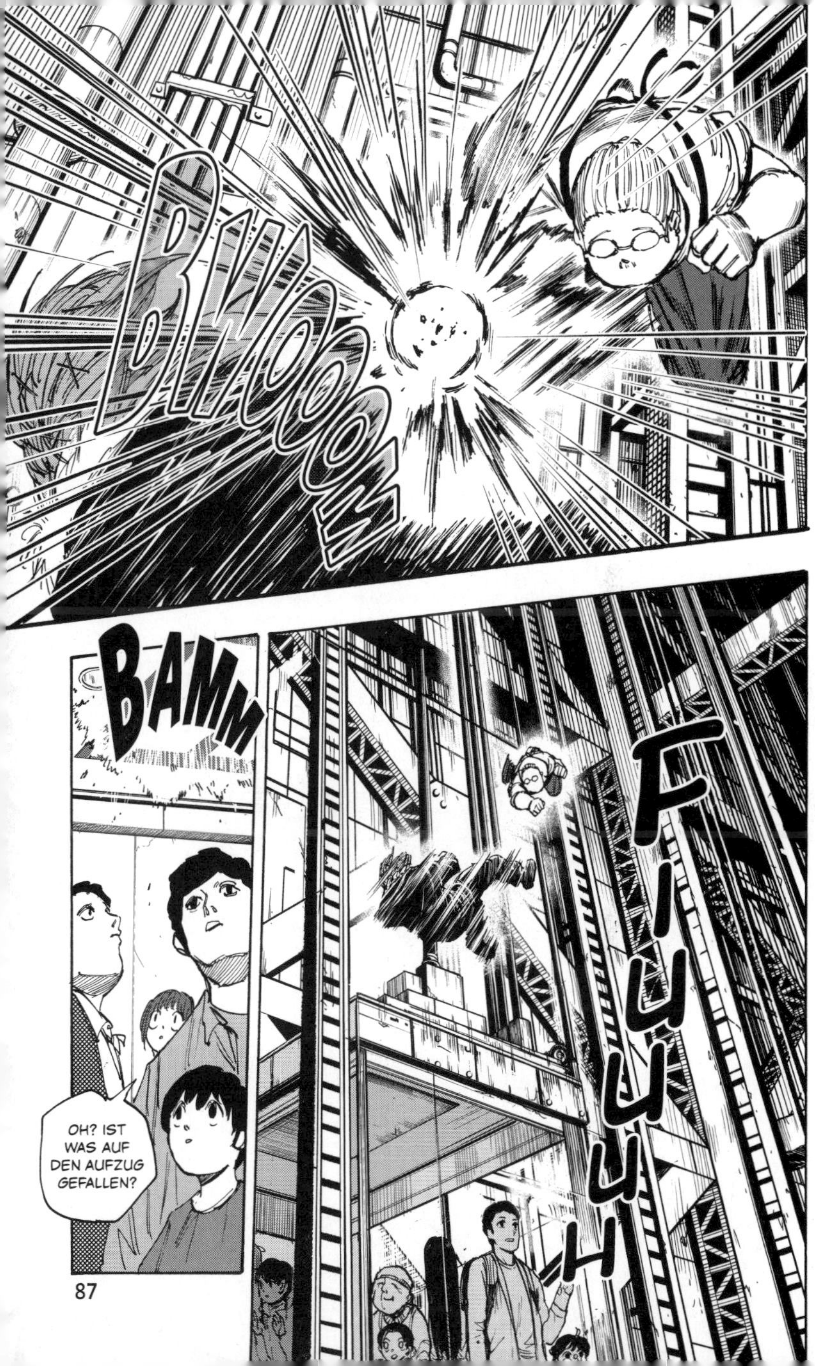
BWOOOM
BAMM
FIUUUUH
OH? IST WAS AUF DEN AUFZUG GEFALLEN?

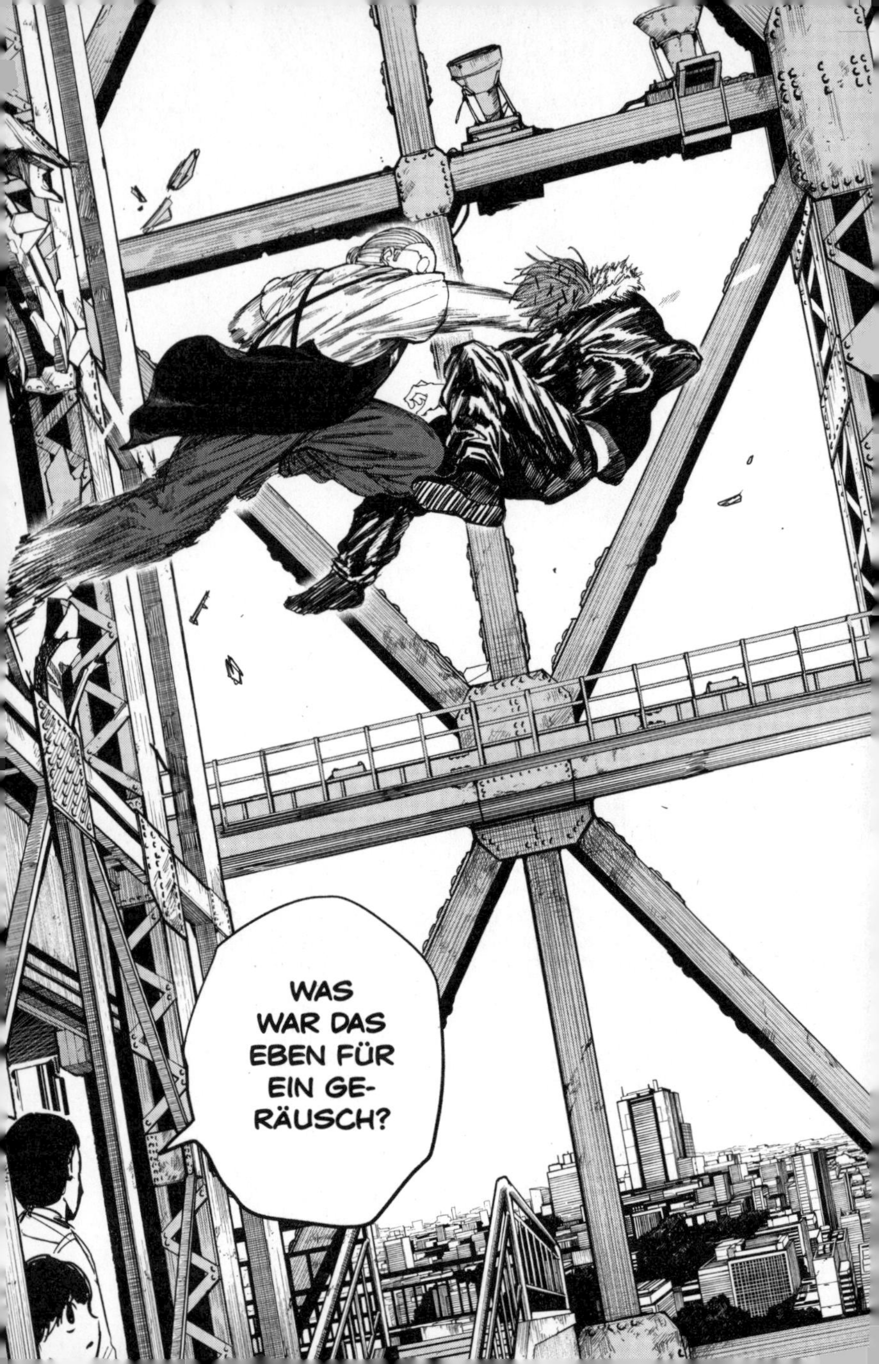
WAS WAR DAS EBEN FÜR EIN GE-RÄUSCH?

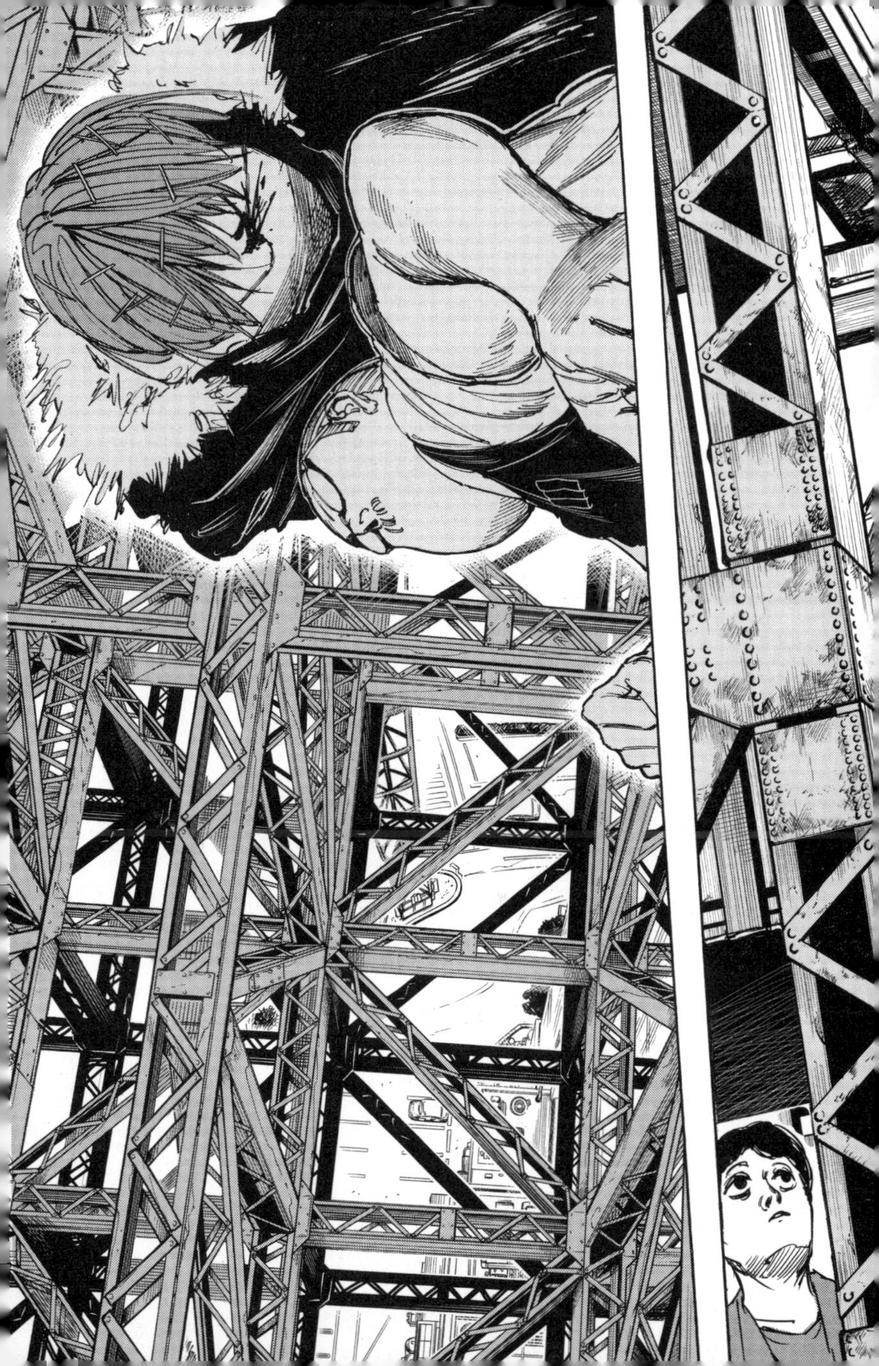

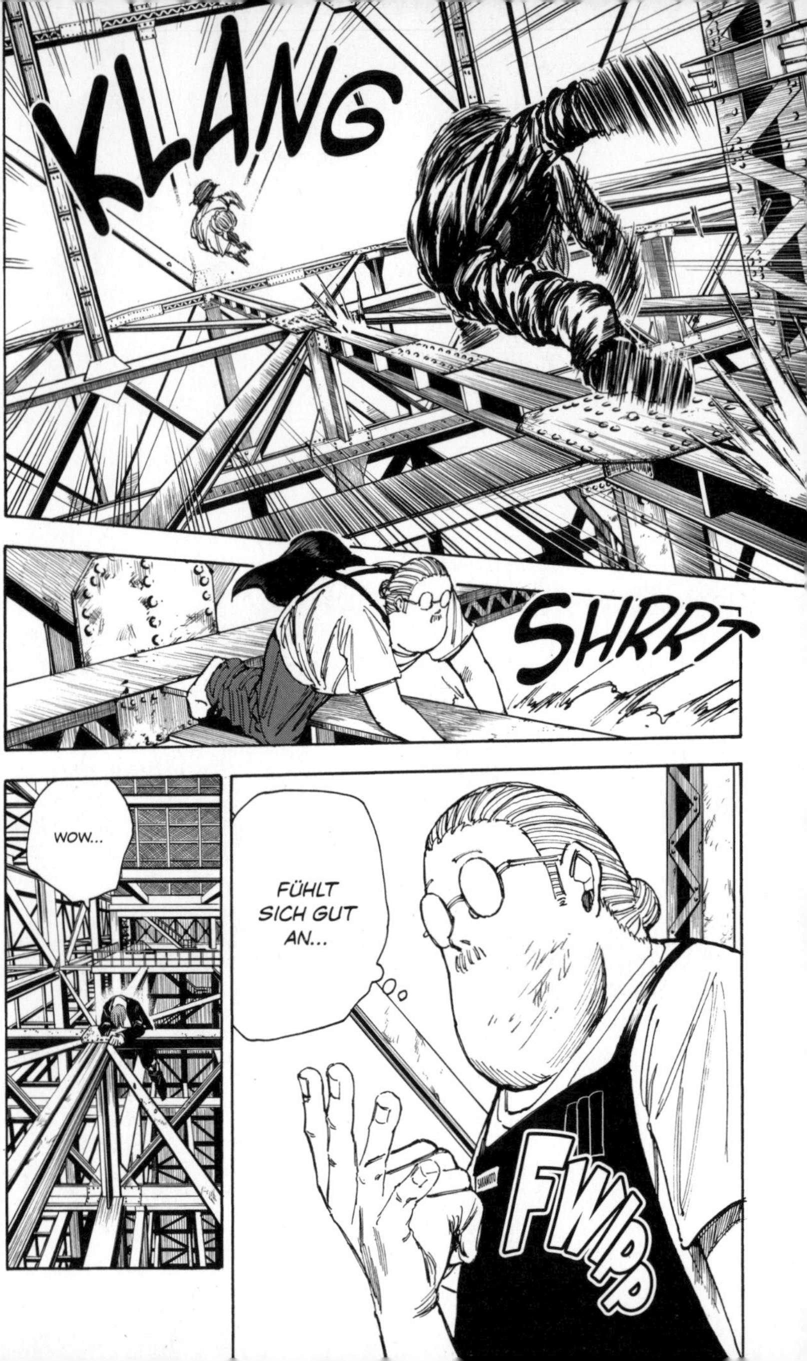
KLANG
SHRRT
WOW...
FÜHLT SICH GUT AN...
SAKAMOTO
FWIPP

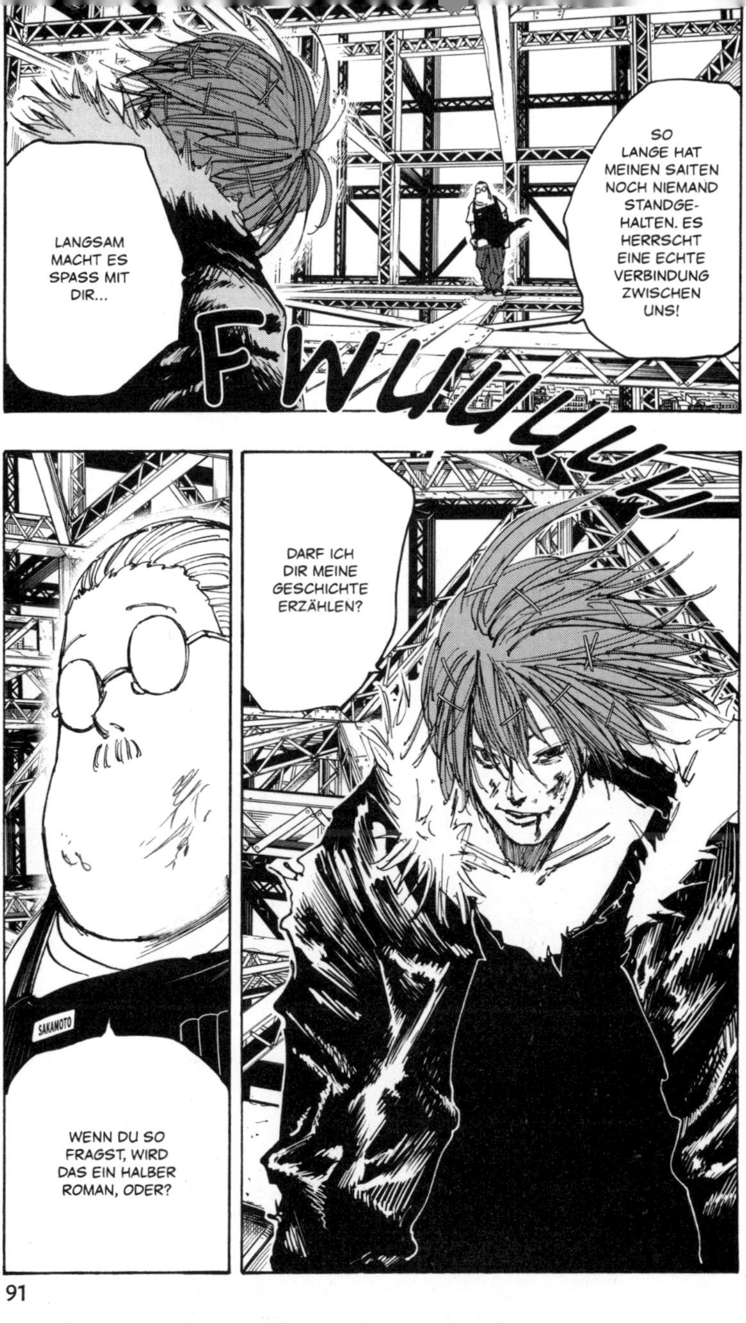
SO LANGE HAT MEINEN SAITEN NOCH NIEMAND STANDGE-HALTEN. ES HERRSCHT EINE ECHTE VERBINDUNG ZWISCHEN UNS!
LANGSAM MACHT ES SPASS MIT DIR...
FWUUUUH
DARF ICH DIR MEINE GESCHICHTE ERZÄHLEN?
SAKAMOTO
WENN DU SO FRAGST, WIRD DAS EIN HALBER ROMAN, ODER?

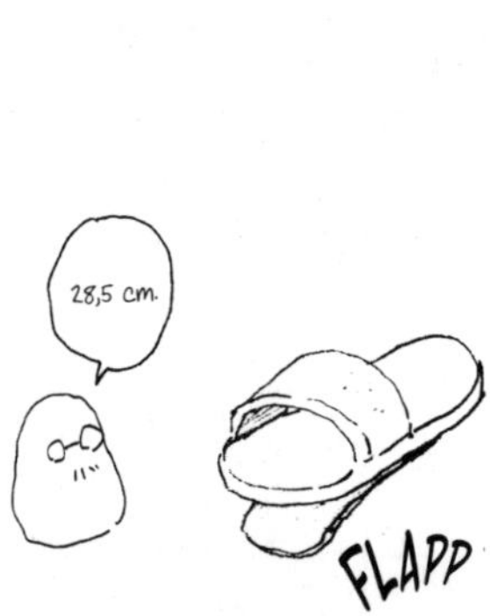

Sakamotos Latschen

200 Yen*
(vor Steuern)

Spottbillig, äußerst robust und toller Tragekomfort. Erhältlich in Weiß & Schwarz.

* ETWA 1,40 €

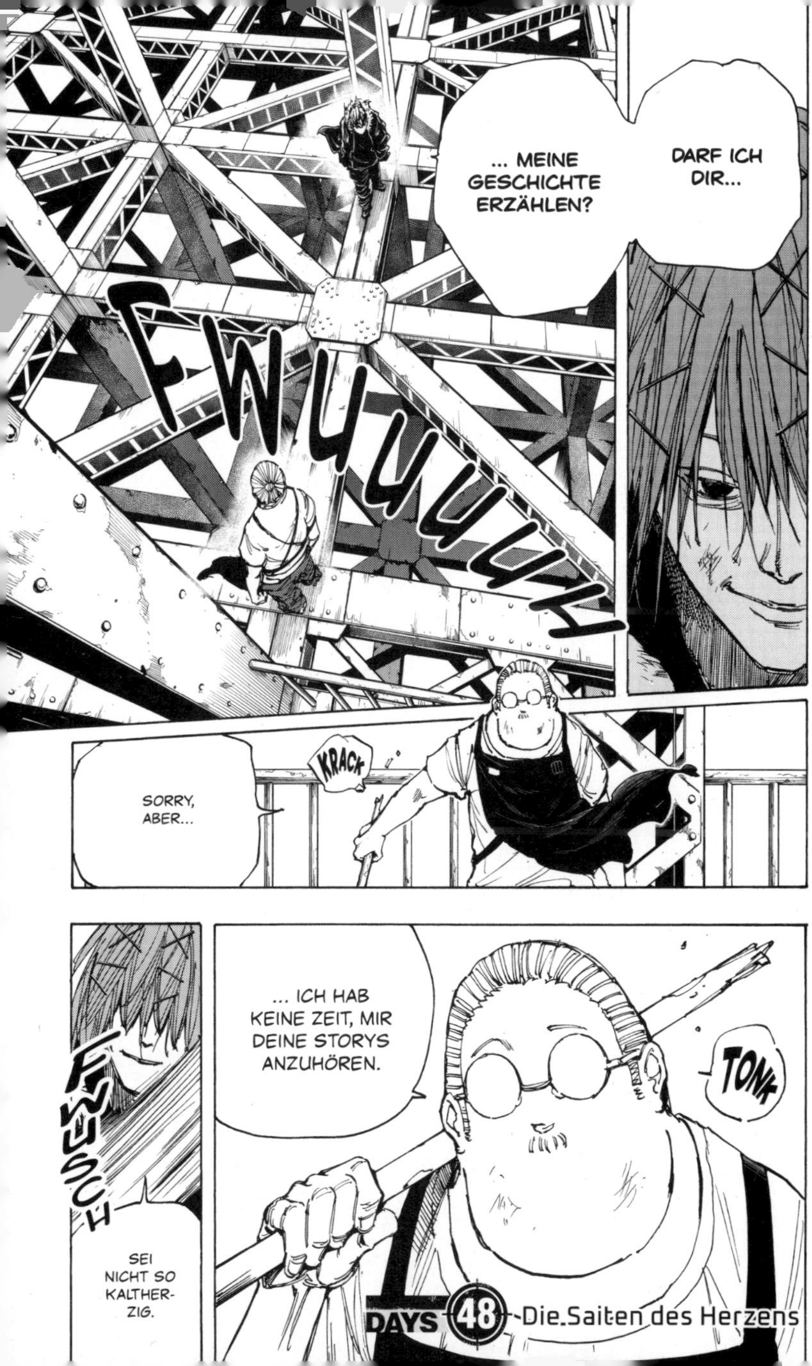
DARF ICH DIR...
... MEINE GESCHICHTE ERZÄHLEN?
FWUUUUSH
KRACK
SORRY, ABER...
... ICH HAB KEINE ZEIT, MIR DEINE STORYS ANZUHÖREN.
TONK
FWUSCH
SEI NICHT SO KALTHER-ZIG.
DAYS 48 Die Saiten des Herzens

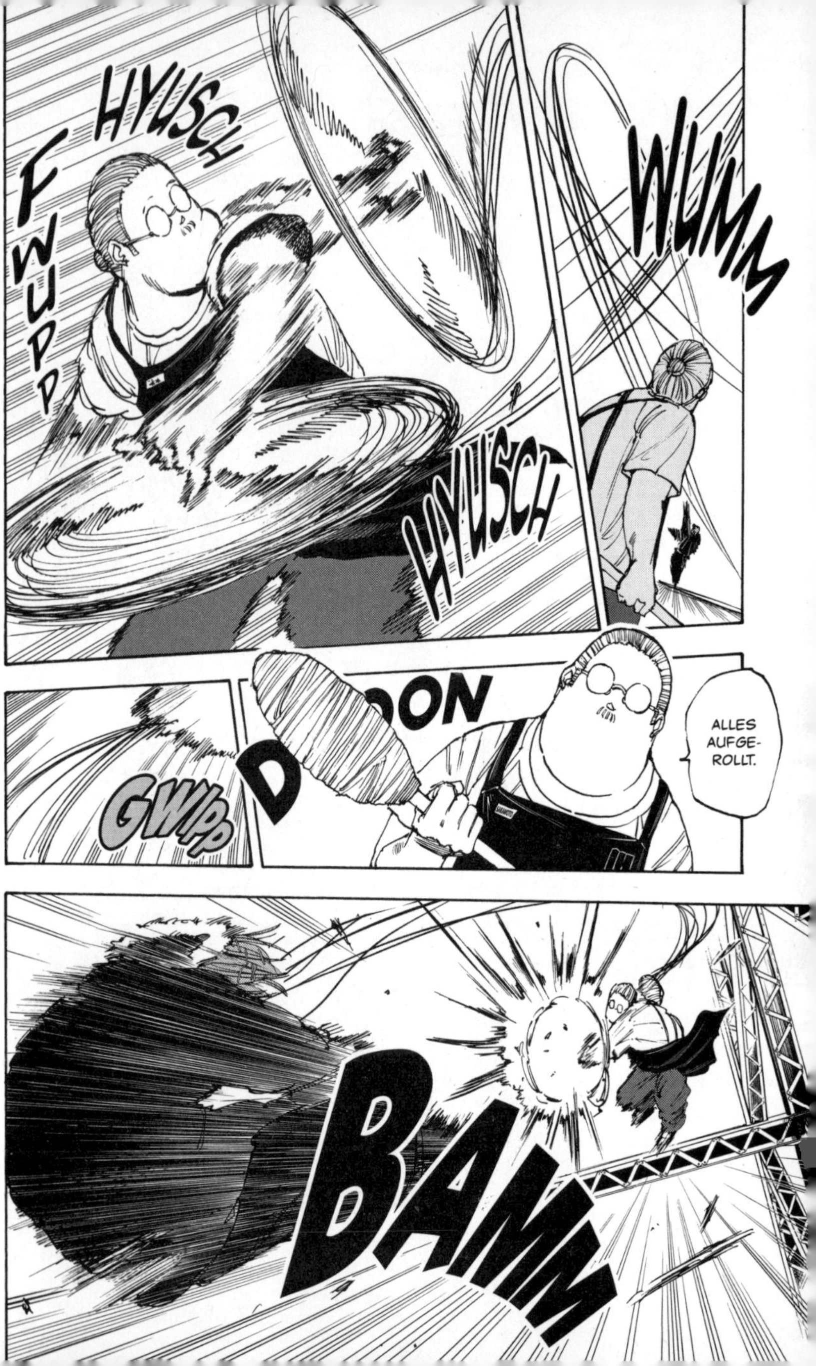
WUMM
HYUSCH
HYUSCH
FWUPP
ALLES AUFGE-ROLLT.
D
OON
GWIPP
BAMM

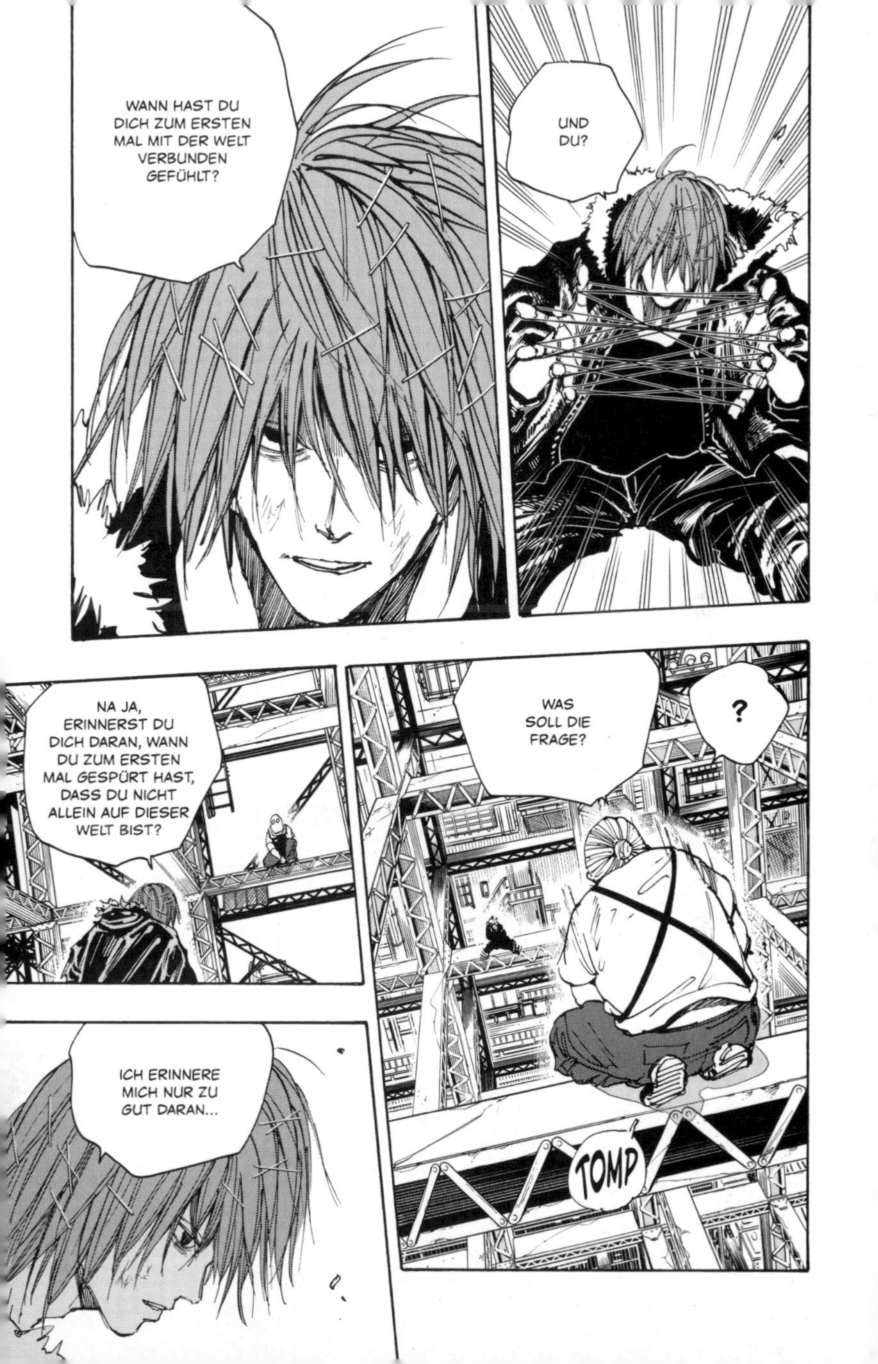
UND DU?
WANN HAST DU DICH ZUM ERSTEN MAL MIT DER WELT VERBUNDEN GEFÜHLT?
?
WAS SOLL DIE FRAGE?
TOMP
NA JA, ERINNERST DU DICH DARAN, WANN DU ZUM ERSTEN MAL GESPÜRT HAST, DASS DU NICHT ALLEIN AUF DIESER WELT BIST?
ICH ERINNERE MICH NUR ZU GUT DARAN...

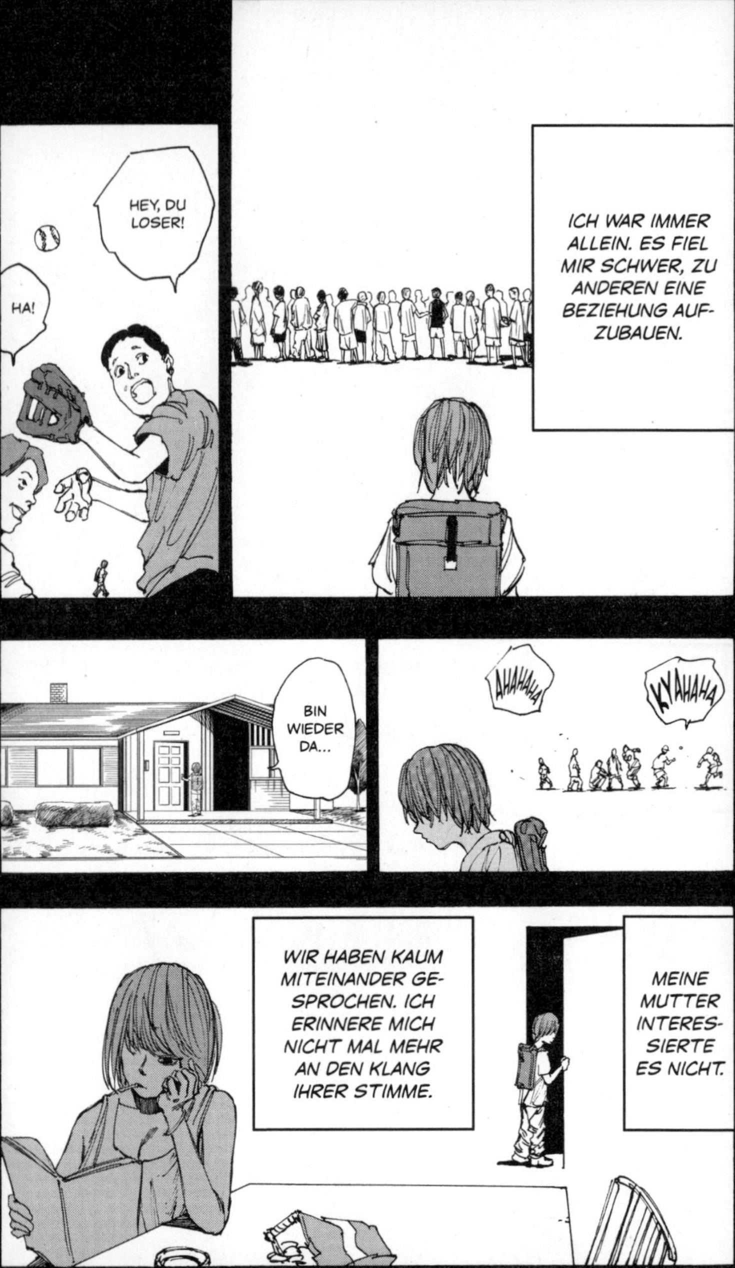
ICH WAR IMMER ALLEIN. ES FIEL MIR SCHWER, ZU ANDEREN EINE BEZIEHUNG AUF-ZUBAUEN.
HEY, DU LOSER!
HA!
KYAHAHA
AHAHAHA
BIN WIEDER DA...
MEINE MUTTER INTERES-SIERTE ES NICHT.
WIR HABEN KAUM MITEINANDER GE-SPROCHEN. ICH ERINNERE MICH NICHT MAL MEHR AN DEN KLANG IHRER STIMME.

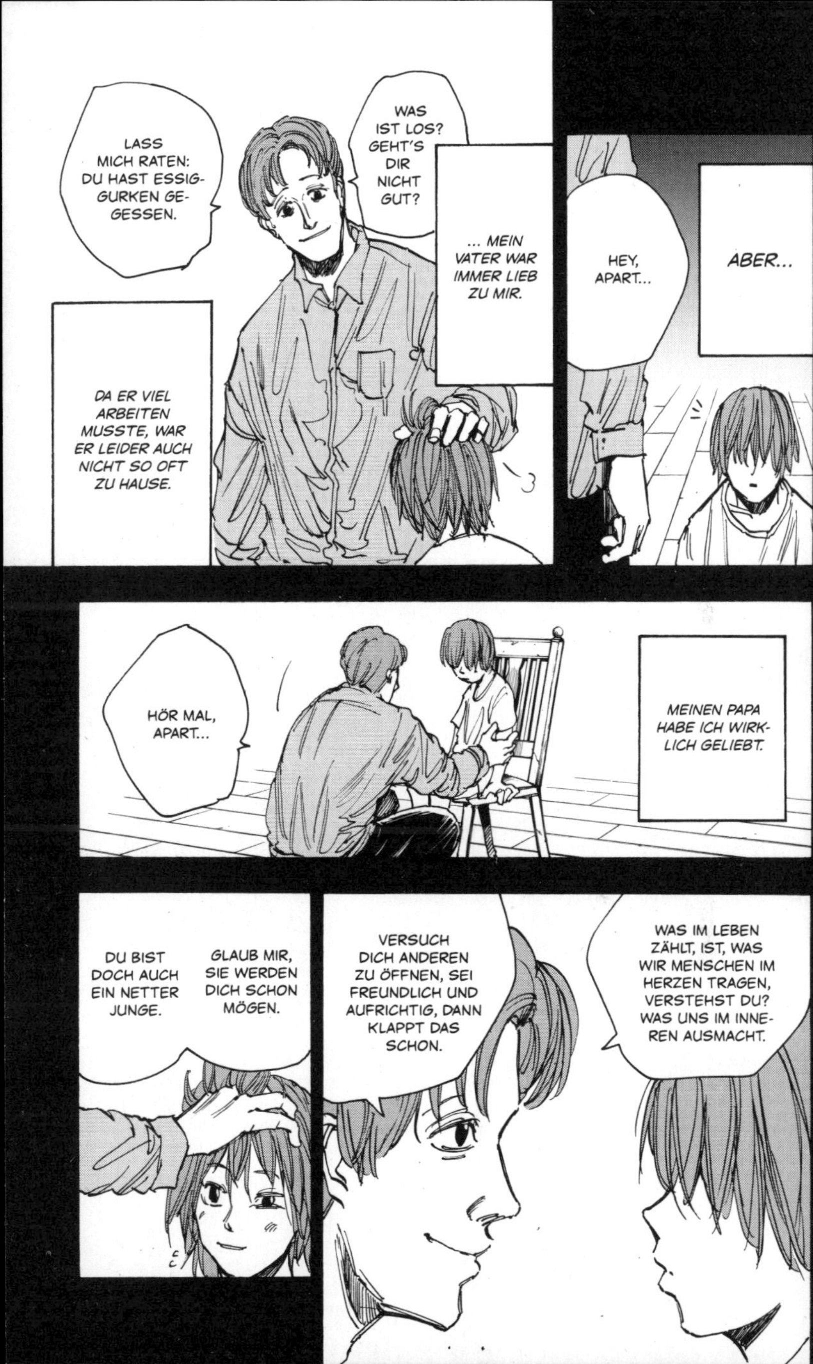
... MEIN VATER WAR IMMER LIEB ZU MIR.
DA ER VIEL ARBEITEN MUSSTE, WAR ER LEIDER AUCH NICHT SO OFT ZU HAUSE.
WAS IST LOS? GEHT'S DIR NICHT GUT?
LASS MICH RATEN: DU HAST ESSIG-GURKEN GE-GESSEN.
ABER...
HEY, APART...
MEINEN PAPA HABE ICH WIRK-LICH GELIEBT.
HÖR MAL, APART...
WAS IM LEBEN ZÄHLT, IST, WAS WIR MENSCHEN IM HERZEN TRAGEN, VERSTEHST DU? WAS UNS IM INNE-REN AUSMACHT.
VERSUCH DICH ANDEREN ZU ÖFFNEN, SEI FREUNDLICH UND AUFRICHTIG, DANN KLAPPT DAS SCHON.
GLAUB MIR, SIE WERDEN DICH SCHON MÖGEN.
DU BIST DOCH AUCH EIN NETTER JUNGE.

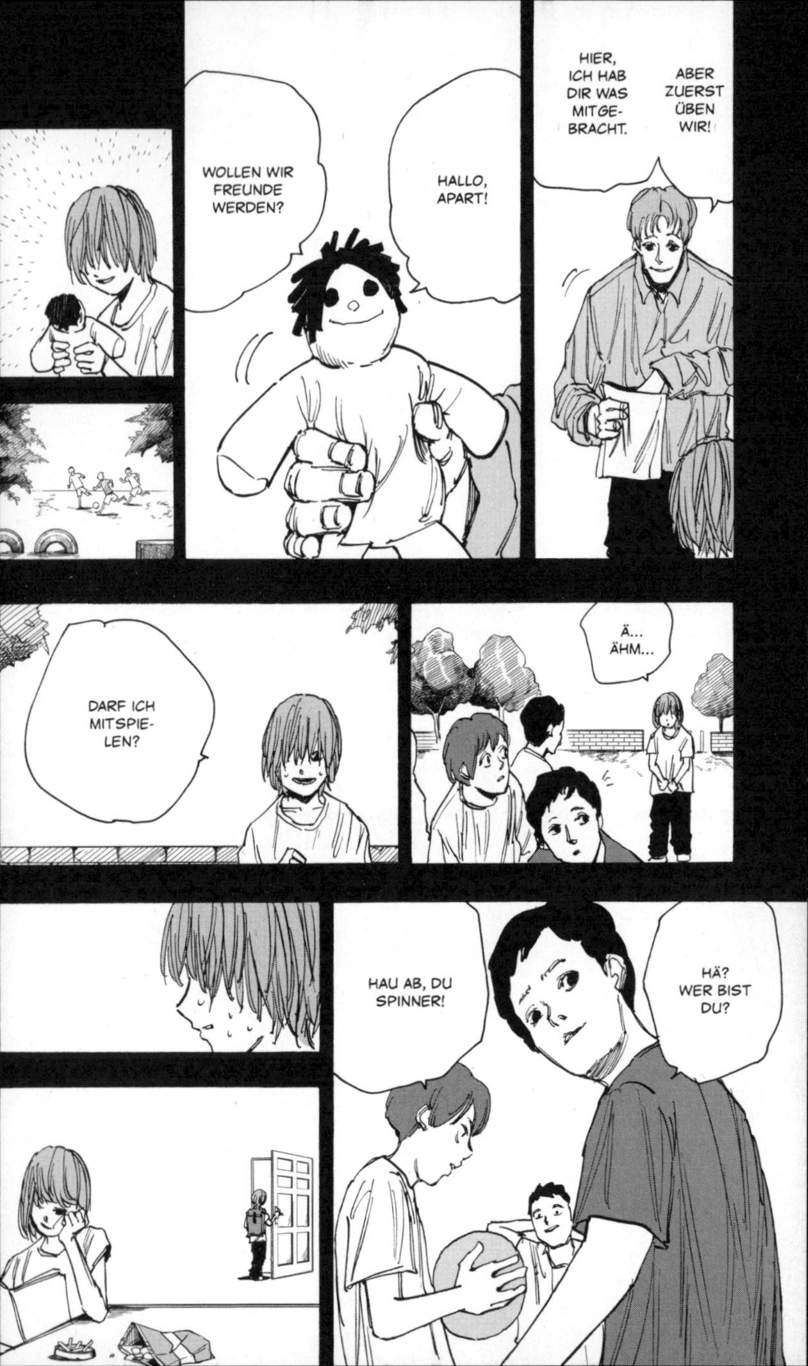
HIER, ICH HAB DIR WAS MITGE-BRACHT.
ABER ZUERST ÜBEN WIR!
HALLO, APART!
WOLLEN WIR FREUNDE WERDEN?
Ä... ÄHM...
DARF ICH MITSPIE-LEN?
HÄ? WER BIST DU?
HAU AB, DU SPINNER!

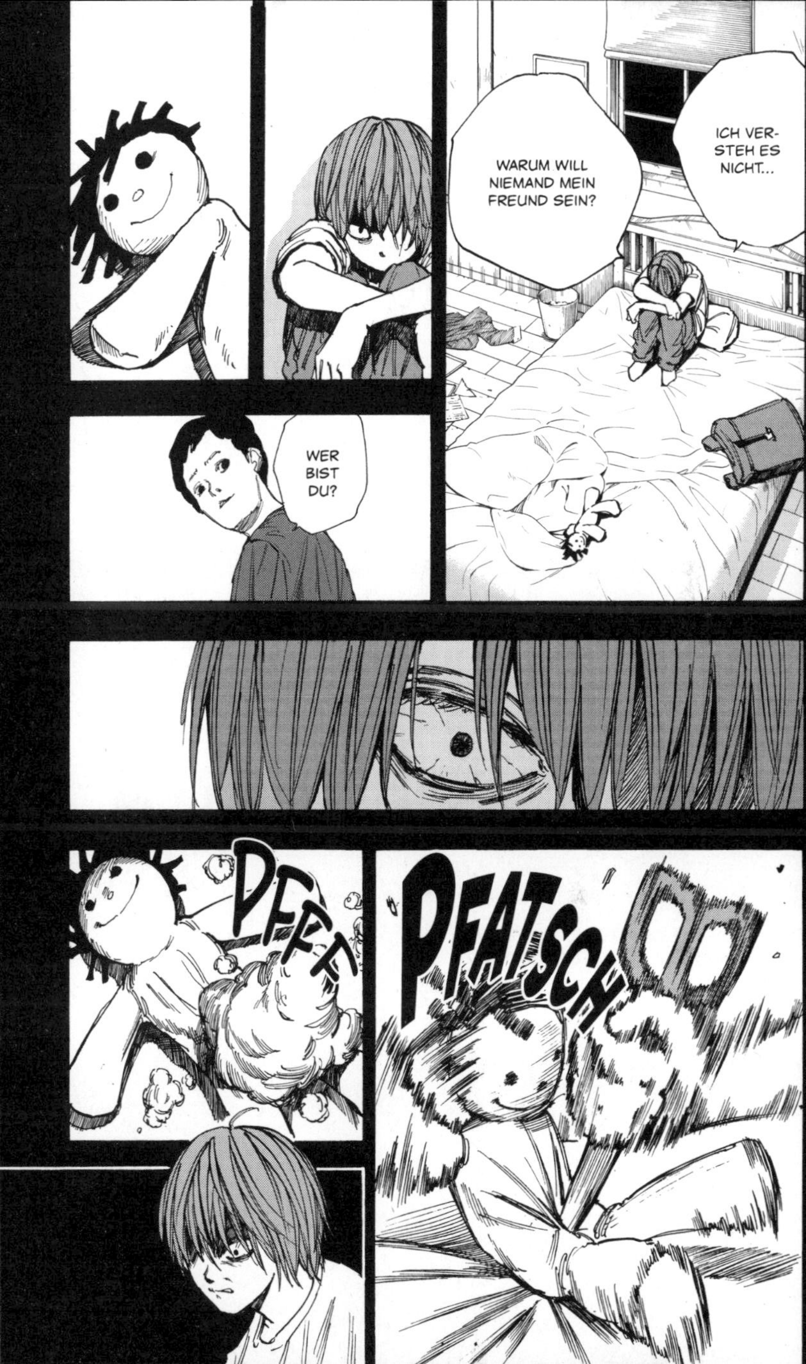
ICH VER-
STEH ES
NICHT...
WARUM WILL
NIEMAND MEIN
FREUND SEIN?
WER
BIST
DU?
PFATSCH
PFFF

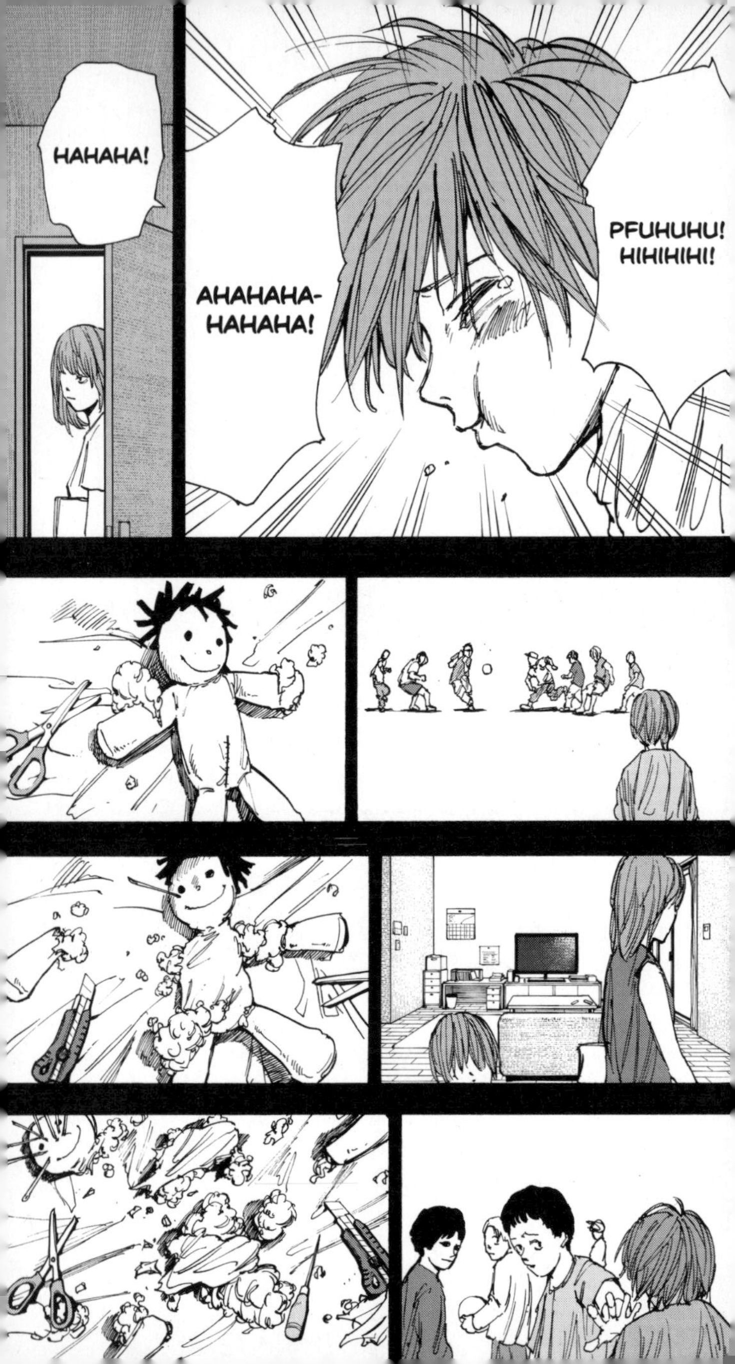
PFUHUHU! HIHIHIHI!
AHAHAHA-HAHAHA!
HAHAHA!

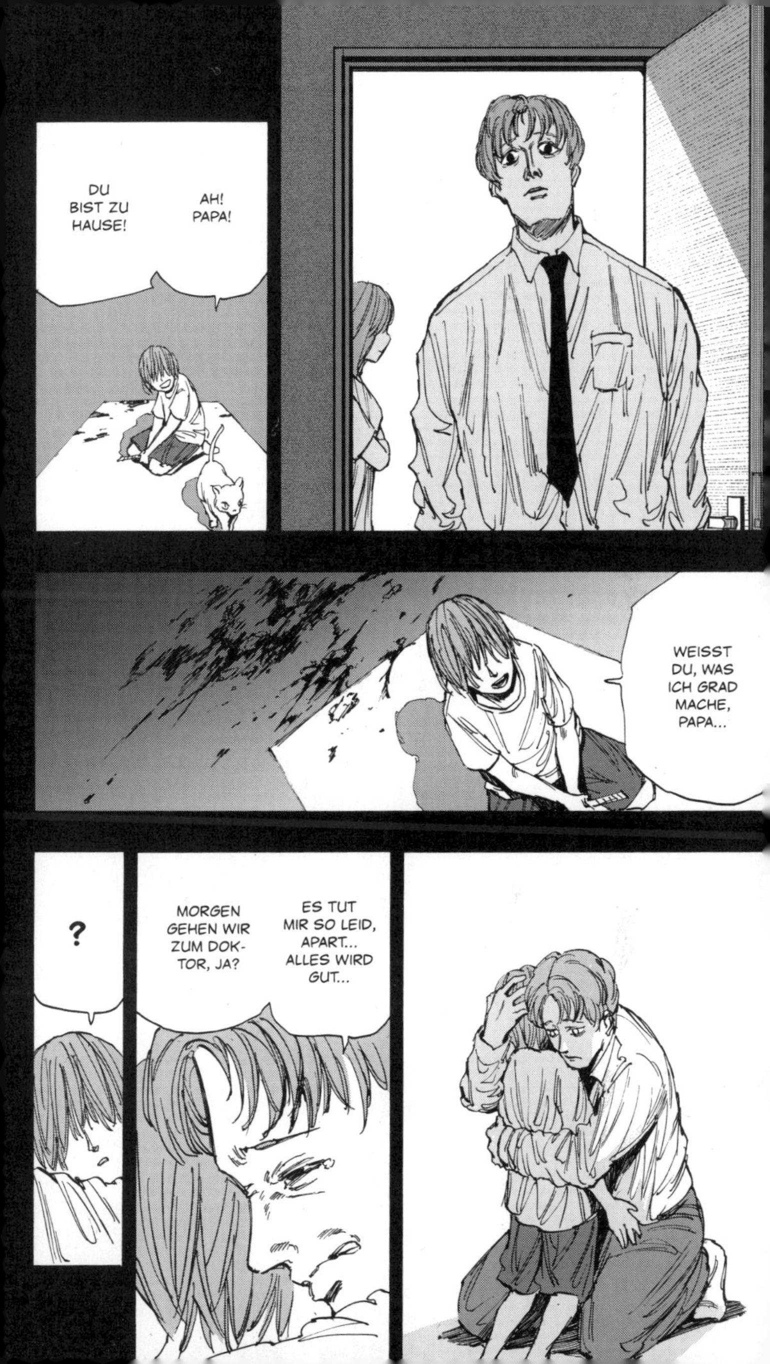
AH! PAPA!
DU BIST ZU HAUSE!
WEISST DU, WAS ICH GRAD MACHE, PAPA...
ES TUT MIR SO LEID, APART... ALLES WIRD GUT...
MORGEN GEHEN WIR ZUM DOK-TOR, JA?
?

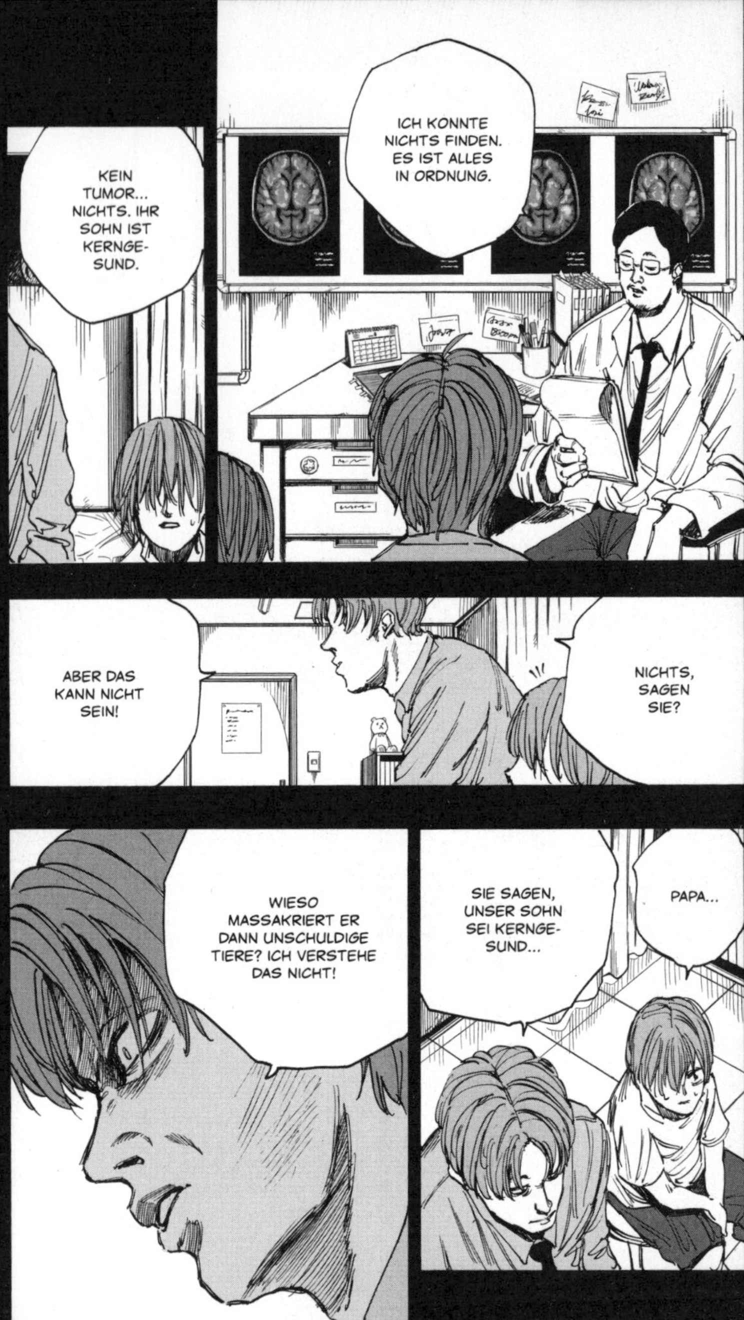
ICH KONNTE NICHTS FINDEN. ES IST ALLES IN ORDNUNG.
KEIN TUMOR... NICHTS. IHR SOHN IST KERNGE-SUND.
NICHTS, SAGEN SIE?
ABER DAS KANN NICHT SEIN!
PAPA...
SIE SAGEN, UNSER SOHN SEI KERNGE-SUND...
WIESO MASSAKRIERT ER DANN UNSCHULDIGE TIERE? ICH VERSTEHE DAS NICHT!

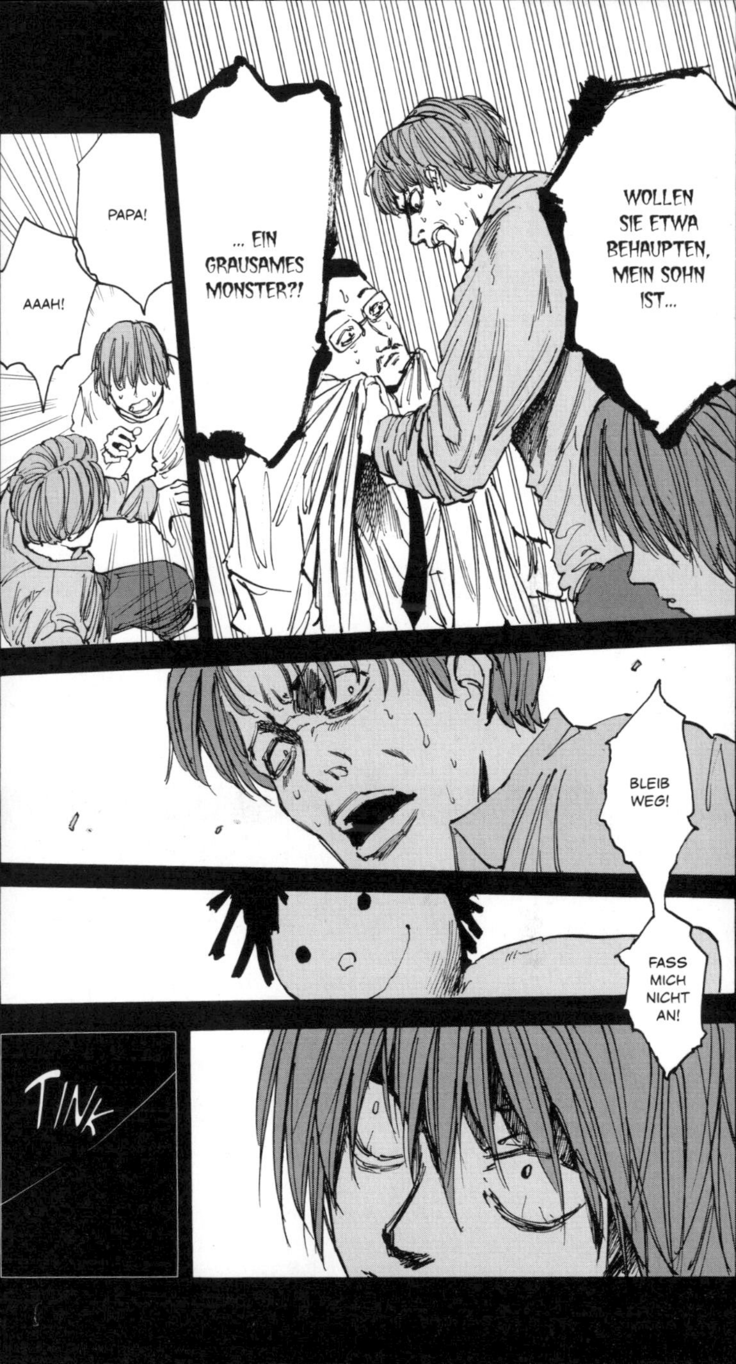

WOLLEN SIE ETWA BEHAUPTEN, MEIN SOHN IST...
... EIN GRAUSAMES MONSTER?!
PAPA!
AAAH!
BLEIB WEG!
FASS MICH NICHT AN!
TINK

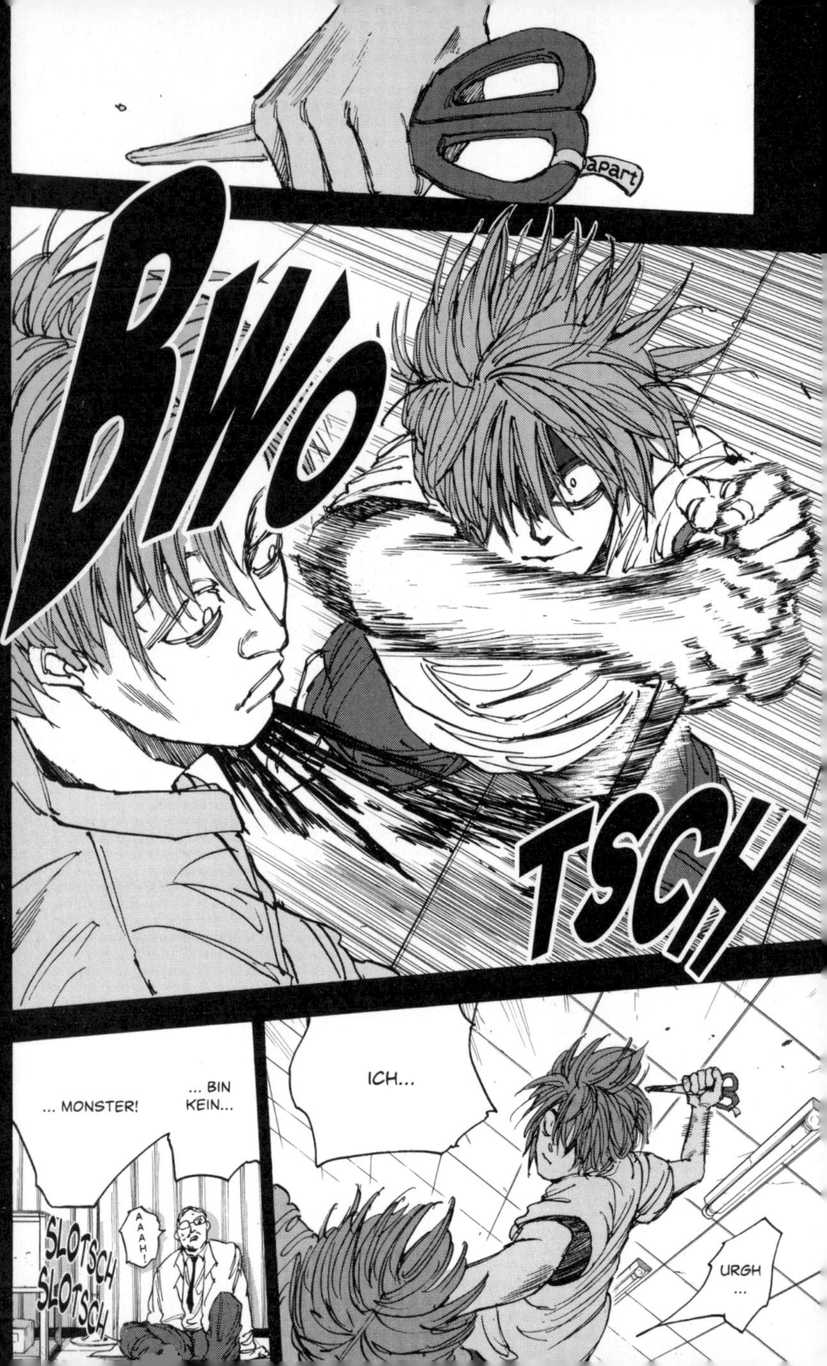
apart
BWO
TSCH
ICH...
URGH ...
... BIN KEIN...
... MONSTER!
AAAH!
SLOTSCH
SLOTSCH

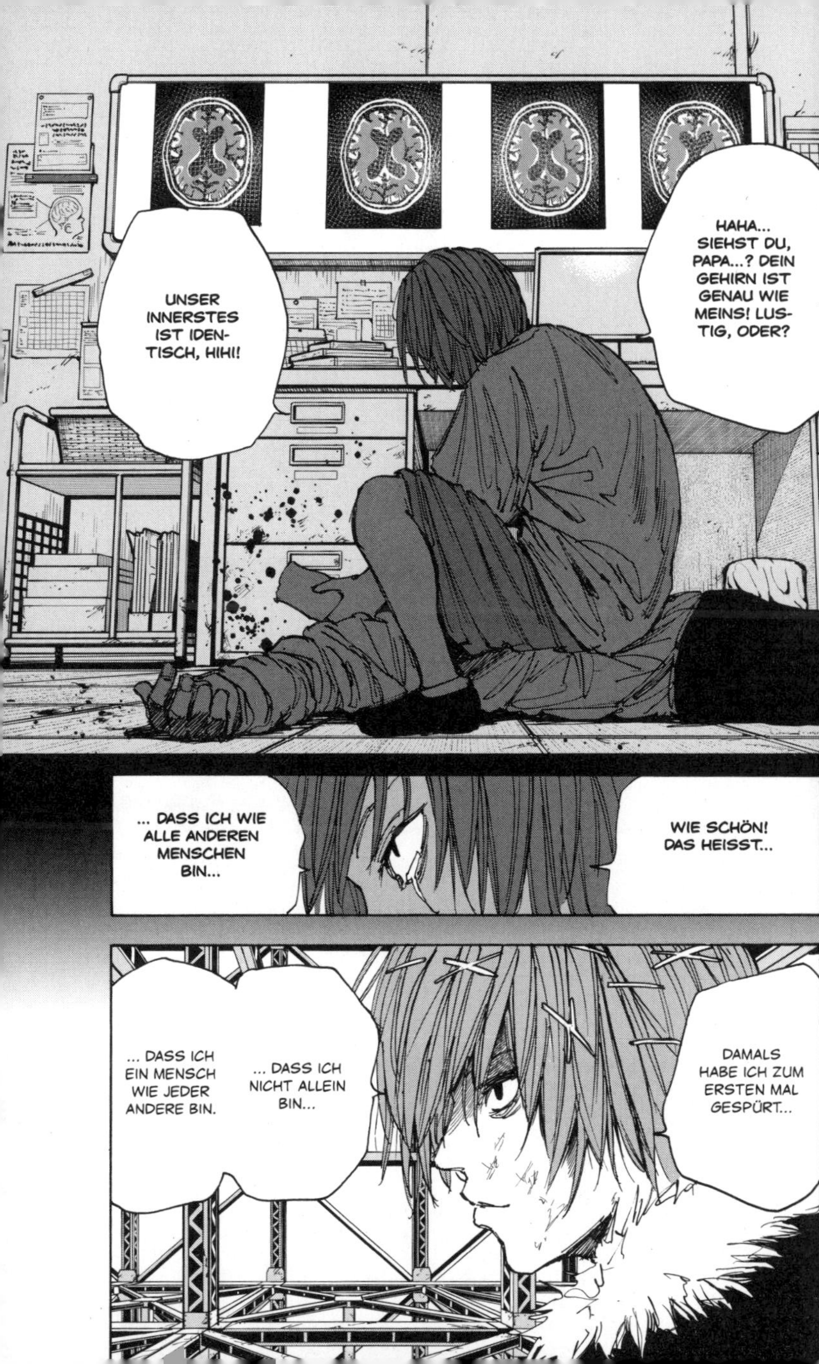
HAHA... SIEHST DU, PAPA...? DEIN GEHIRN IST GENAU WIE MEINS! LUSTIG, ODER?
UNSER INNERSTES IST IDENTISCH, HIHI!
WIE SCHÖN! DAS HEISST...
... DASS ICH WIE ALLE ANDEREN MENSCHEN BIN...
DAMALS HABE ICH ZUM ERSTEN MAL GESPÜRT...
... DASS ICH NICHT ALLEIN BIN...
... DASS ICH EIN MENSCH WIE JEDER ANDERE BIN.

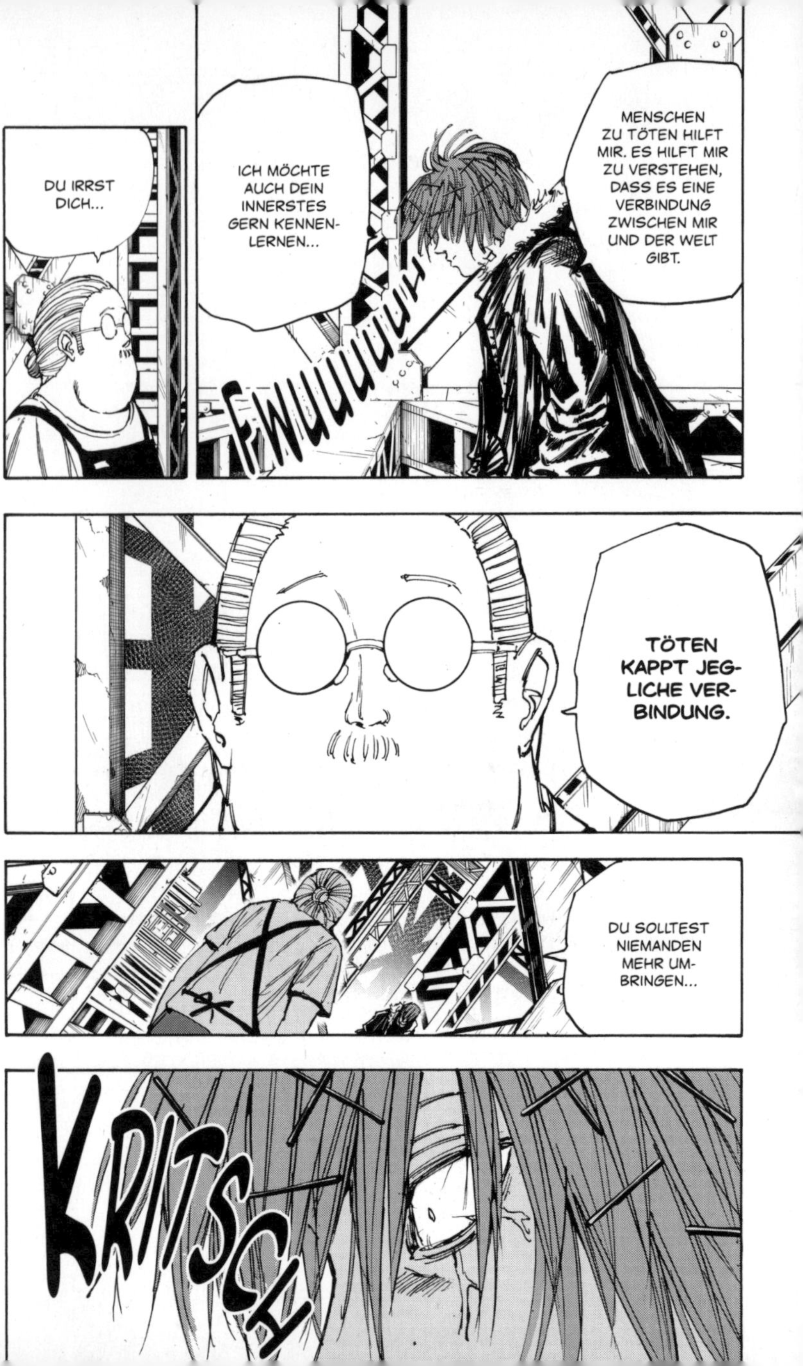
MENSCHEN ZU TÖTEN HILFT MIR. ES HILFT MIR ZU VERSTEHEN, DASS ES EINE VERBINDUNG ZWISCHEN MIR UND DER WELT GIBT.
ICH MÖCHTE AUCH DEIN INNERSTES GERN KENNEN-LERNEN...
DU IRRST DICH...
FWUUUUUUUH
TÖTEN KAPPT JEG-LICHE VER-BINDUNG.
DU SOLLTEST NIEMANDEN MEHR UM-BRINGEN...
KRITSCH

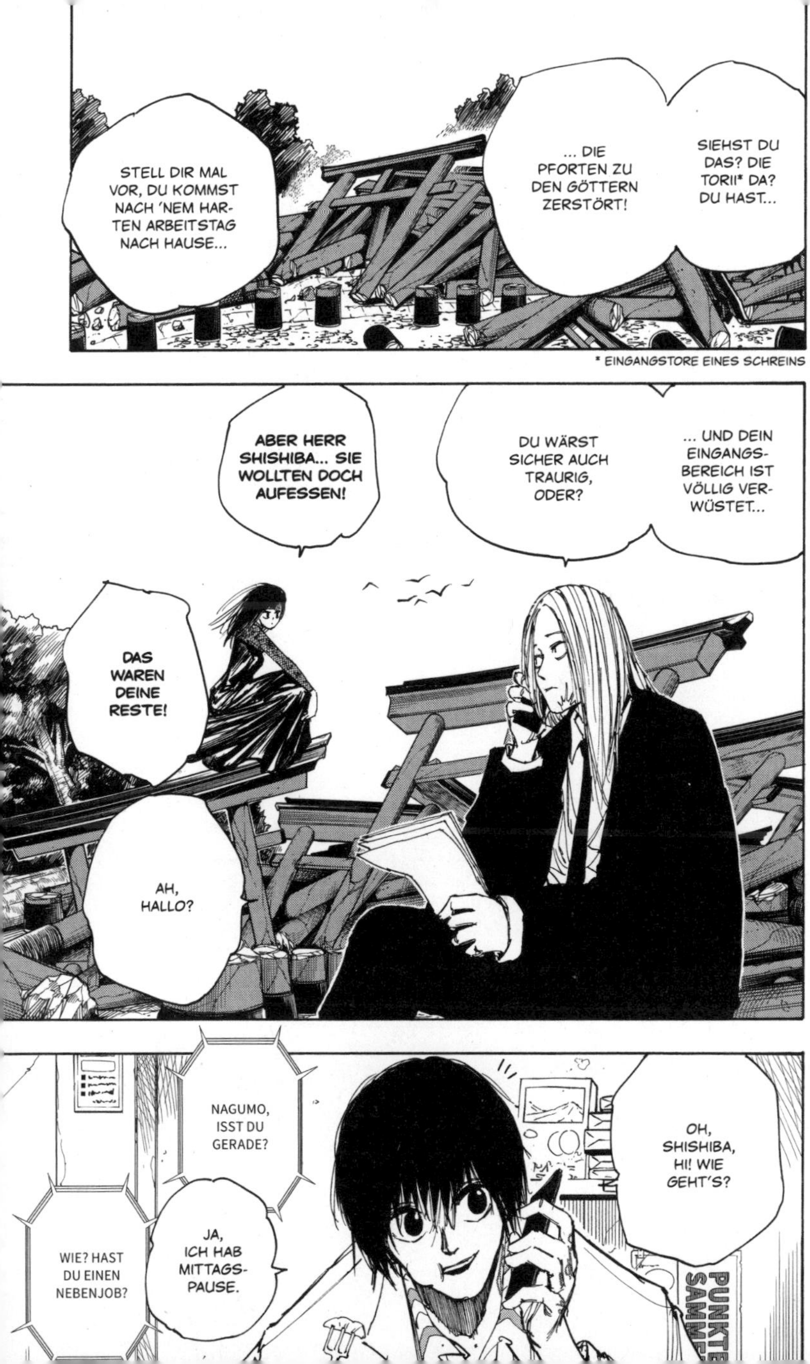

* EINGANGSTORE EINES SCHREINS

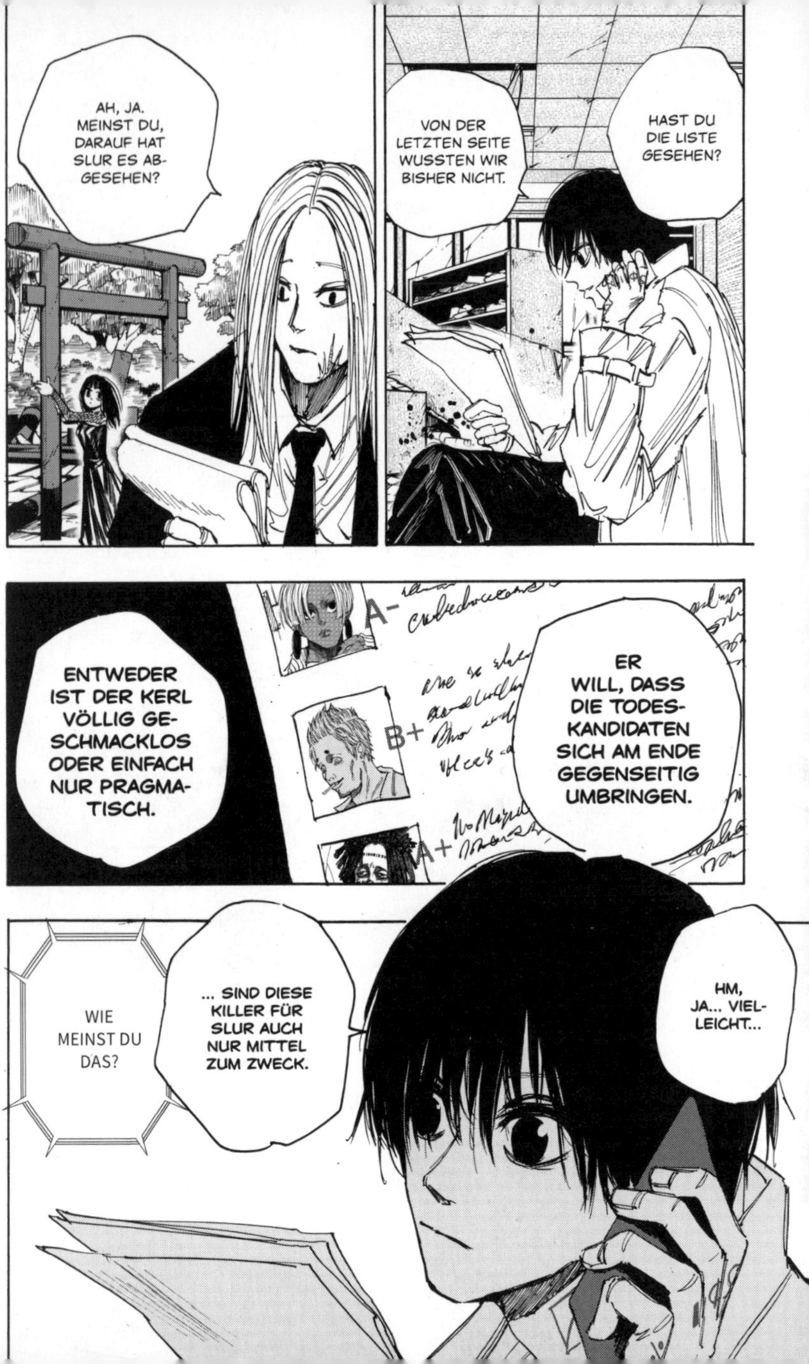
HAST DU DIE LISTE GESEHEN?
VON DER LETZTEN SEITE WUSSTEN WIR BISHER NICHT.
AH, JA. MEINST DU, DARAUF HAT SLUR ES ABGESEHEN?
ER WILL, DASS DIE TODESKANDIDATEN SICH AM ENDE GEGENSEITIG UMBRINGEN.
ENTWEDER IST DER KERL VÖLLIG GESCHMACKLOS ODER EINFACH NUR PRAGMATISCH.
A-
B+
A+
HM, JA... VIELLEICHT...
... SIND DIESE KILLER FÜR SLUR AUCH NUR MITTEL ZUM ZWECK.
WIE MEINST DU DAS?

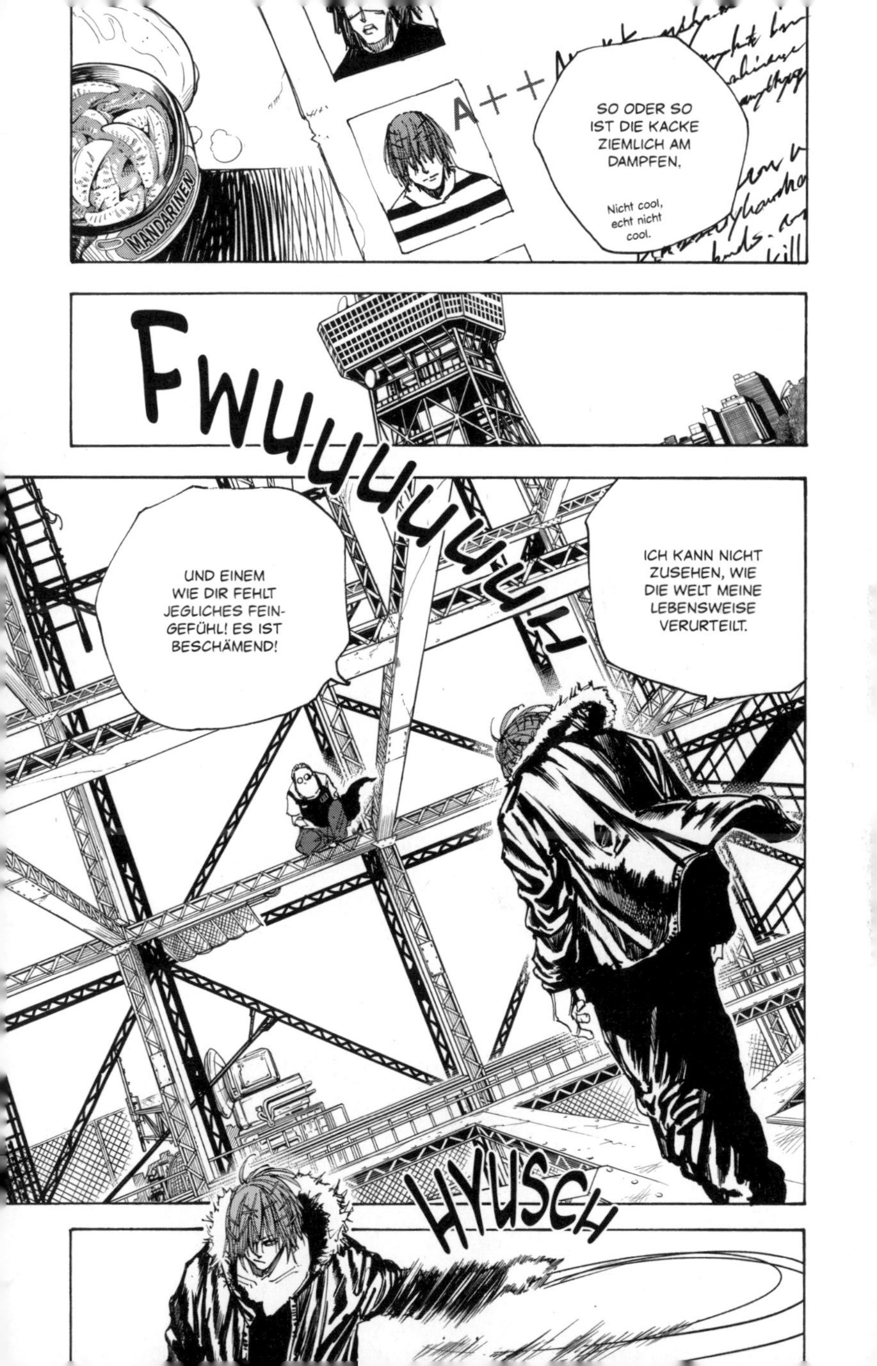
MANDARINEN
A++
SO ODER SO IST DIE KACKE ZIEMLICH AM DAMPFEN.
Nicht cool, echt nicht cool.
FWUUUUUUUH
ICH KANN NICHT ZUSEHEN, WIE DIE WELT MEINE LEBENSWEISE VERURTEILT.
UND EINEM WIE DIR FEHLT JEGLICHES FEIN-GEFÜHL! ES IST BESCHÄMEND!
HYUSCH

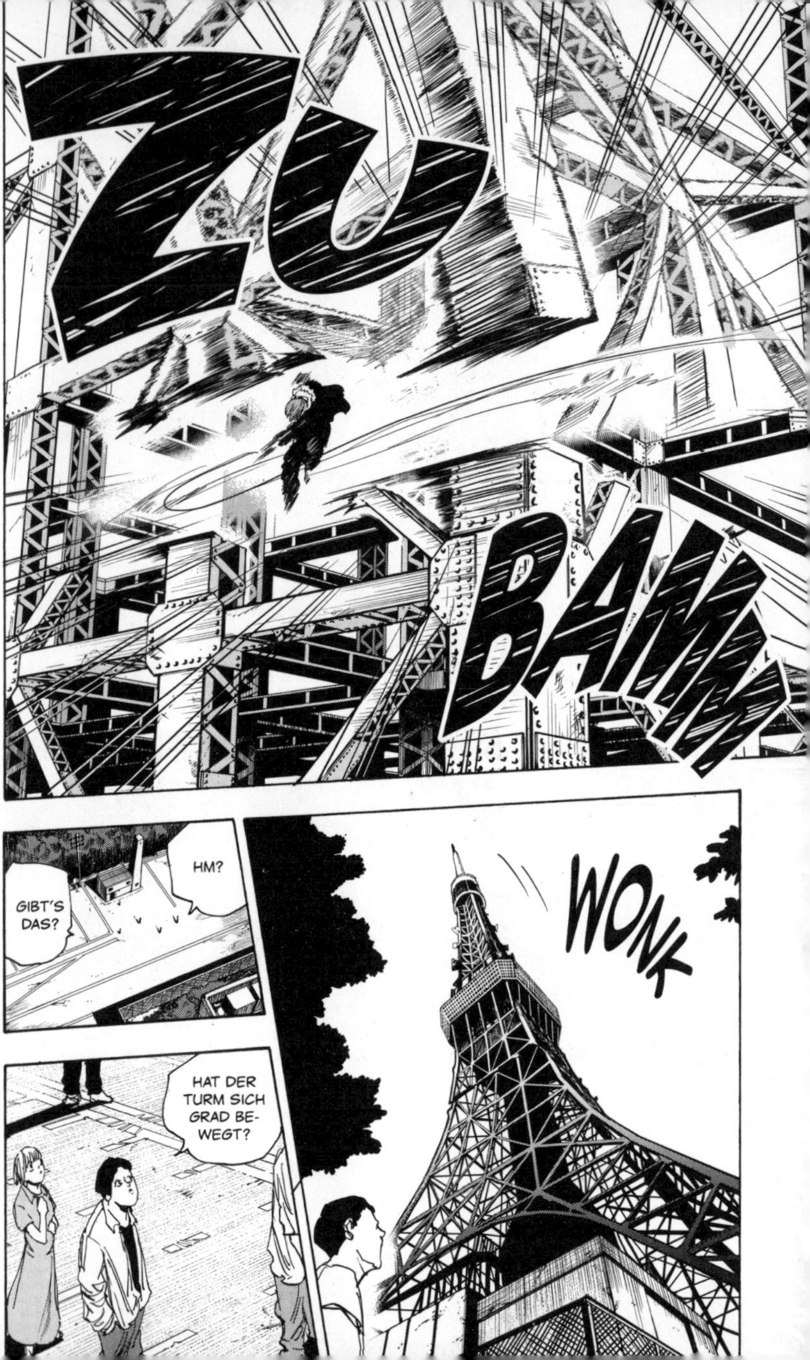
ZU
BAM
WONK
HM?
GIBT'S DAS?
HAT DER TURM SICH GRAD BE-WEGT?

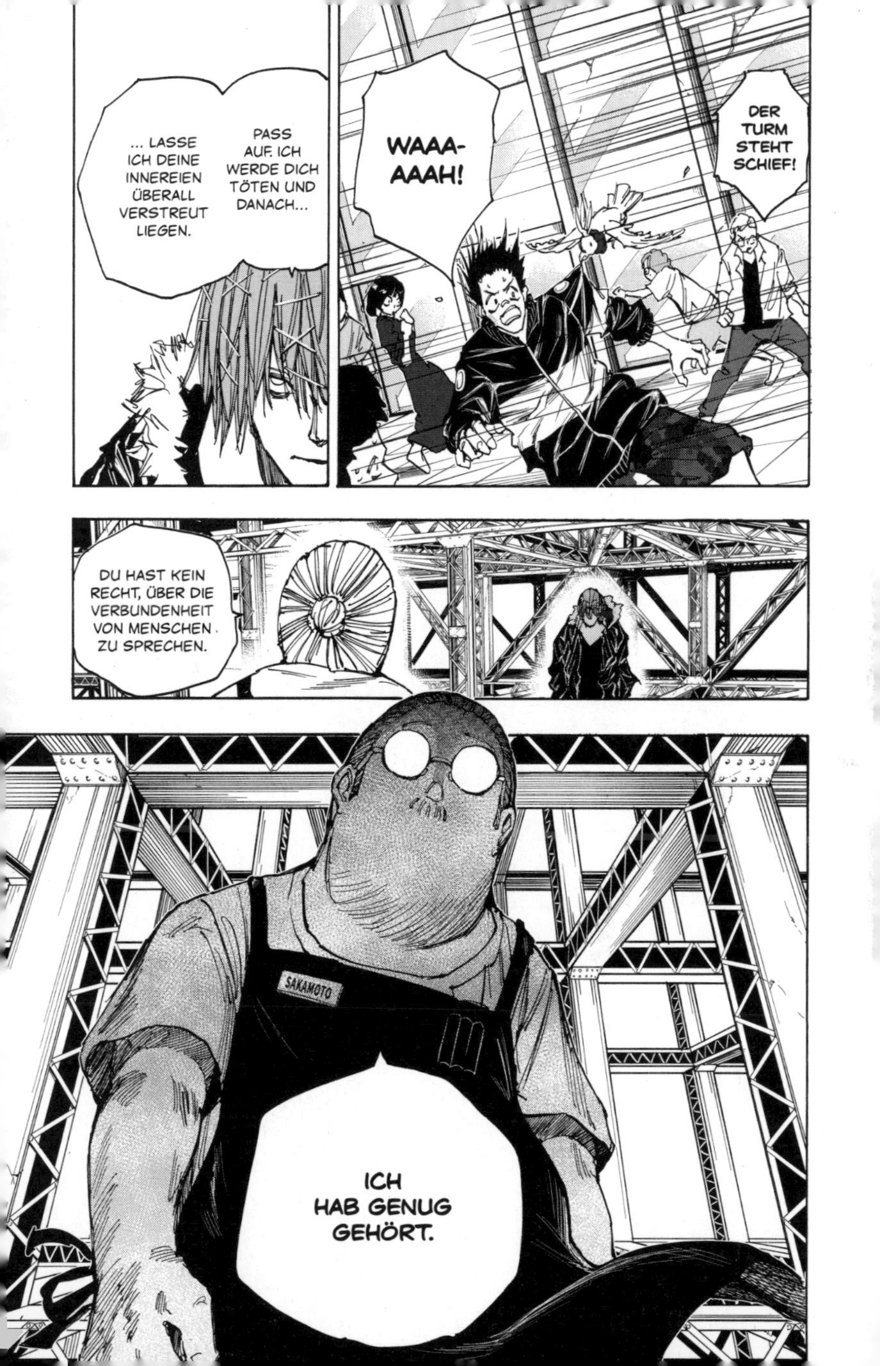
DER TURM STEHT SCHIEF!
WAAAAAAH!
PASS AUF. ICH WERDE DICH TÖTEN UND DANACH...
... LASSE ICH DEINE INNEREIEN ÜBERALL VERSTREUT LIEGEN.
DU HAST KEIN RECHT, ÜBER DIE VERBUNDENHEIT VON MENSCHEN ZU SPRECHEN.
SAKAMOTO
ICH HAB GENUG GEHÖRT.

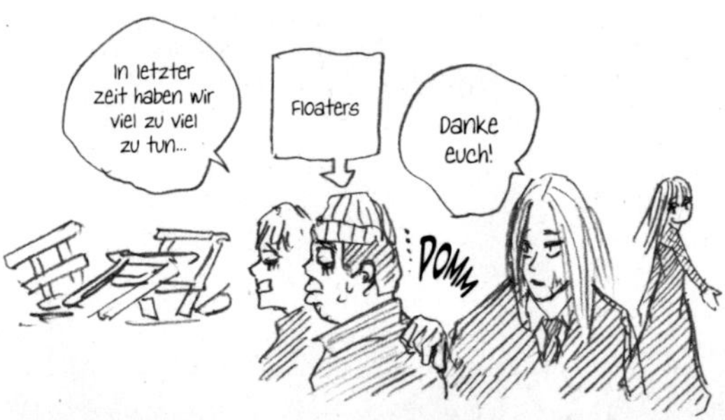
In letzter zeit haben wir viel zu viel zu tun...
Floaters
Danke euch!
POMM

DAYS 49 Einmal um den Turm herum

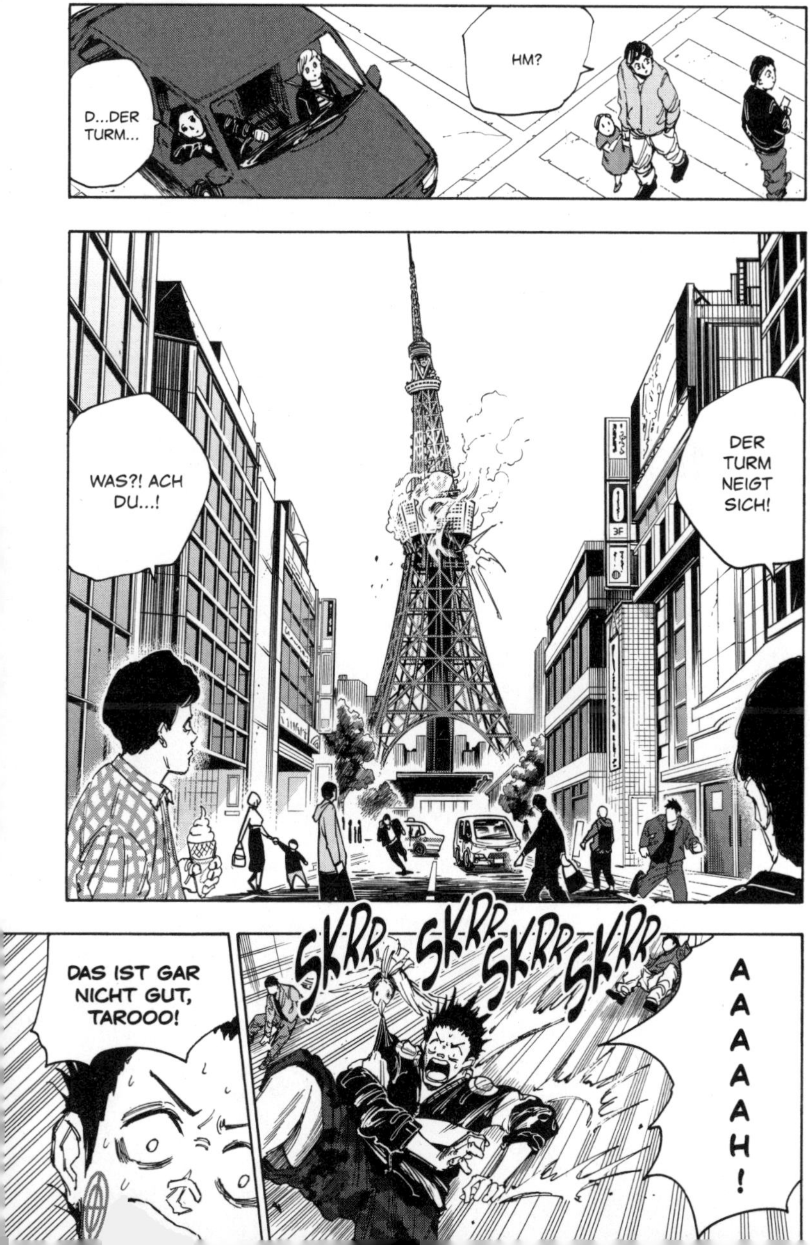

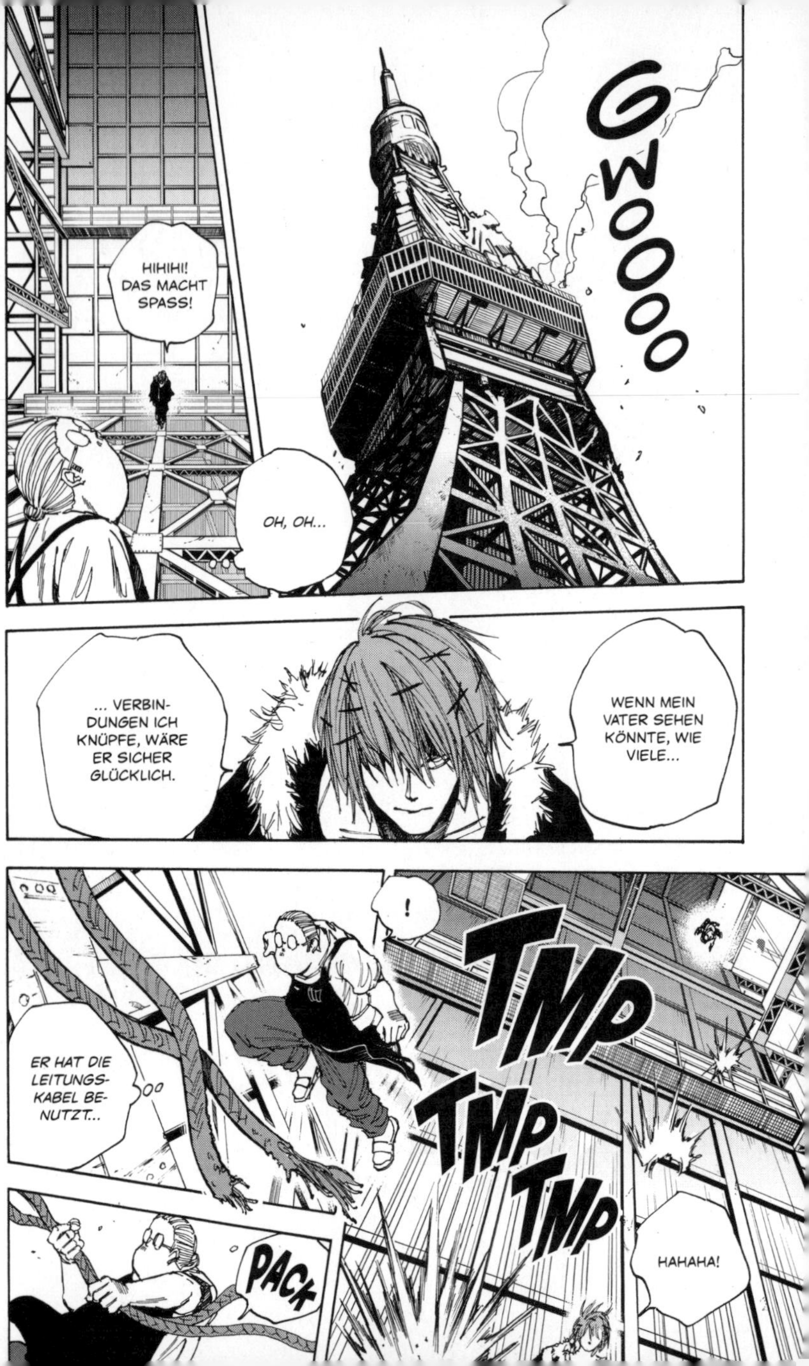
GWOOOOO
HIHIHI! DAS MACHT SPASS!
OH, OH...
WENN MEIN VATER SEHEN KÖNNTE, WIE VIELE...
... VERBIN-DUNGEN ICH KNÜPFE, WÄRE ER SICHER GLÜCKLICH.
!
TMP TMP TMP TMP
ER HAT DIE LEITUNGS-KABEL BE-NUTZT...
HAHAHA!
PACK

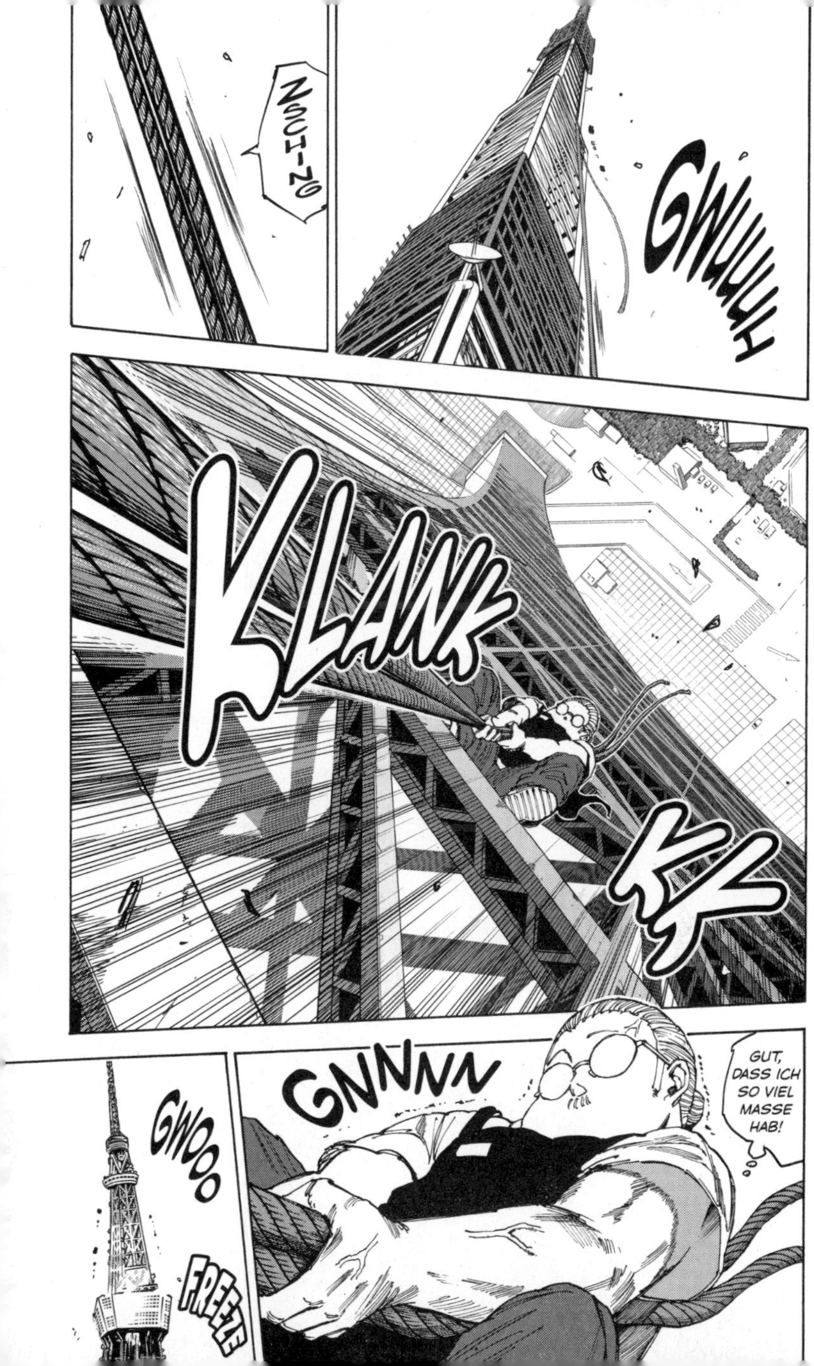
ZSCHING
GWUUUH
KLANK
KK
GWOOO
FREEZE
GNNNN
GUT, DASS ICH SO VIEL MASSE HAB!

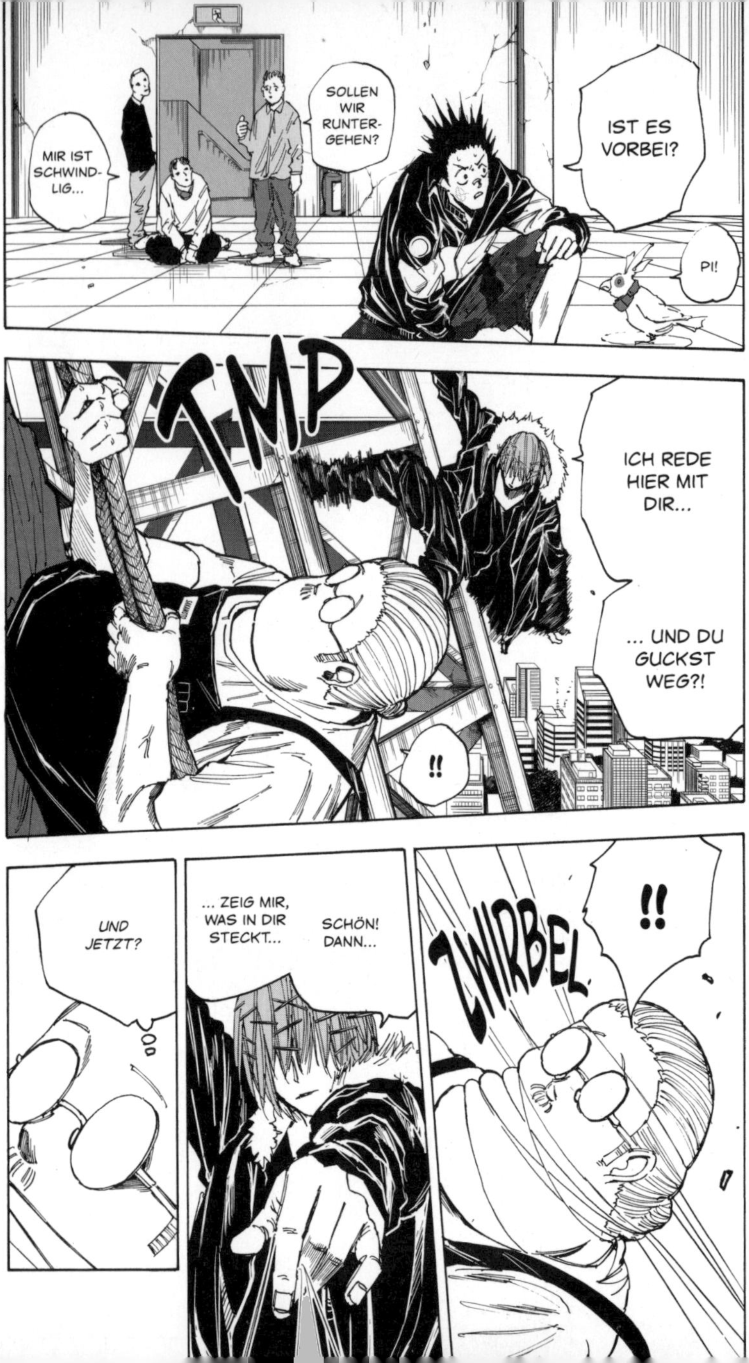
IST ES VORBEI?
PI!
SOLLEN WIR RUNTER-GEHEN?
MIR IST SCHWIND-LIG...
TMP
ICH REDE HIER MIT DIR...
... UND DU GUCKST WEG?!
!!
ZWIRBEL
!!
SCHÖN! DANN...
... ZEIG MIR, WAS IN DIR STECKT...
UND JETZT?

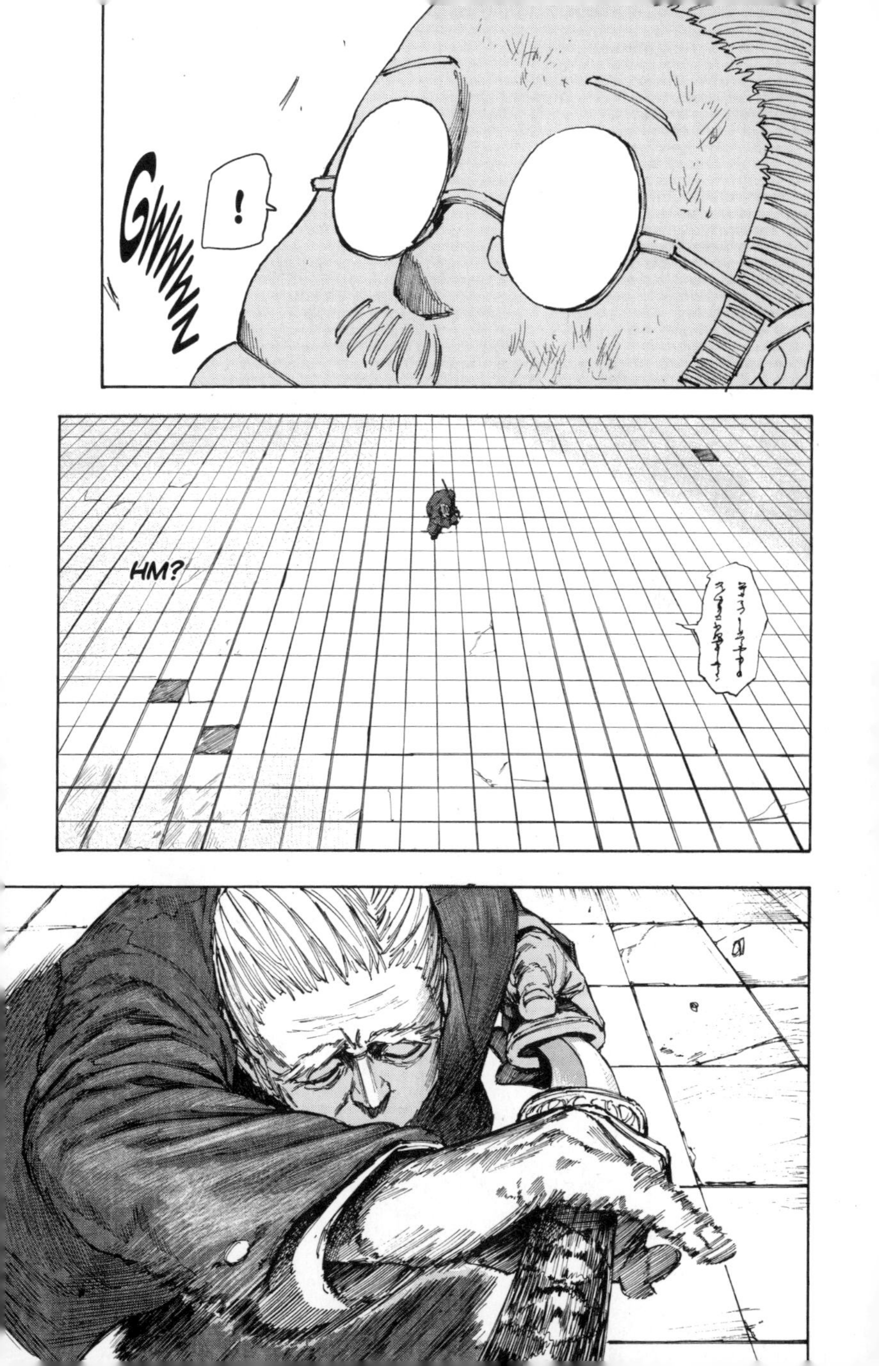
GWWWN
!
HM?

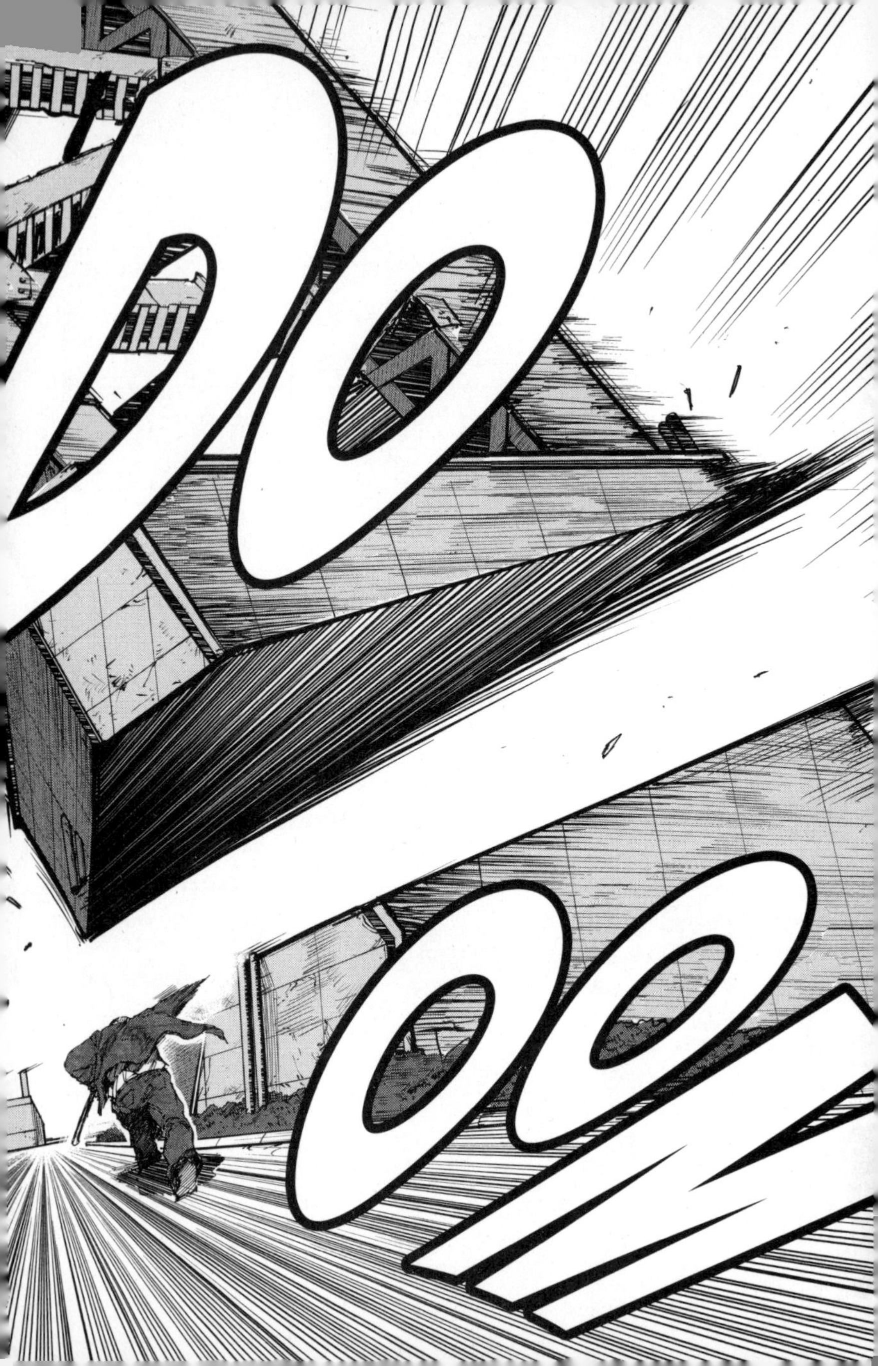
DOOOM

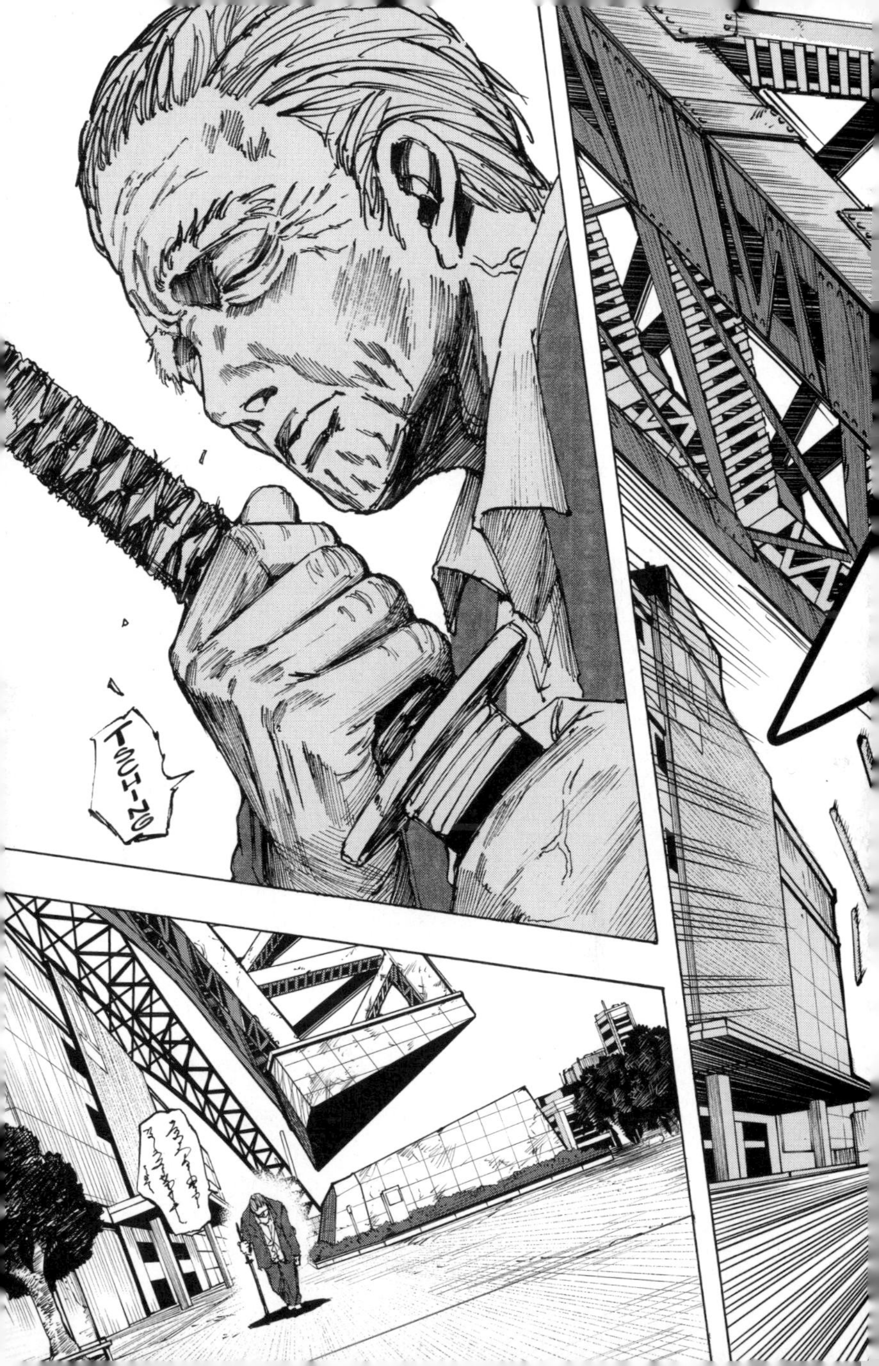
TSCHI-NG

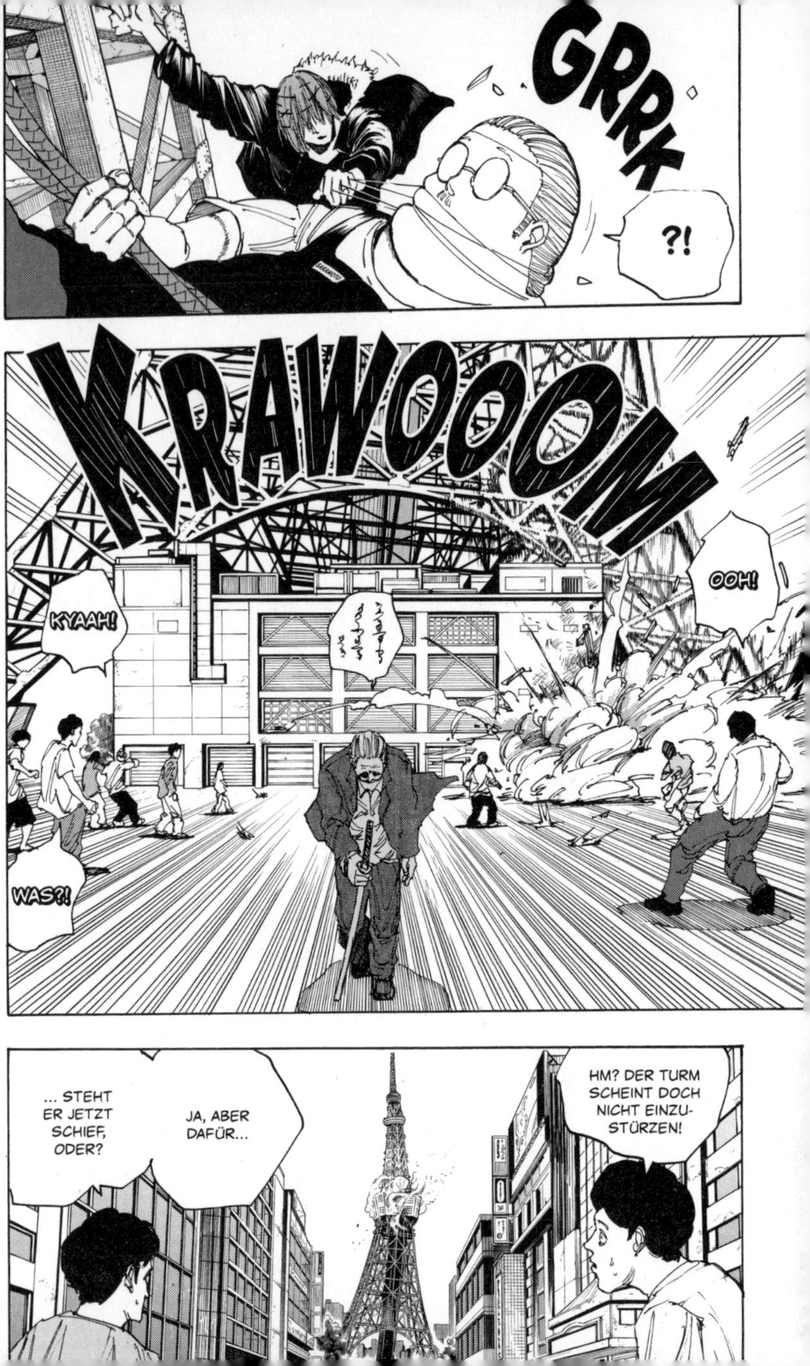
GRRK
?!
KRAWOOOM
OOH!
KYAAH!
WAS?!
HM? DER TURM SCHEINT DOCH NICHT EINZU-STÜRZEN!
JA, ABER DAFÜR...
... STEHT ER JETZT SCHIEF, ODER?

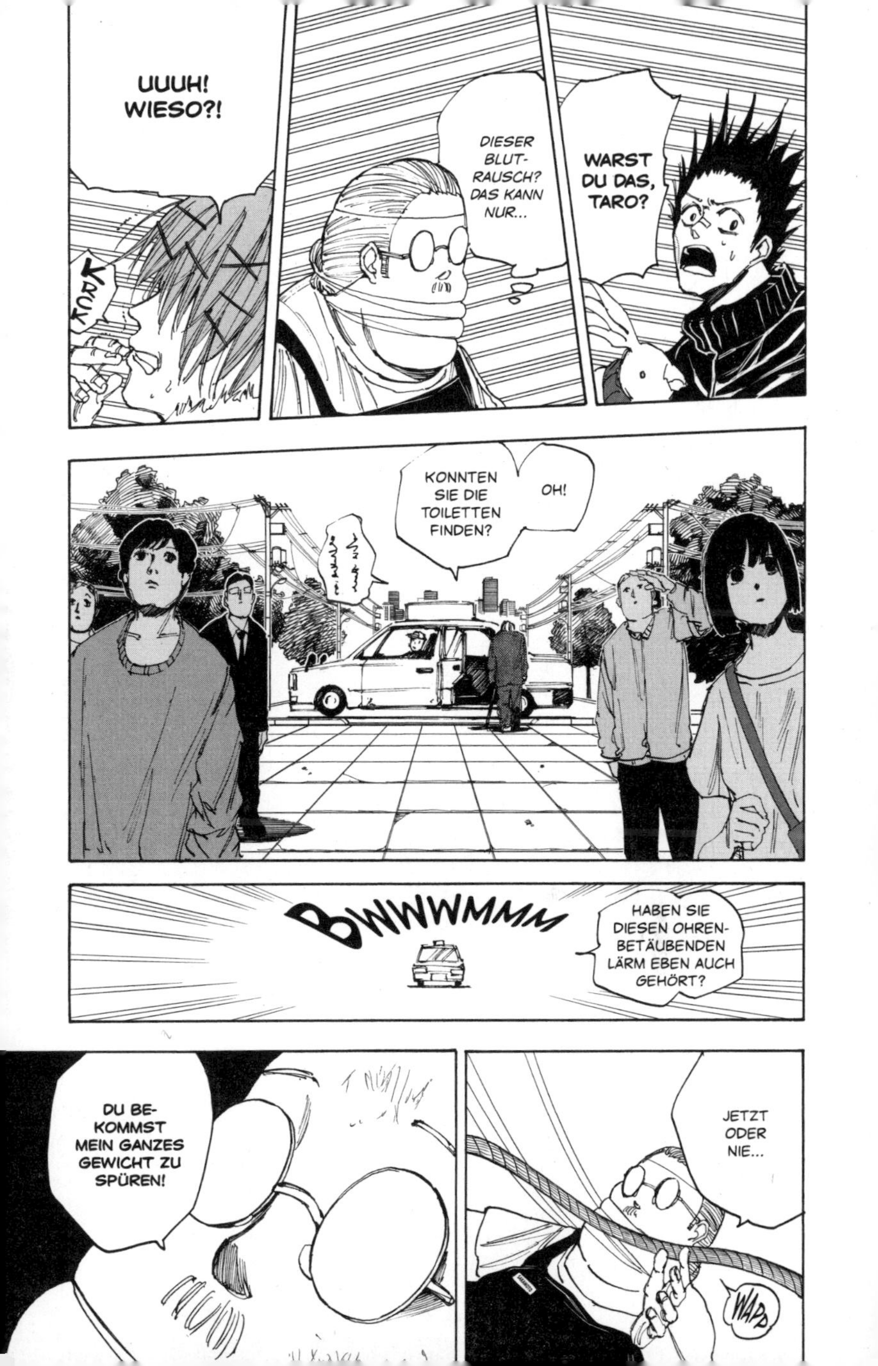
WARST DU DAS, TARO?
DIESER BLUT-RAUSCH? DAS KANN NUR...
UUUH! WIESO?!
OH!
KONNTEN SIE DIE TOILETTEN FINDEN?
HABEN SIE DIESEN OHREN-BETÄUBENDEN LÄRM EBEN AUCH GEHÖRT?
BWWWMMM
JETZT ODER NIE...
WAPP
DU BE-KOMMST MEIN GANZES GEWICHT ZU SPÜREN!

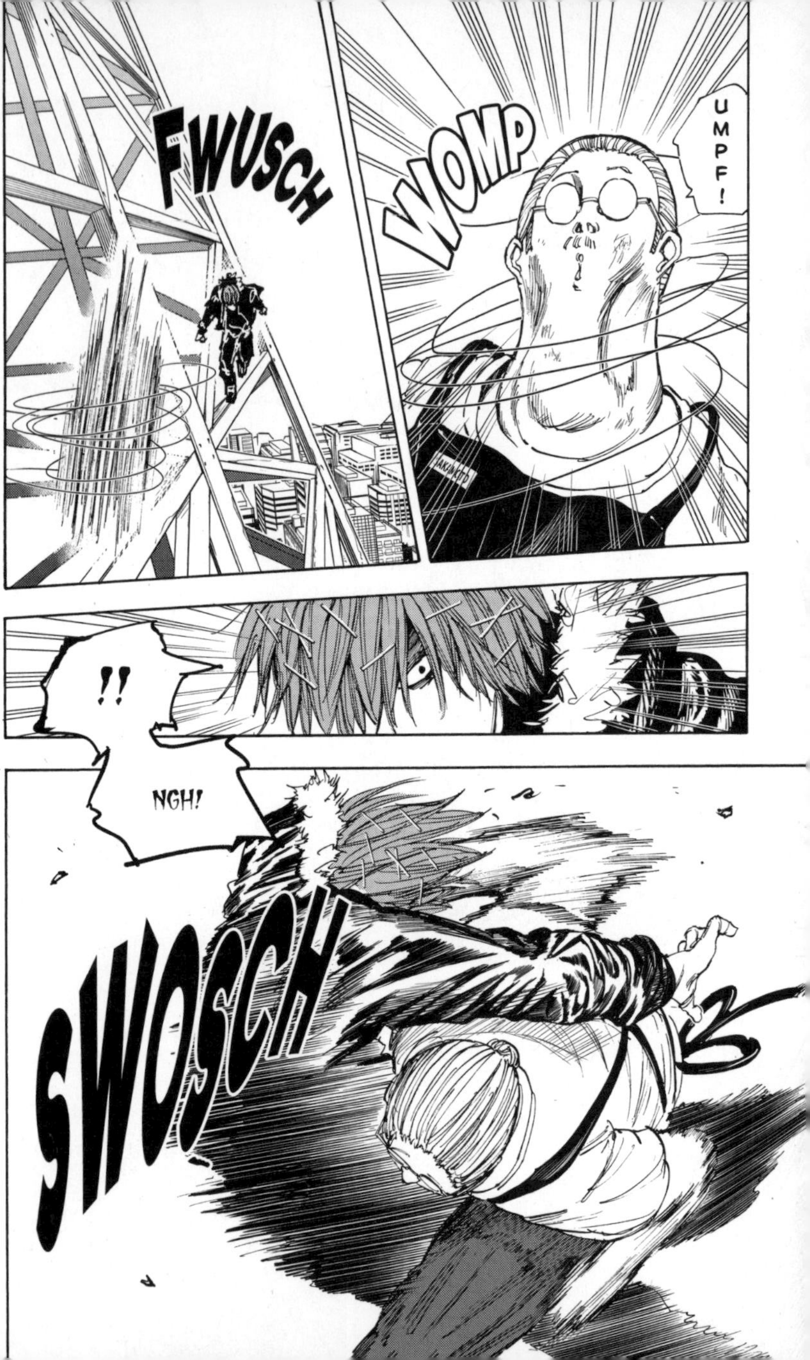
WOMP
UMPF!
FWUSCH
!!
NGH!
SWOSCH

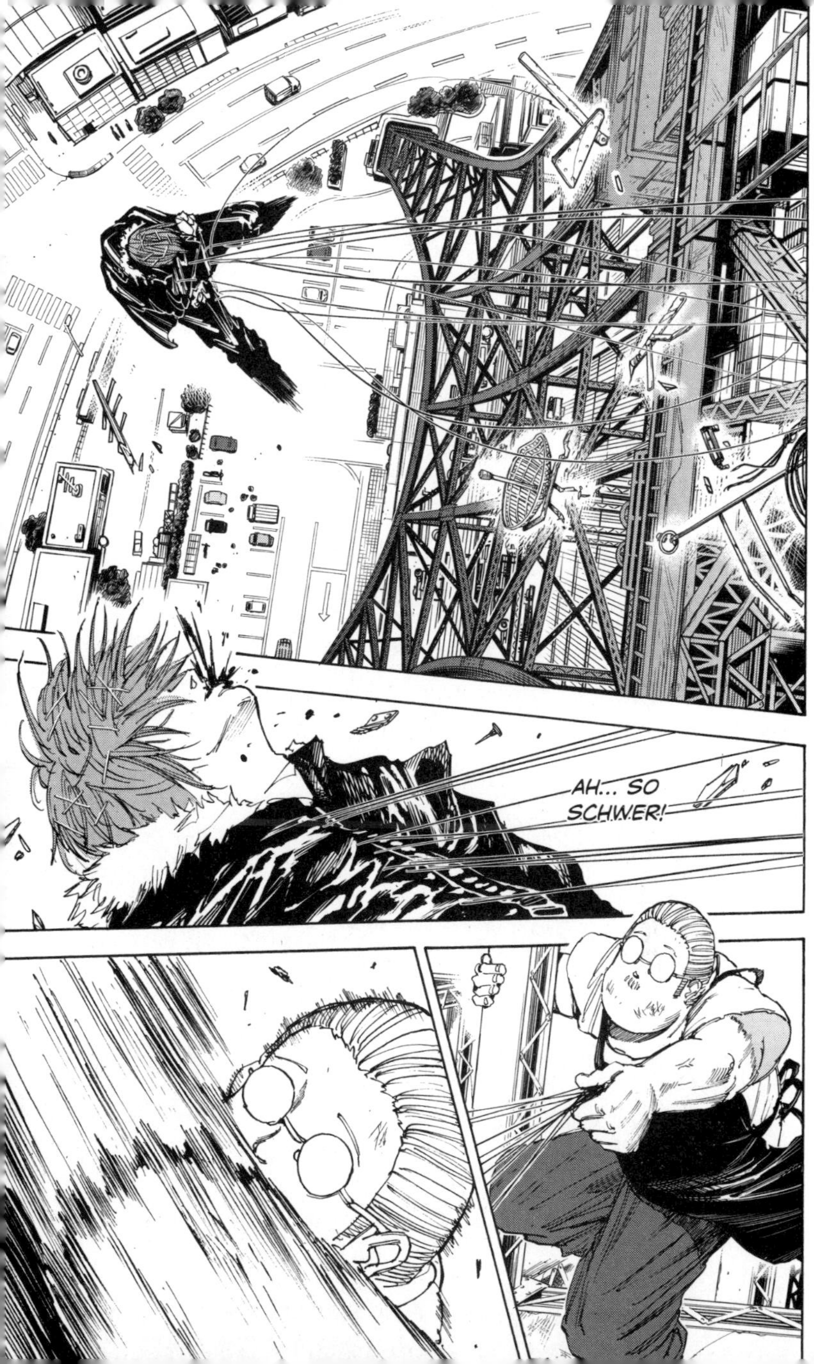
AH... SO SCHWER!

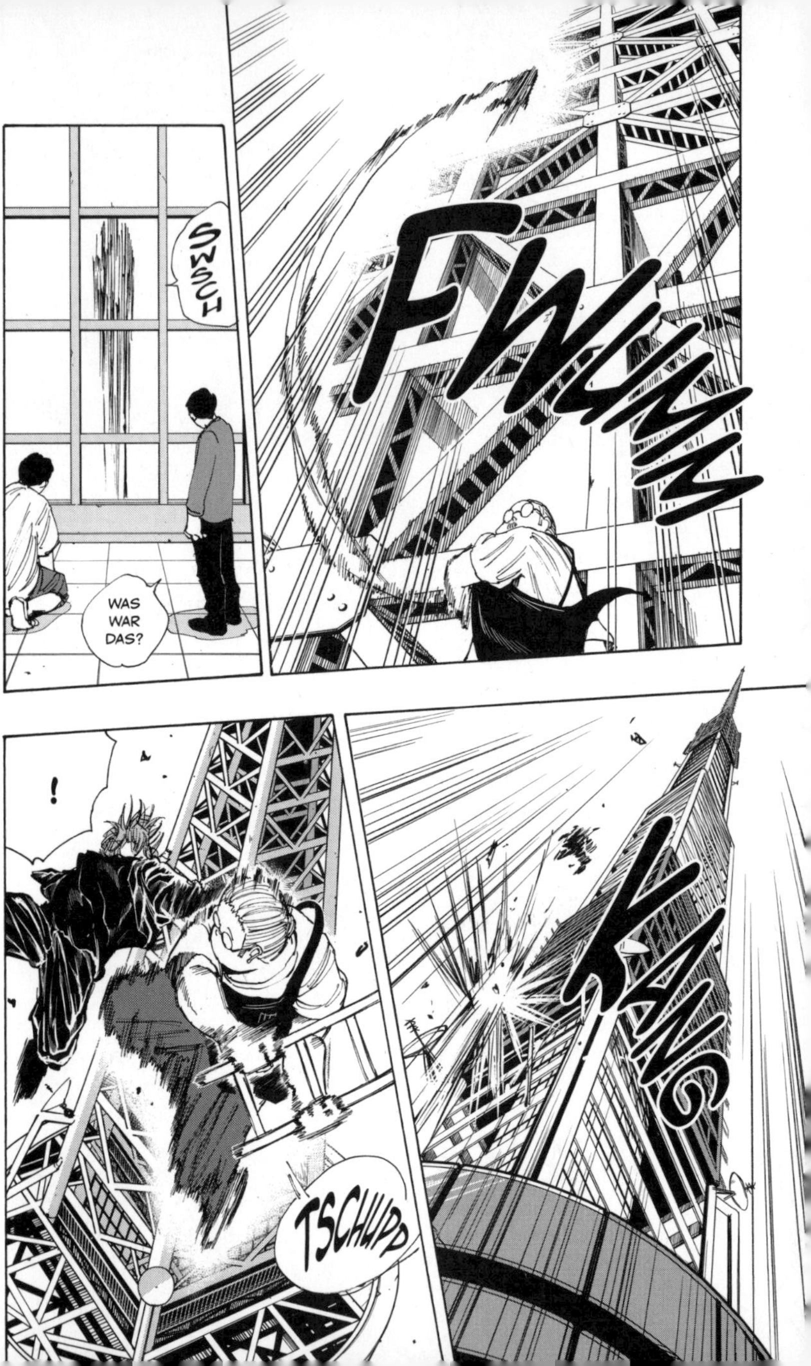
FWUMM
SWSCH
WAS WAR DAS?
KANG
!
TSCHUPP

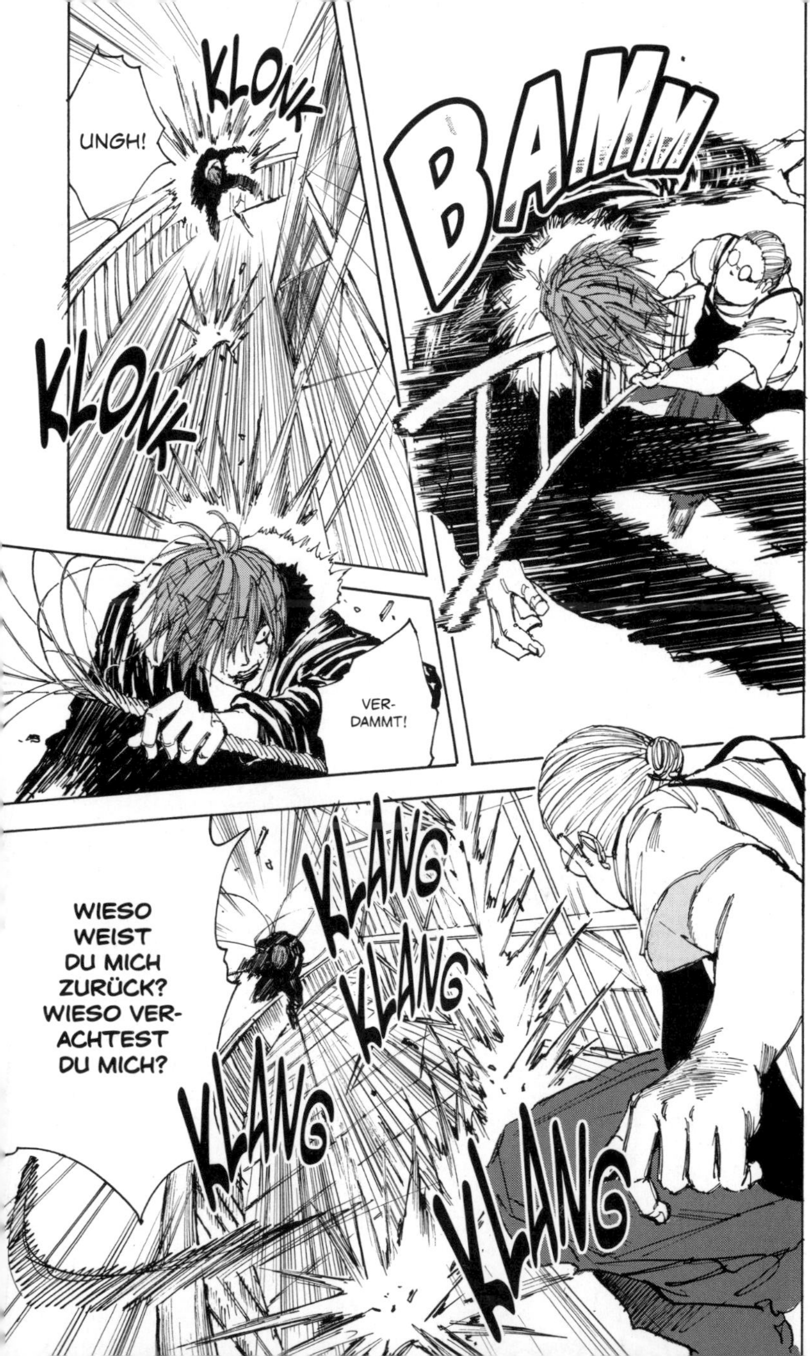BAMM
KLONK
UNGH!
KLONK
VER-
DAMMT!
WIESO
WEIST
DU MICH
ZURÜCK?
WIESO VER-
ACHTEST
DU MICH?
KLANG
KLANG
KLANG
KLANG

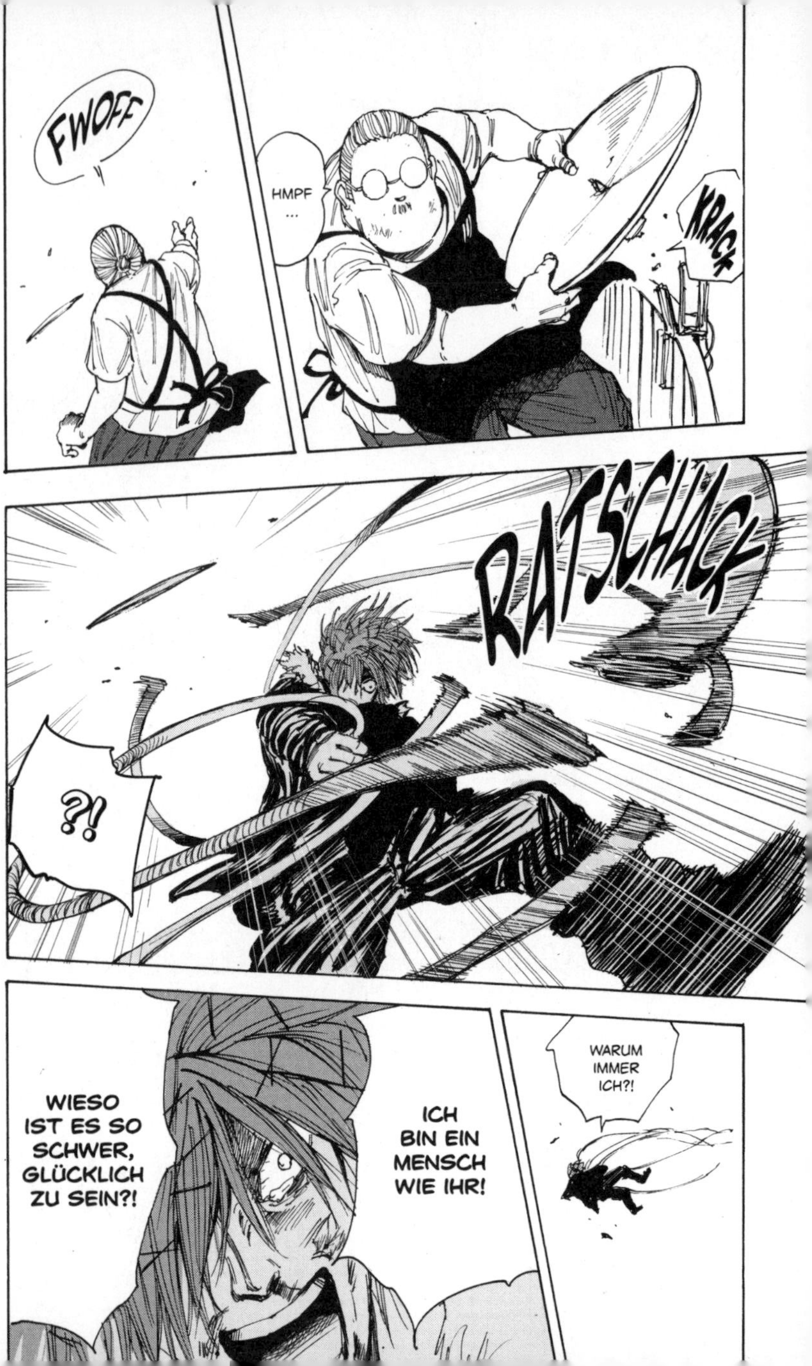
KRACK
HMPF
...
FWOFF
RATSCHACK
?!
WARUM
IMMER
ICH?!
ICH
BIN EIN
MENSCH
WIE IHR!
WIESO
IST ES SO
SCHWER,
GLÜCKLICH
ZU SEIN?!

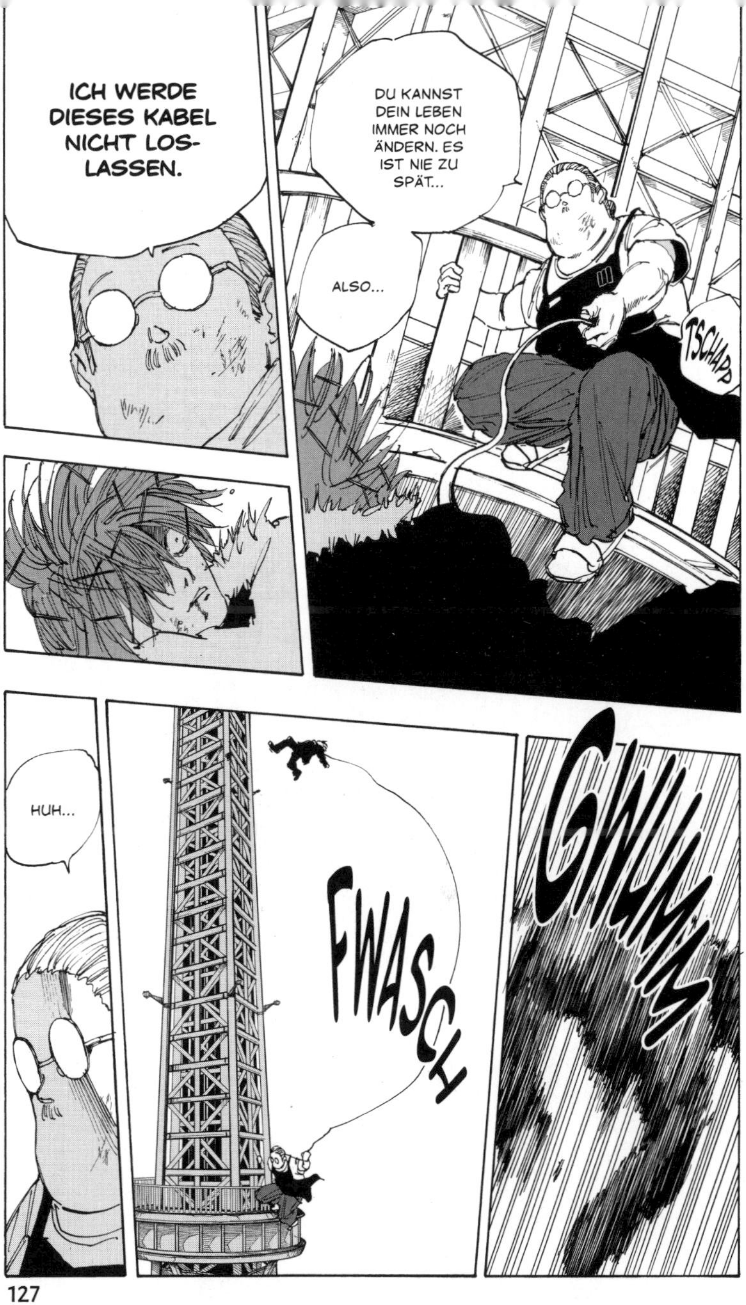
DU KANNST DEIN LEBEN IMMER NOCH ÄNDERN. ES IST NIE ZU SPÄT...
ALSO...
TSCHAPP
ICH WERDE DIESES KABEL NICHT LOS-LASSEN.
GWUMM
FWASCH
HUH...

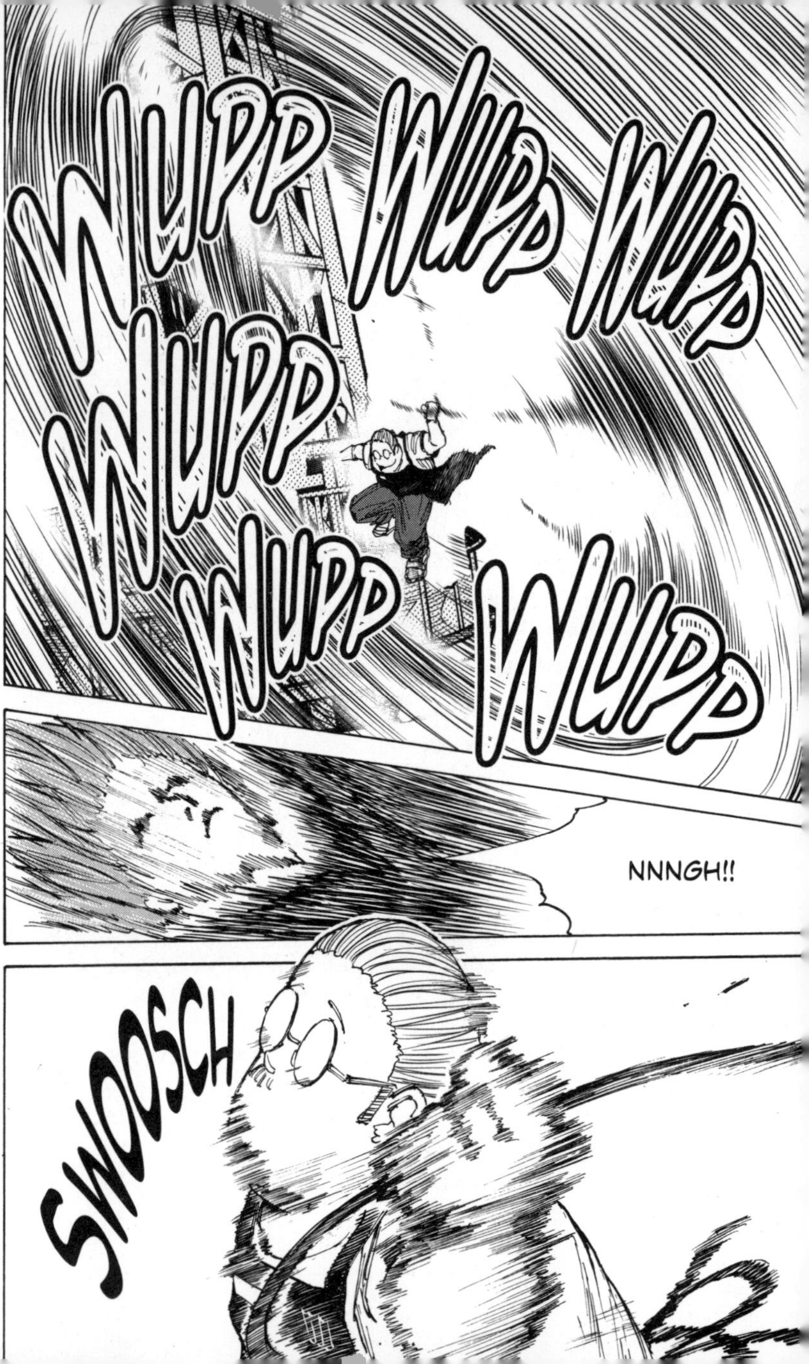
WUPP WUPP WUPP
WUPP
WUPP
WUPP
NNNGH!!
SWOOSCH

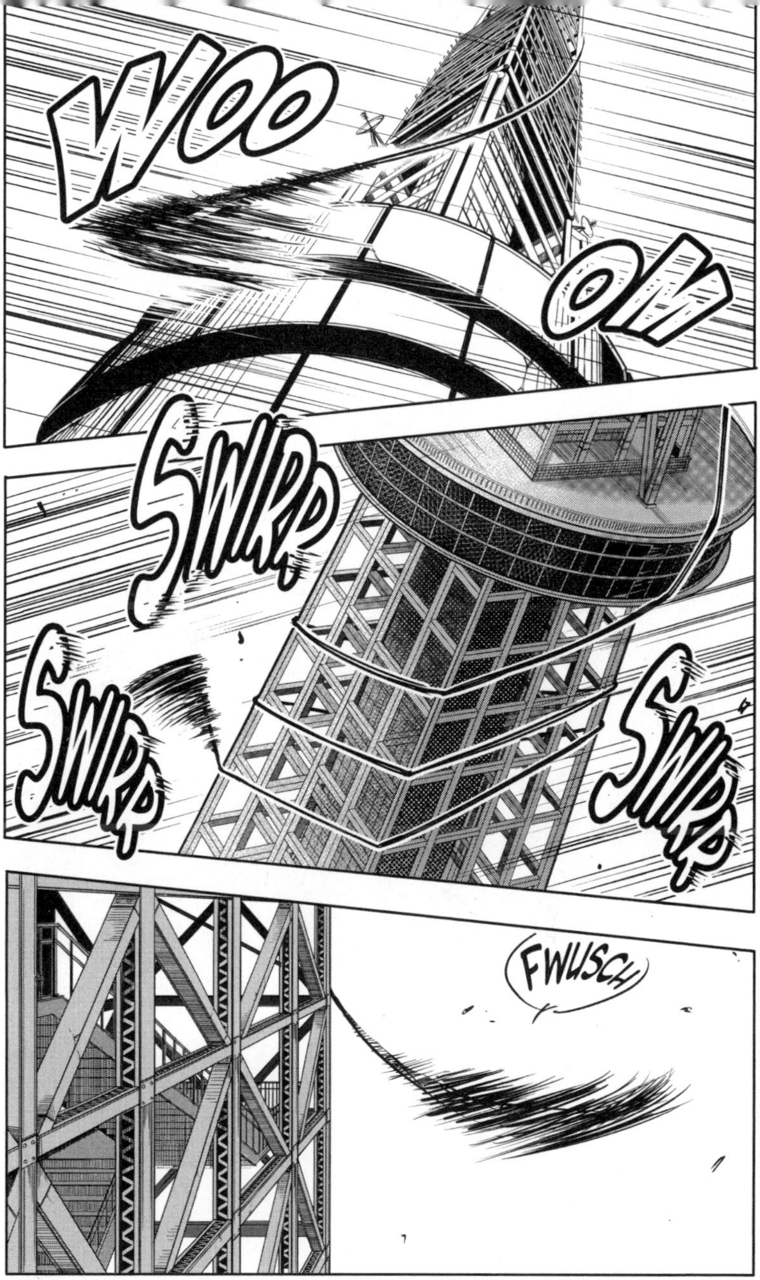
WOOOM
SWIRR
SWIRR
SWIRR
FWUSCH

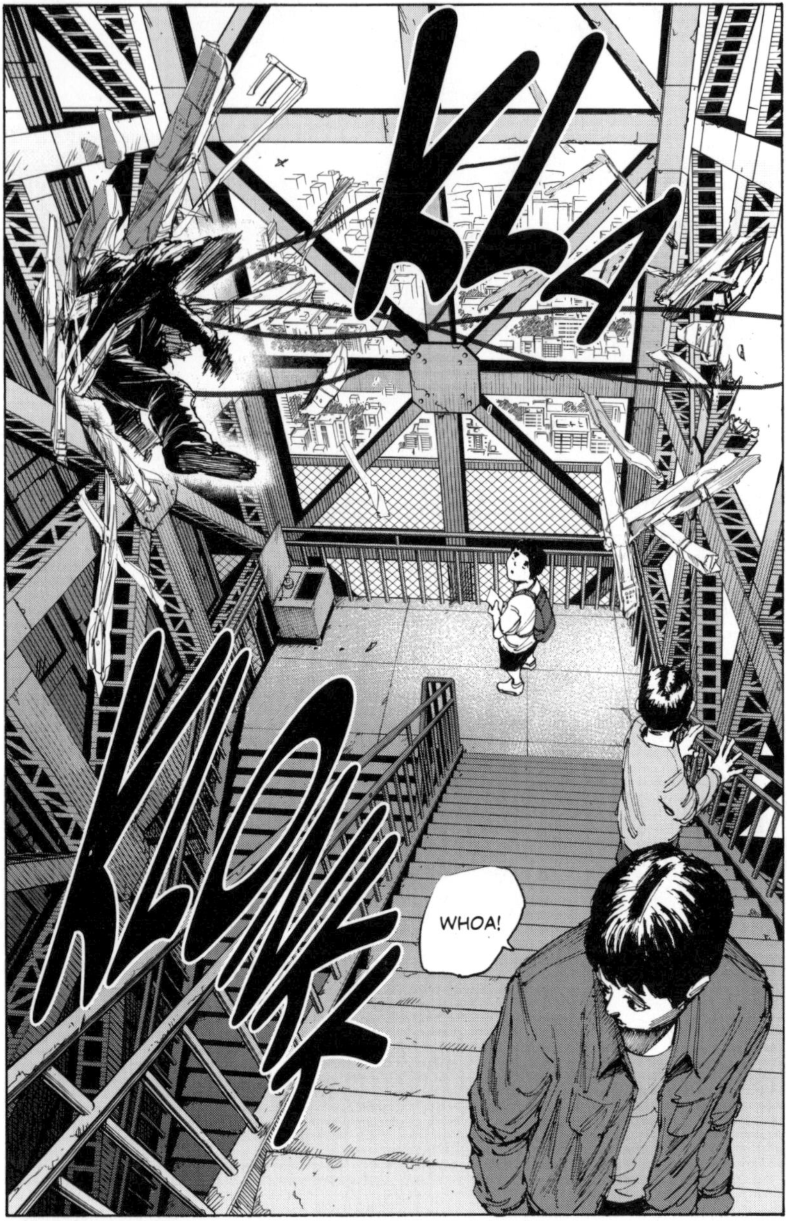
KLA
KLUNK
WHOA!

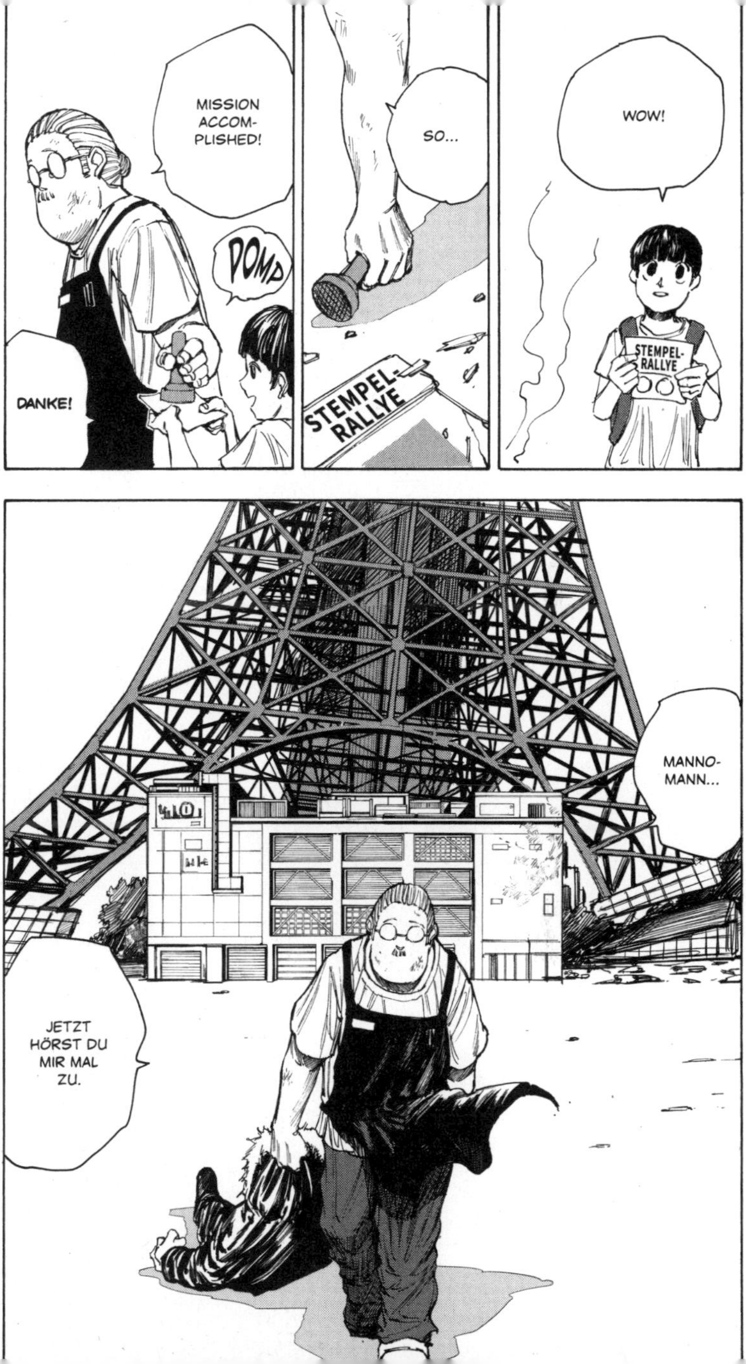
MISSION ACCOM-PLISHED!
DANKE!
DOMP
SO...
STEMPEL-RALLYE
WOW!
STEMPEL-RALLYE
MANNO-MANN...
JETZT HÖRST DU MIR MAL ZU.

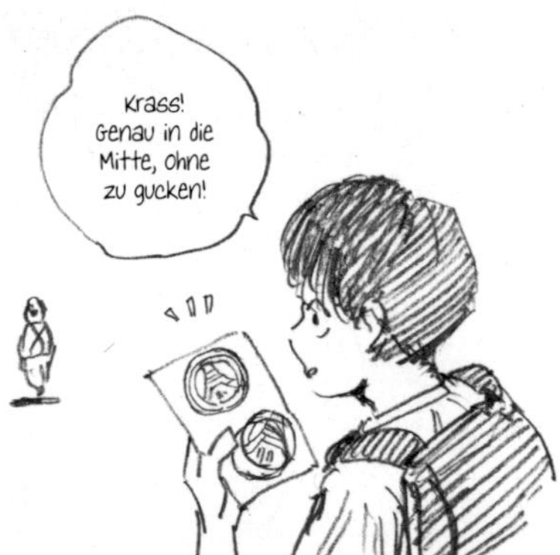
Krass! Genau in die Mitte, ohne zu gucken!

DAYS 50 Fahrrad

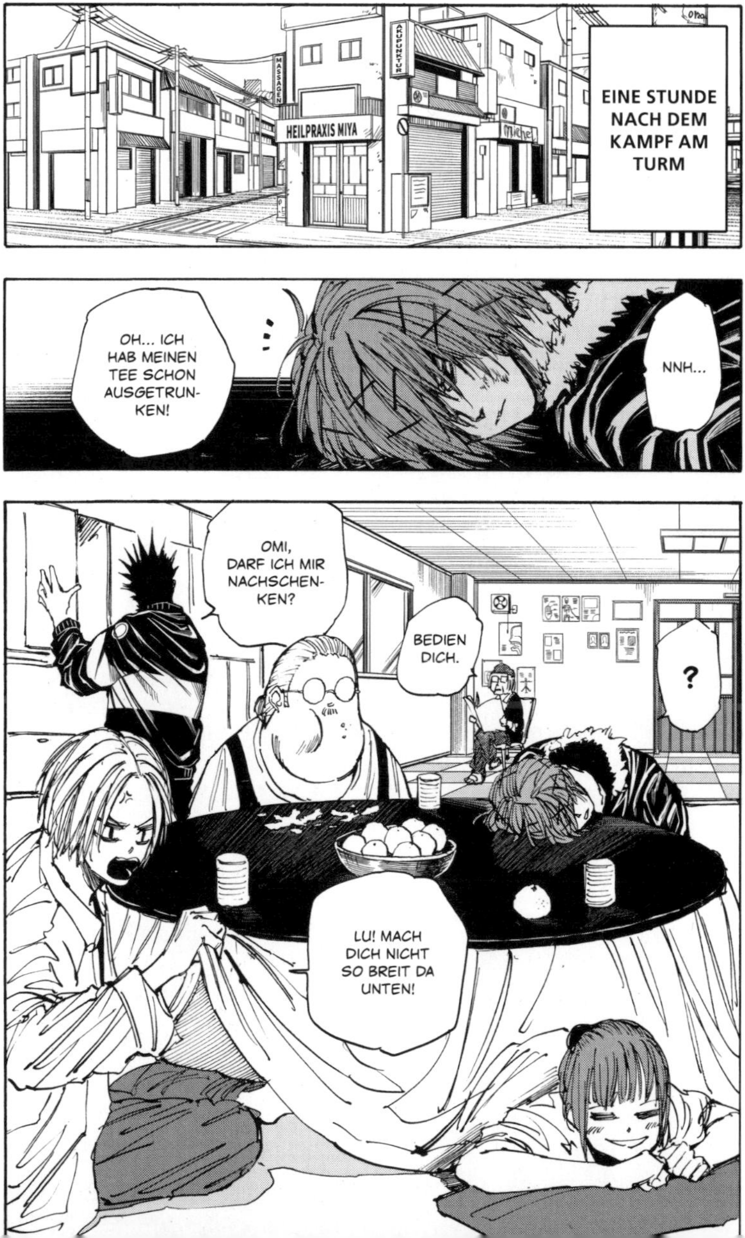

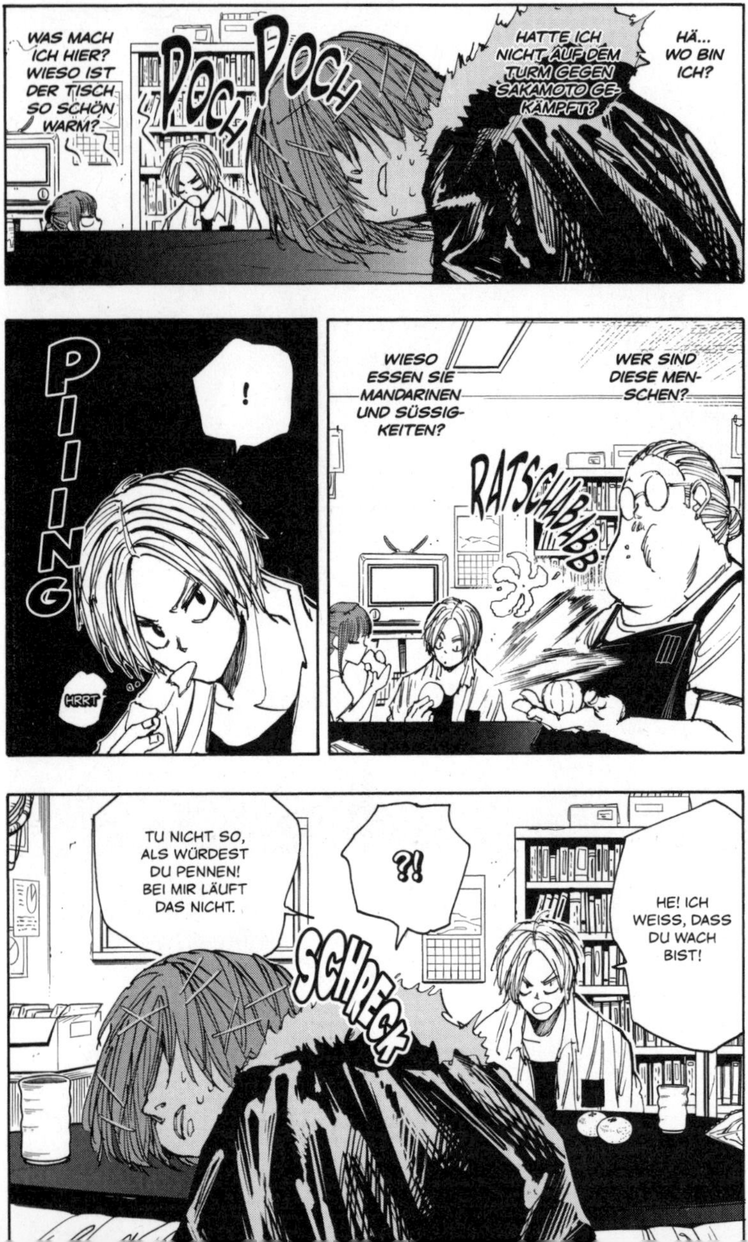
HÄ... WO BIN ICH?
HATTE ICH NICHT AUF DEM TURM GEGEN SAKAMOTO GEKÄMPFT?
POCH POCH
WAS MACH ICH HIER? WIESO IST DER TISCH SO SCHÖN WARM?
WER SIND DIESE MENSCHEN?
WIESO ESSEN SIE MANDARINEN UND SÜSSIGKEITEN?
RATSCHABABB
PIIIING
!
HRRT
HE! ICH WEISS, DASS DU WACH BIST!
?!
SCHRECK
TU NICHT SO, ALS WÜRDEST DU PENNEN! BEI MIR LÄUFT DAS NICHT.

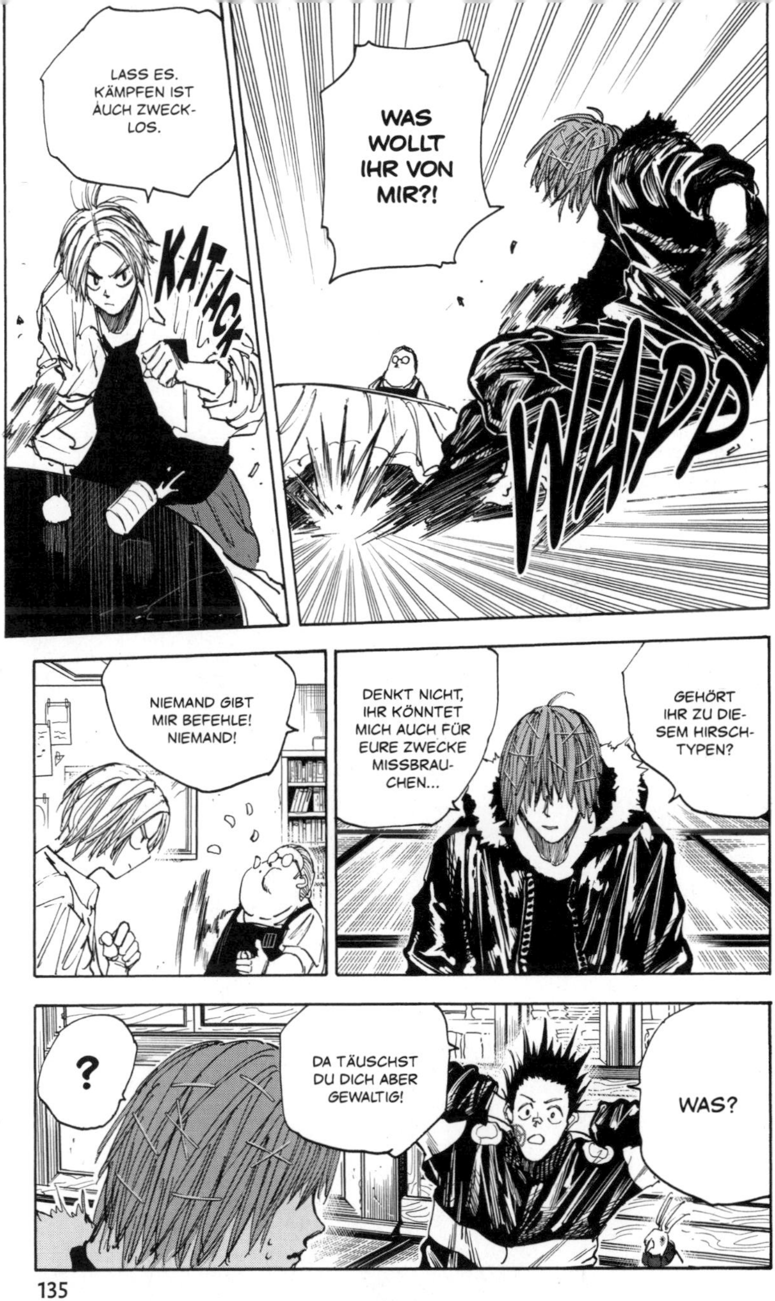
WAS WOLLT IHR VON MIR?!
WAPP
LASS ES. KÄMPFEN IST AUCH ZWECK-LOS.
KATACK
GEHÖRT IHR ZU DIE-SEM HIRSCH-TYPEN?
DENKT NICHT, IHR KÖNNTET MICH AUCH FÜR EURE ZWECKE MISSBRAU-CHEN...
NIEMAND GIBT MIR BEFEHLE! NIEMAND!
WAS?
DA TÄUSCHST DU DICH ABER GEWALTIG!
?

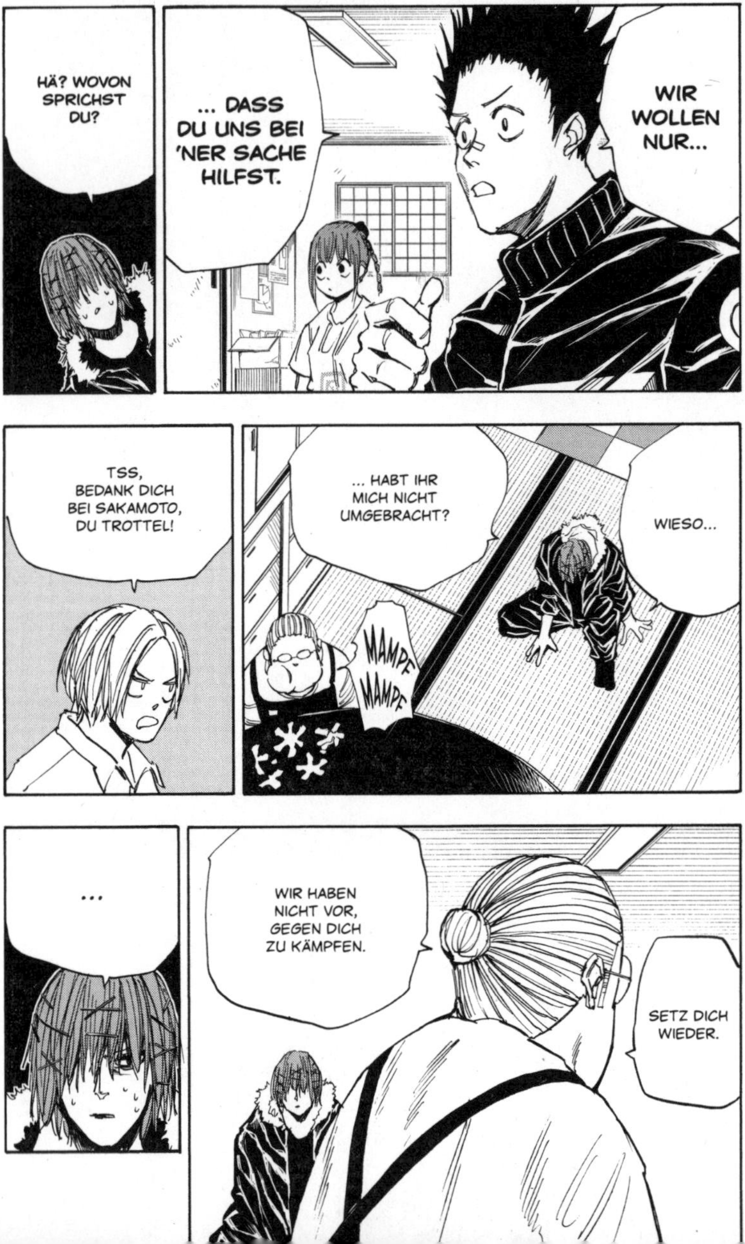
WIR WOLLEN NUR...
... DASS DU UNS BEI 'NER SACHE HILFST.
HÄ? WOVON SPRICHST DU?
WIESO...
... HABT IHR MICH NICHT UMGEBRACHT?
MAMPF MAMPF
TSS, BEDANK DICH BEI SAKAMOTO, DU TROTTEL!
SETZ DICH WIEDER.
WIR HABEN NICHT VOR, GEGEN DICH ZU KÄMPFEN.
...

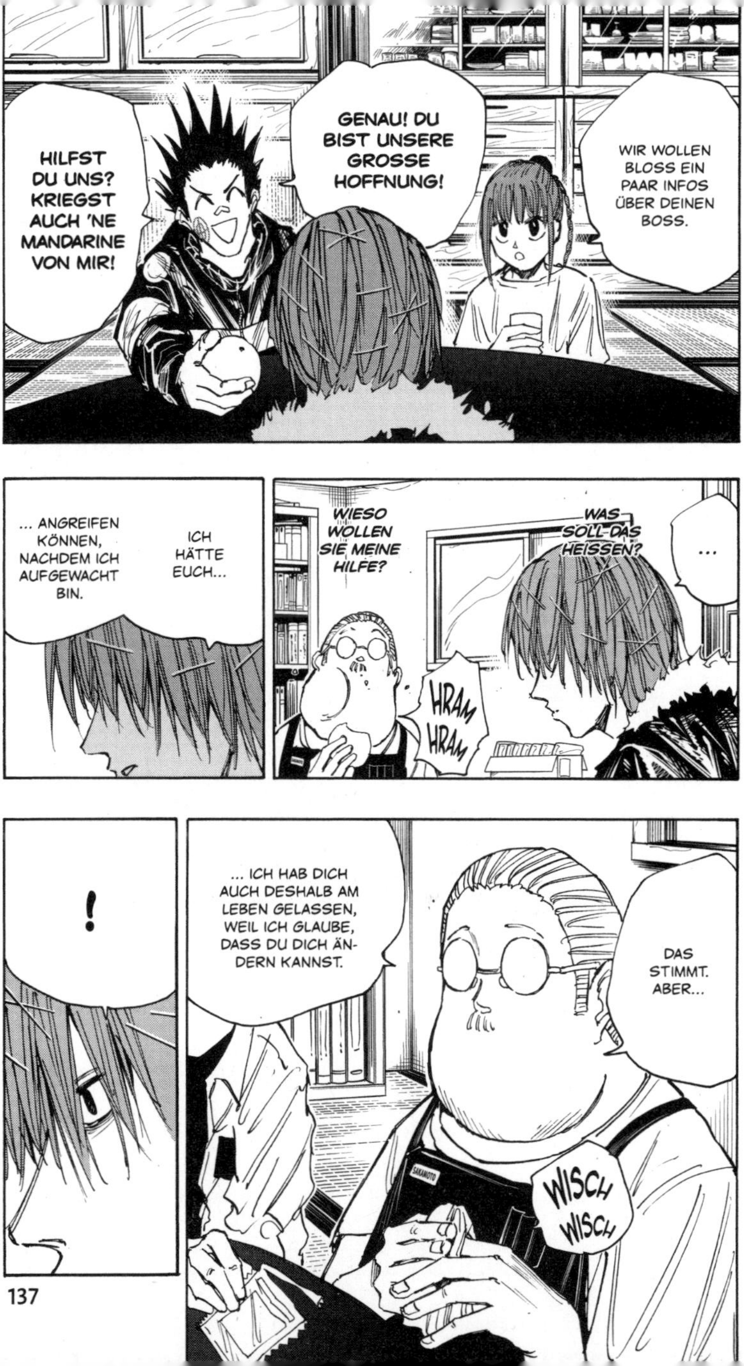
WIR WOLLEN BLOSS EIN PAAR INFOS ÜBER DEINEN BOSS.
GENAU! DU BIST UNSERE GROSSE HOFFNUNG!
HILFST DU UNS? KRIEGST AUCH 'NE MANDARINE VON MIR!
...
WAS SOLL DAS HEISSEN?
WIESO WOLLEN SIE MEINE HILFE?
HRAM HRAM
ICH HÄTTE EUCH...
... ANGREIFEN KÖNNEN, NACHDEM ICH AUFGEWACHT BIN.
DAS STIMMT. ABER...
... ICH HAB DICH AUCH DESHALB AM LEBEN GELASSEN, WEIL ICH GLAUBE, DASS DU DICH ÄNDERN KANNST.
WISCH WISCH
!

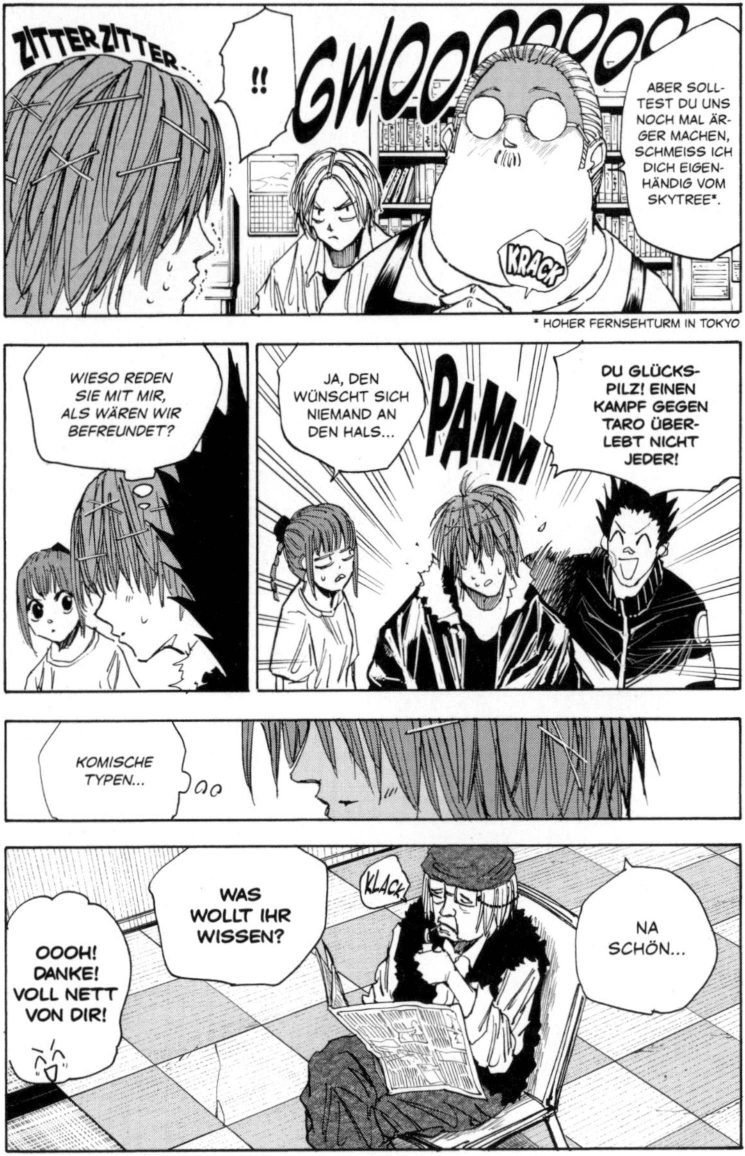

* HOHER FERNSEHTURM IN TOKYO

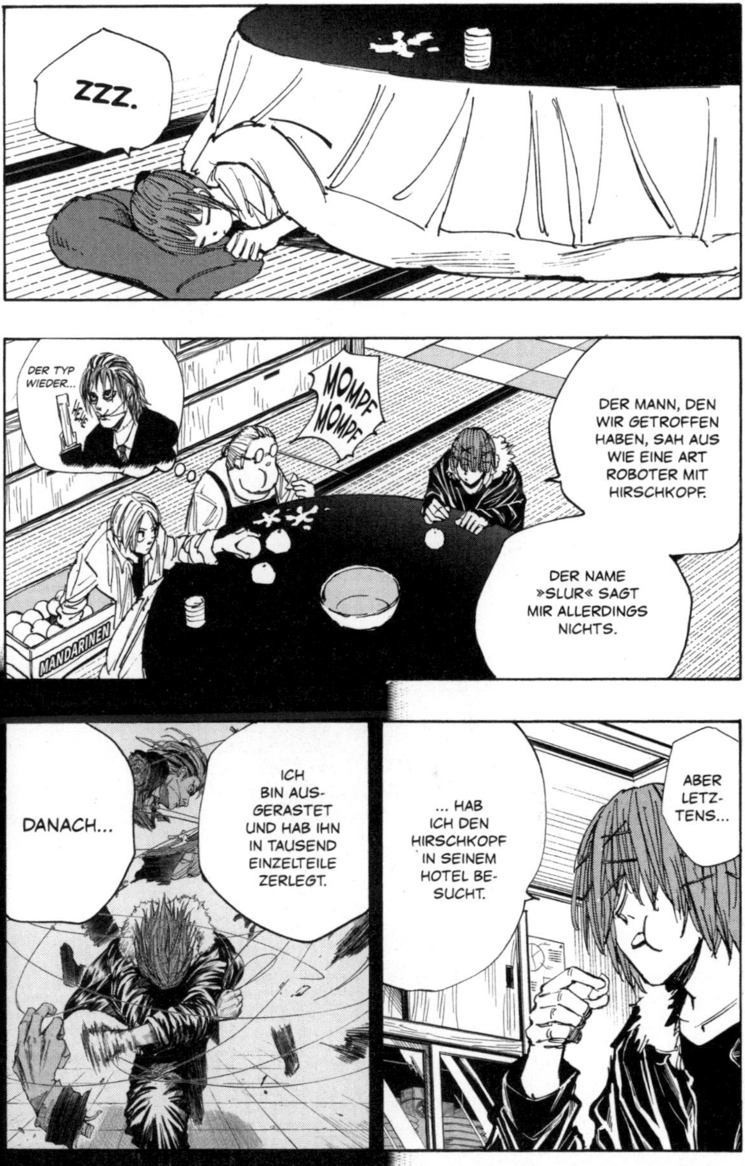
ZZZ.
DER MANN, DEN WIR GETROFFEN HABEN, SAH AUS WIE EINE ART ROBOTER MIT HIRSCHKOPF.
DER NAME »SLUR« SAGT MIR ALLERDINGS NICHTS.
MOMPF MOMPF
DER TYP WIEDER...
MANDARINEN
ABER LETZTENS...
... HAB ICH DEN HIRSCHKOPF IN SEINEM HOTEL BESUCHT.
ICH BIN AUSGERASTET UND HAB IHN IN TAUSEND EINZELTEILE ZERLEGT.
DANACH...

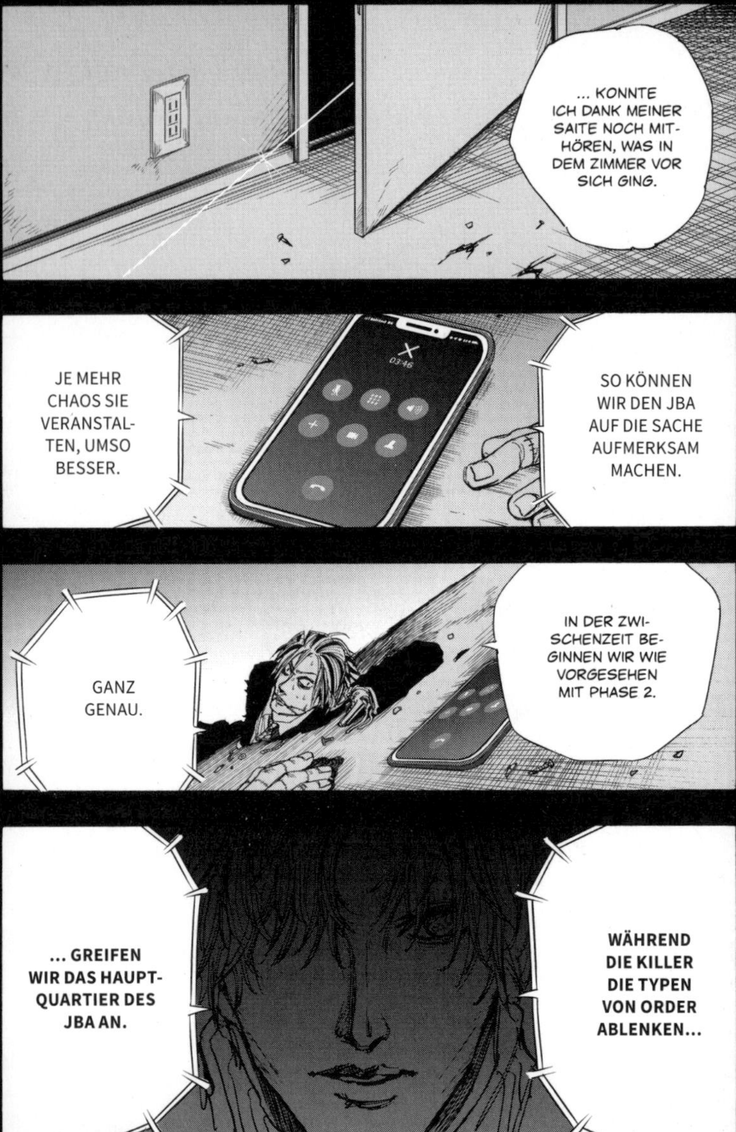
... KONNTE ICH DANK MEINER SAITE NOCH MITHÖREN, WAS IN DEM ZIMMER VOR SICH GING.
SO KÖNNEN WIR DEN JBA AUF DIE SACHE AUFMERKSAM MACHEN.
JE MEHR CHAOS SIE VERANSTALTEN, UMSO BESSER.
IN DER ZWISCHENZEIT BEGINNEN WIR WIE VORGESEHEN MIT PHASE 2.
GANZ GENAU.
WÄHREND DIE KILLER DIE TYPEN VON ORDER ABLENKEN...
... GREIFEN WIR DAS HAUPTQUARTIER DES JBA AN.

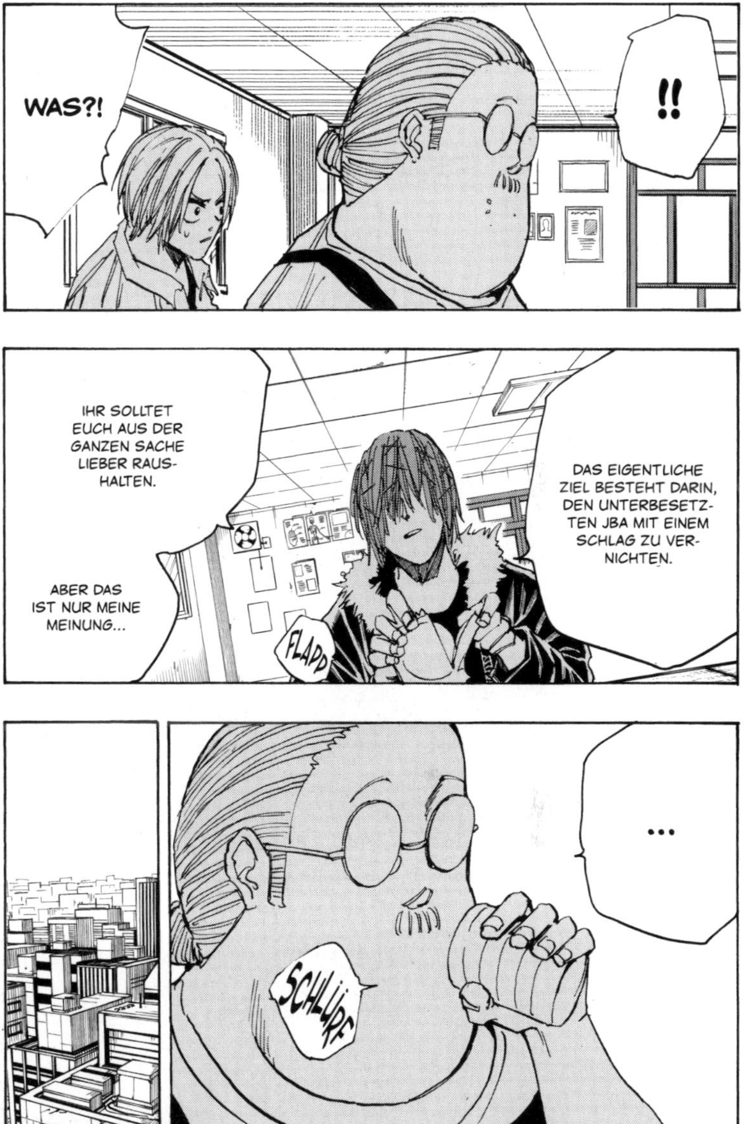
!!
WAS?!
DAS EIGENTLICHE ZIEL BESTEHT DARIN, DEN UNTERBESETZTEN JBA MIT EINEM SCHLAG ZU VERNICHTEN.
IHR SOLLTET EUCH AUS DER GANZEN SACHE LIEBER RAUSHALTEN.
ABER DAS IST NUR MEINE MEINUNG...
FLAPP
...
SCHLÜRF

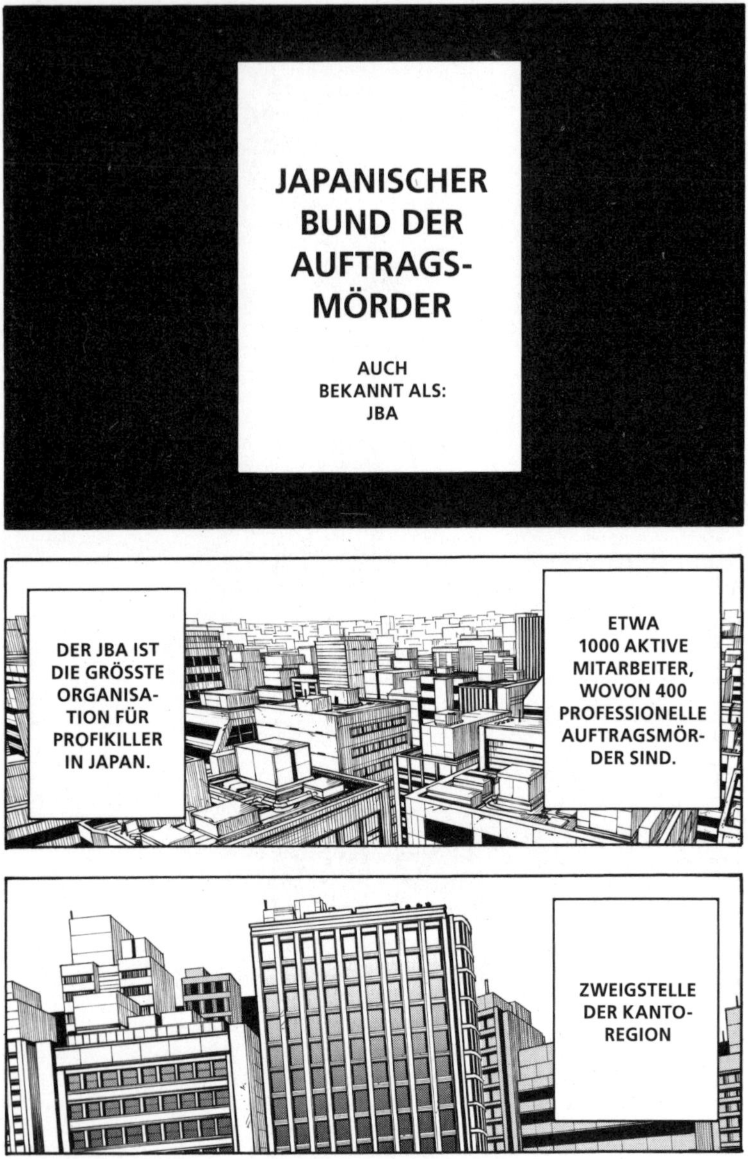
JAPANISCHER BUND DER AUFTRAGS-MÖRDER
AUCH BEKANNT ALS: JBA
DER JBA IST DIE GRÖSSTE ORGANISA-TION FÜR PROFIKILLER IN JAPAN.
ETWA 1000 AKTIVE MITARBEITER, WOVON 400 PROFESSIONELLE AUFTRAGSMÖR-DER SIND.
ZWEIGSTELLE DER KANTO-REGION

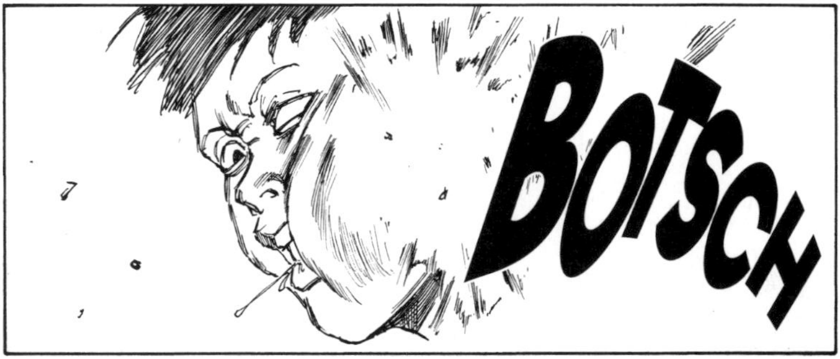
BOTSCH

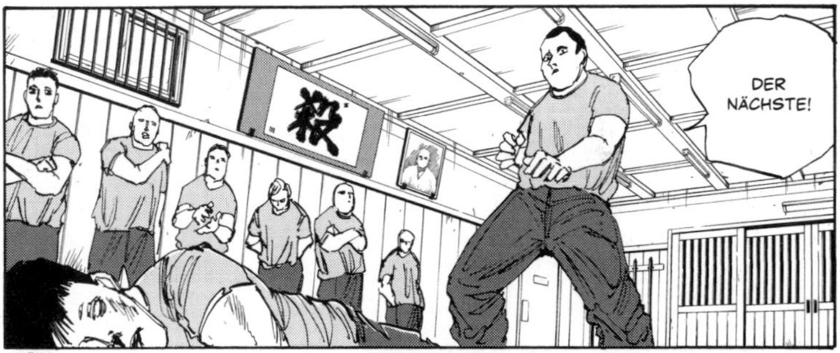
殺*
DER NÄCHSTE!

* TÖTEN

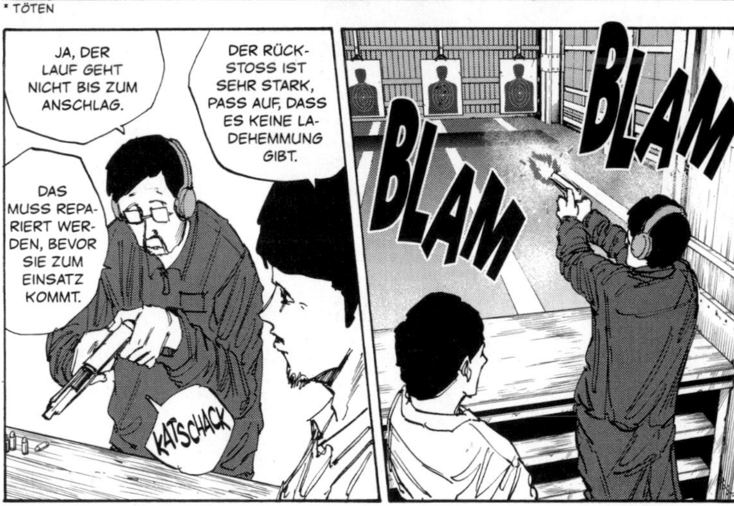
BLAM
BLAM
DER RÜCKSTOSS IST SEHR STARK, PASS AUF, DASS ES KEINE LADEHEMMUNG GIBT.
JA, DER LAUF GEHT NICHT BIS ZUM ANSCHLAG.
DAS MUSS REPARIERT WERDEN, BEVOR SIE ZUM EINSATZ KOMMT.
KATSCHACK

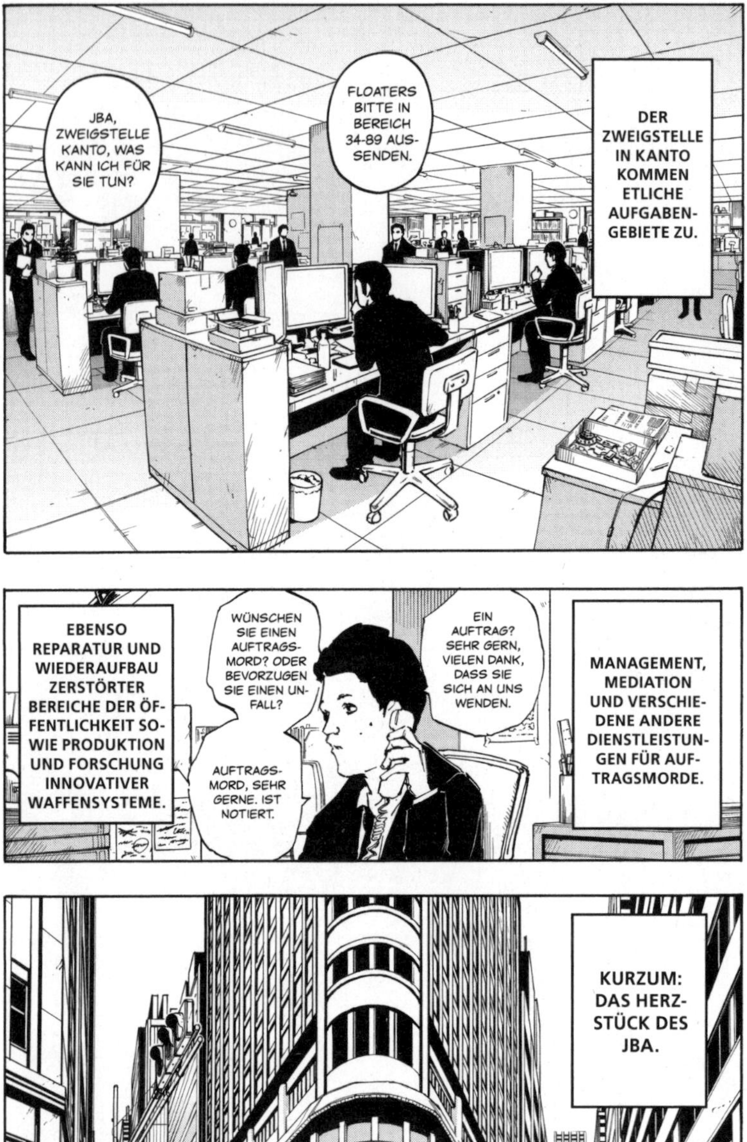
DER ZWEIGSTELLE IN KANTO KOMMEN ETLICHE AUFGABENGEBIETE ZU.
FLOATERS BITTE IN BEREICH 34-89 AUSSENDEN.
JBA, ZWEIGSTELLE KANTO, WAS KANN ICH FÜR SIE TUN?
MANAGEMENT, MEDIATION UND VERSCHIEDENE ANDERE DIENSTLEISTUNGEN FÜR AUFTRAGSMORDE.
EIN AUFTRAG? SEHR GERN, VIELEN DANK, DASS SIE SICH AN UNS WENDEN.
WÜNSCHEN SIE EINEN AUFTRAGSMORD? ODER BEVORZUGEN SIE EINEN UNFALL?
AUFTRAGSMORD, SEHR GERNE. IST NOTIERT.
EBENSO REPARATUR UND WIEDERAUFBAU ZERSTÖRTER BEREICHE DER ÖFFENTLICHKEIT SOWIE PRODUKTION UND FORSCHUNG INNOVATIVER WAFFENSYSTEME.
KURZUM: DAS HERZSTÜCK DES JBA.

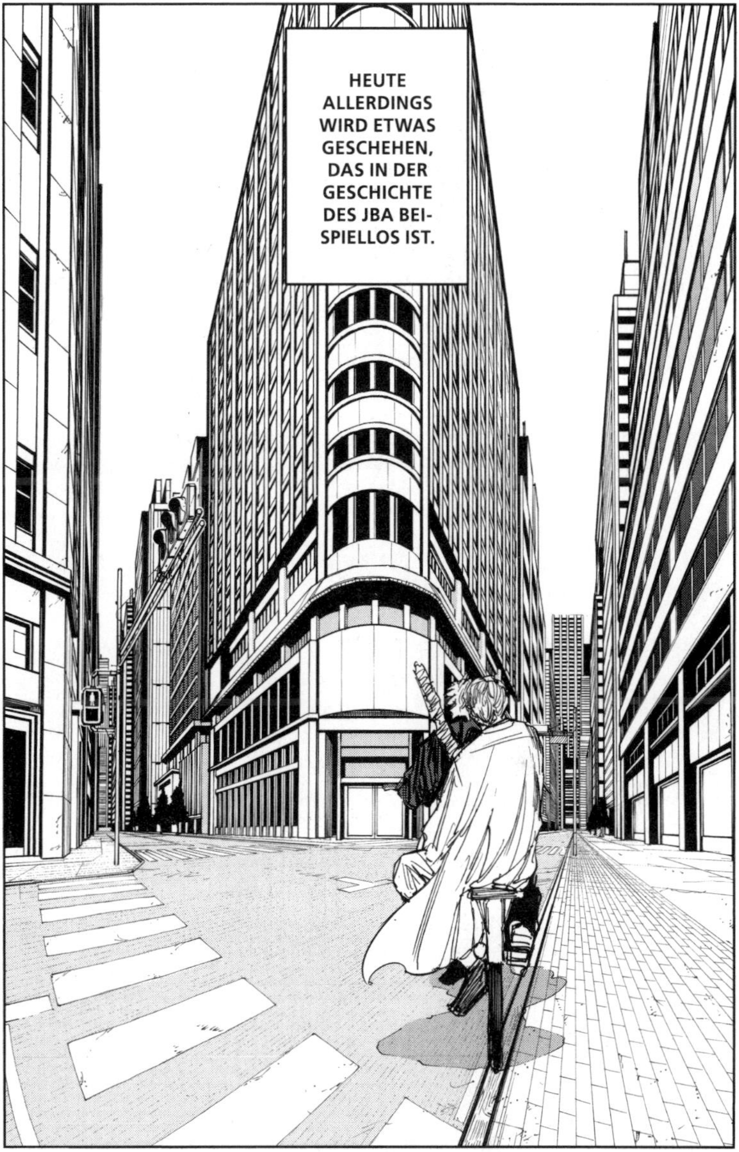
HEUTE ALLERDINGS WIRD ETWAS GESCHEHEN, DAS IN DER GESCHICHTE DES JBA BEI-SPIELLOS IST.

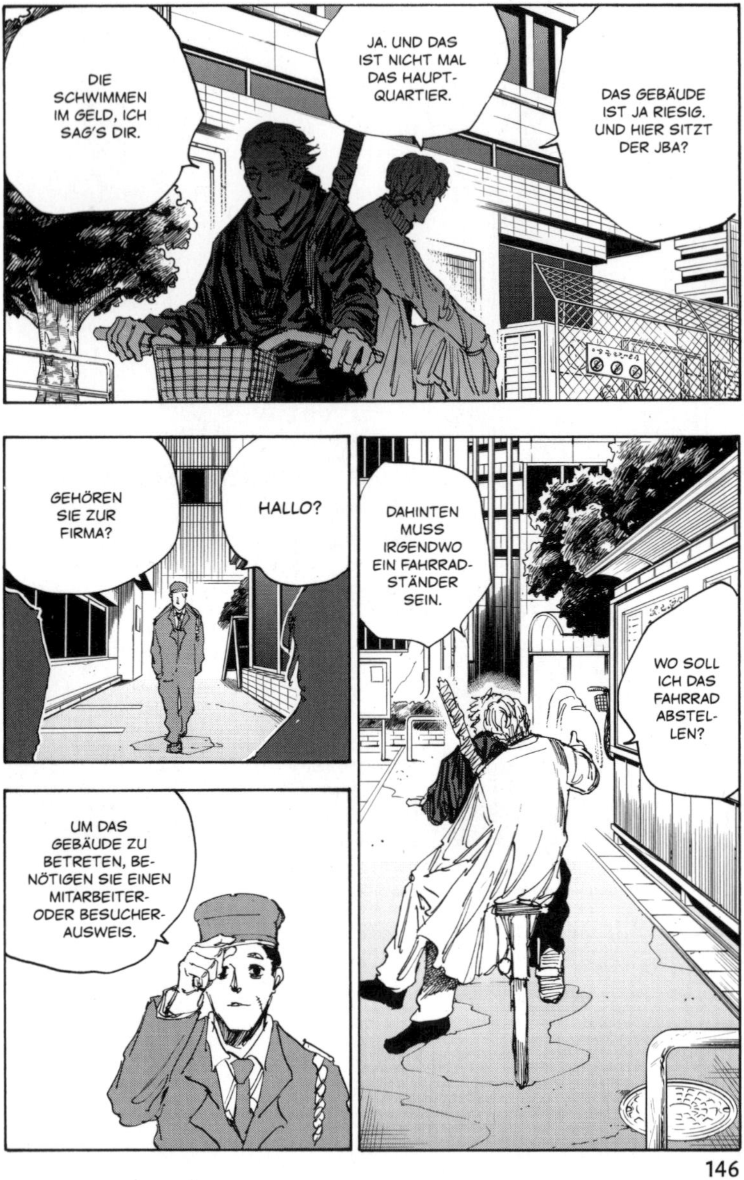
DAS GEBÄUDE IST JA RIESIG. UND HIER SITZT DER JBA?
JA. UND DAS IST NICHT MAL DAS HAUPT-QUARTIER.
DIE SCHWIMMEN IM GELD, ICH SAG'S DIR.
WO SOLL ICH DAS FAHRRAD ABSTEL-LEN?
DAHINTEN MUSS IRGENDWO EIN FAHRRAD-STÄNDER SEIN.
HALLO?
GEHÖREN SIE ZUR FIRMA?
UM DAS GEBÄUDE ZU BETRETEN, BE-NÖTIGEN SIE EINEN MITARBEITER- ODER BESUCHER-AUSWEIS.

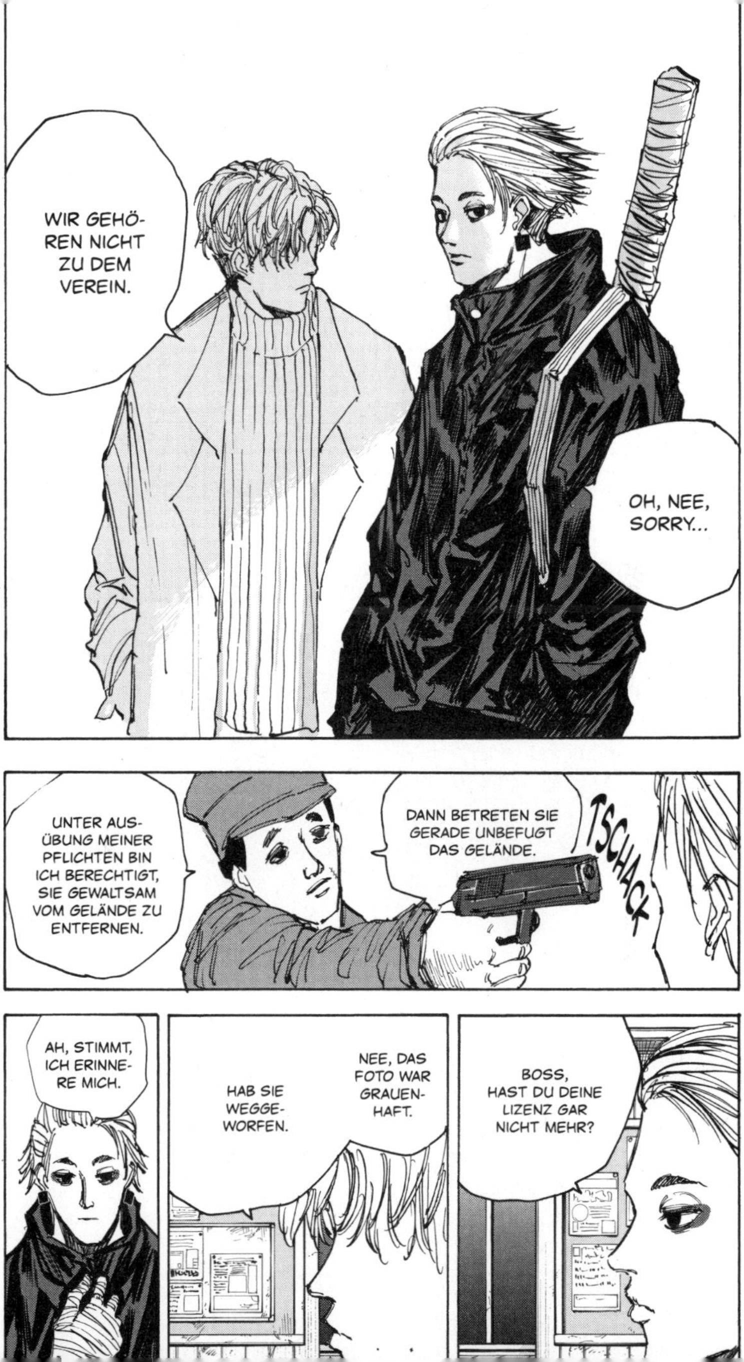
OH, NEE, SORRY...
WIR GEHÖREN NICHT ZU DEM VEREIN.
DANN BETRETEN SIE GERADE UNBEFUGT DAS GELÄNDE.
TSCHACK
UNTER AUSÜBUNG MEINER PFLICHTEN BIN ICH BERECHTIGT, SIE GEWALTSAM VOM GELÄNDE ZU ENTFERNEN.
BOSS, HAST DU DEINE LIZENZ GAR NICHT MEHR?
NEE, DAS FOTO WAR GRAUENHAFT.
HAB SIE WEGGEWORFEN.
AH, STIMMT, ICH ERINNERE MICH.

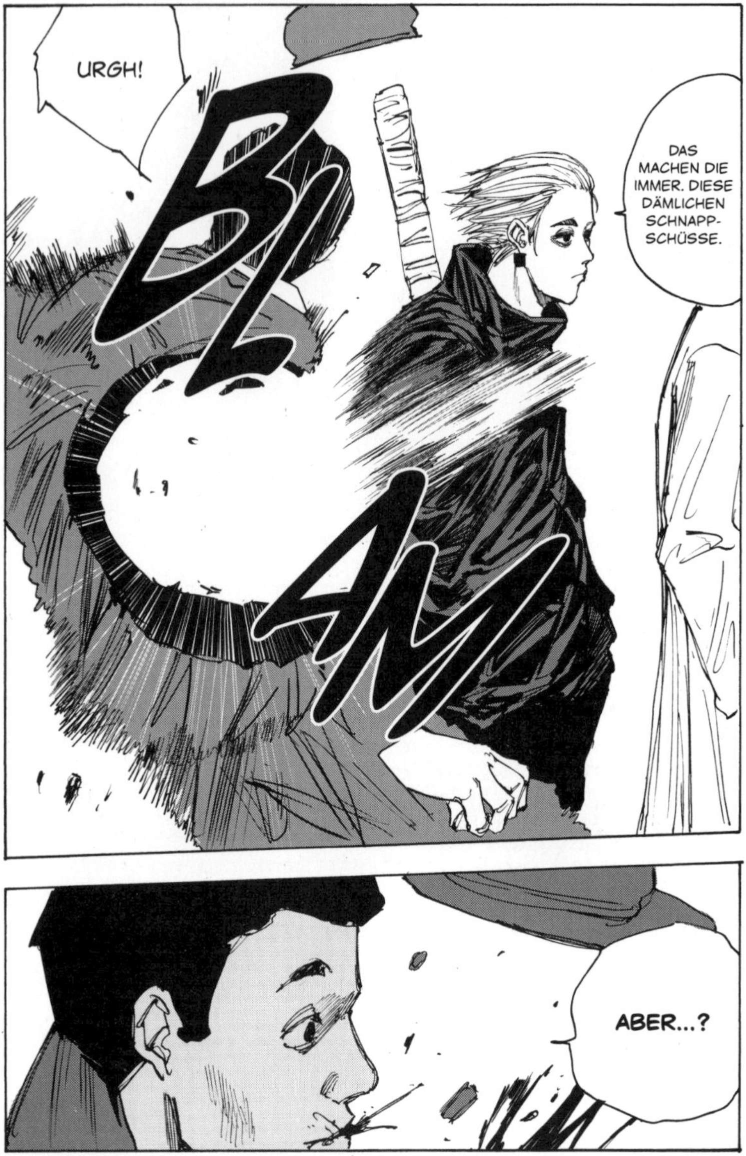
DAS MACHEN DIE IMMER. DIESE DÄMLICHEN SCHNAPP-SCHÜSSE.
BLAM
URGH!
ABER...?

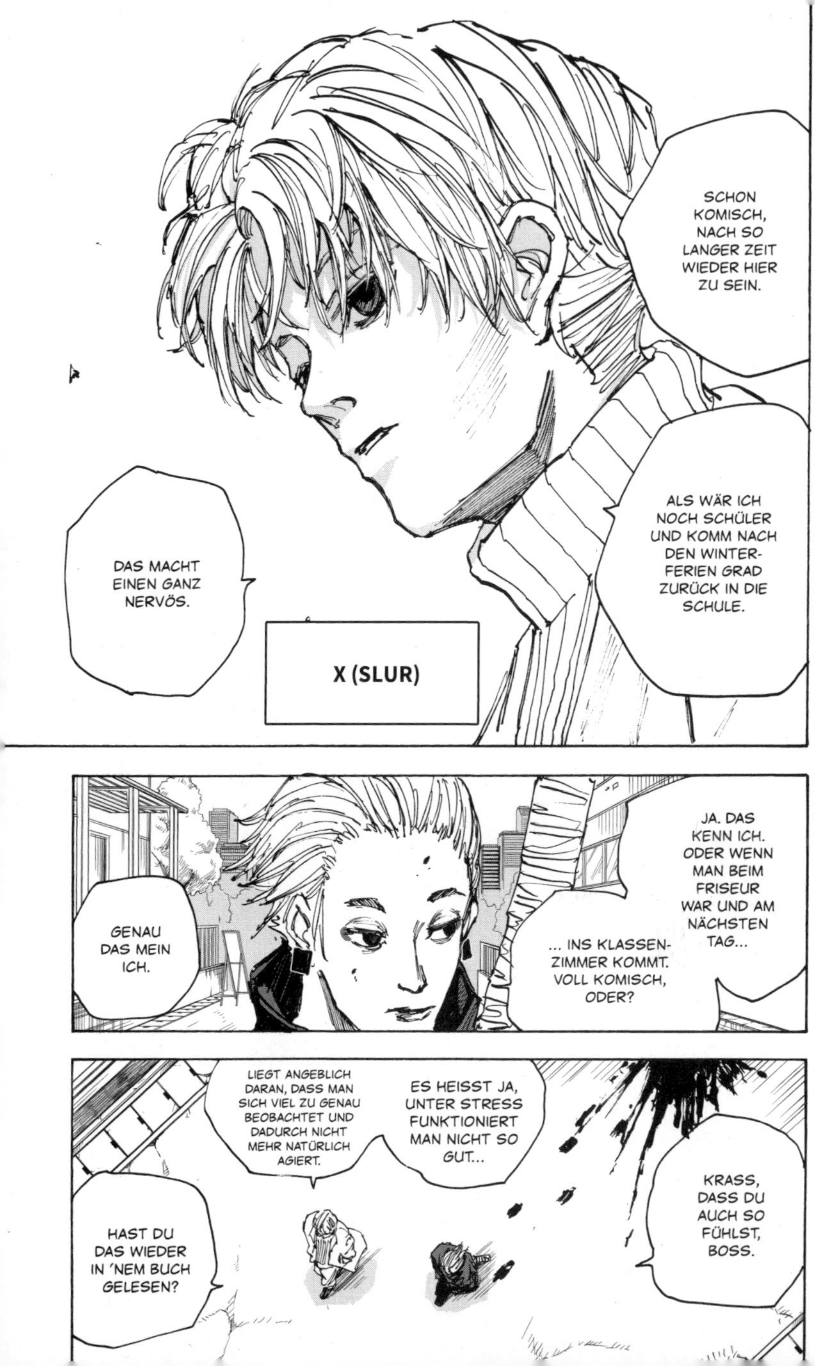
SCHON KOMISCH, NACH SO LANGER ZEIT WIEDER HIER ZU SEIN.
ALS WÄR ICH NOCH SCHÜLER UND KOMM NACH DEN WINTER-FERIEN GRAD ZURÜCK IN DIE SCHULE.
DAS MACHT EINEN GANZ NERVÖS.
X (SLUR)
JA. DAS KENN ICH. ODER WENN MAN BEIM FRISEUR WAR UND AM NÄCHSTEN TAG...
... INS KLASSEN-ZIMMER KOMMT. VOLL KOMISCH, ODER?
GENAU DAS MEIN ICH.
KRASS, DASS DU AUCH SO FÜHLST, BOSS.
ES HEISST JA, UNTER STRESS FUNKTIONIERT MAN NICHT SO GUT...
LIEGT ANGEBLICH DARAN, DASS MAN SICH VIEL ZU GENAU BEOBACHTET UND DADURCH NICHT MEHR NATÜRLICH AGIERT.
HAST DU DAS WIEDER IN 'NEM BUCH GELESEN?

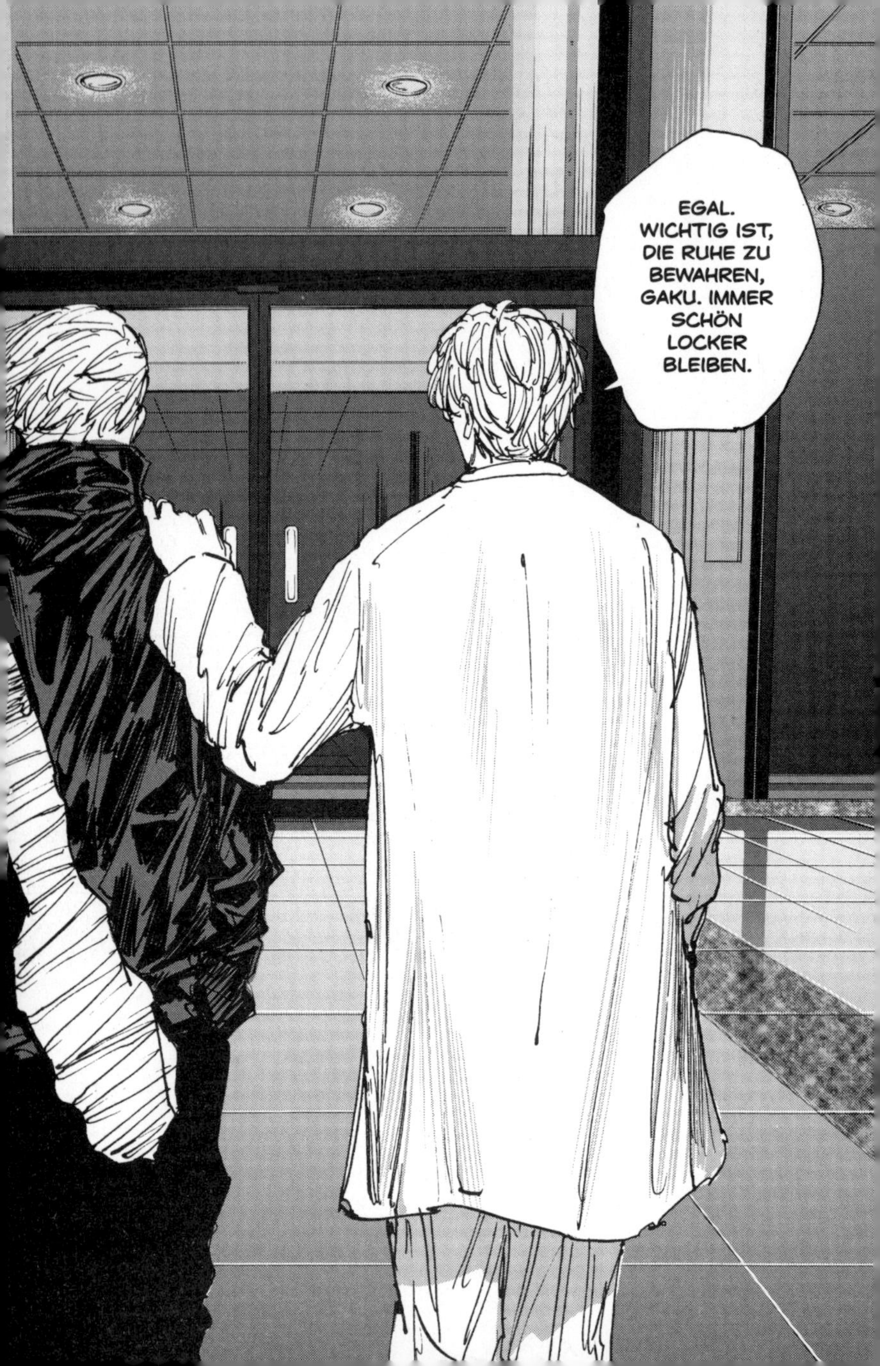
EGAL. WICHTIG IST, DIE RUHE ZU BEWAHREN, GAKU. IMMER SCHÖN LOCKER BLEIBEN.

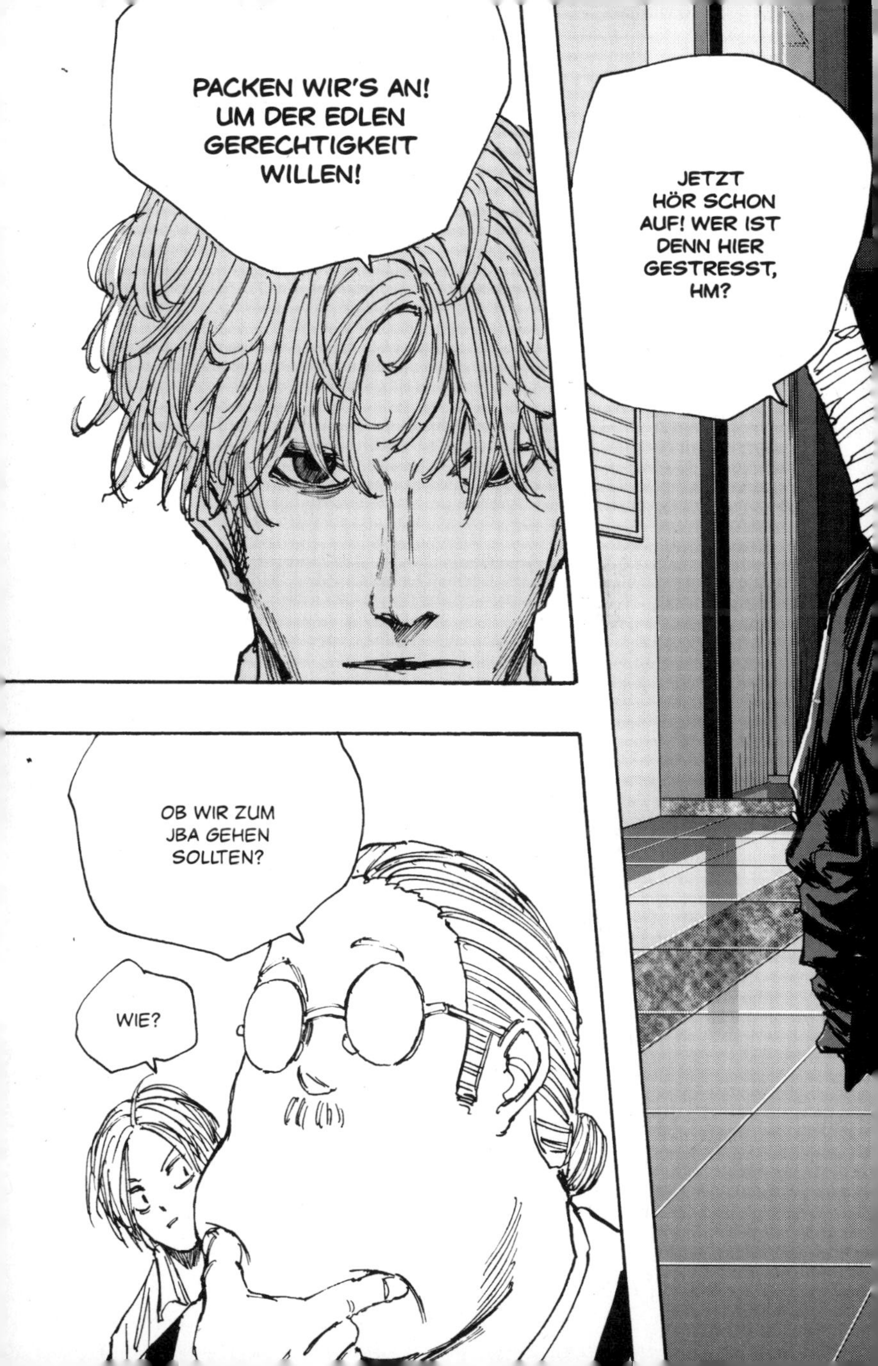

JETZT HÖR SCHON AUF! WER IST DENN HIER GESTRESST, HM?
PACKEN WIR'S AN! UM DER EDLEN GERECHTIGKEIT WILLEN!
OB WIR ZUM JBA GEHEN SOLLTEN?
WIE?

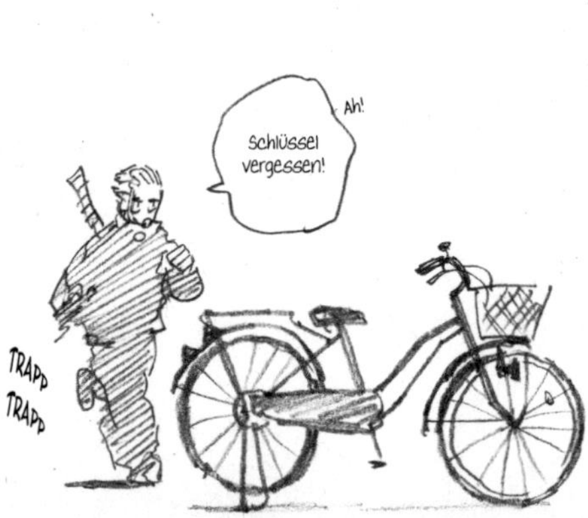
Ah!
Schlüssel vergessen!
TRAPP
TRAPP

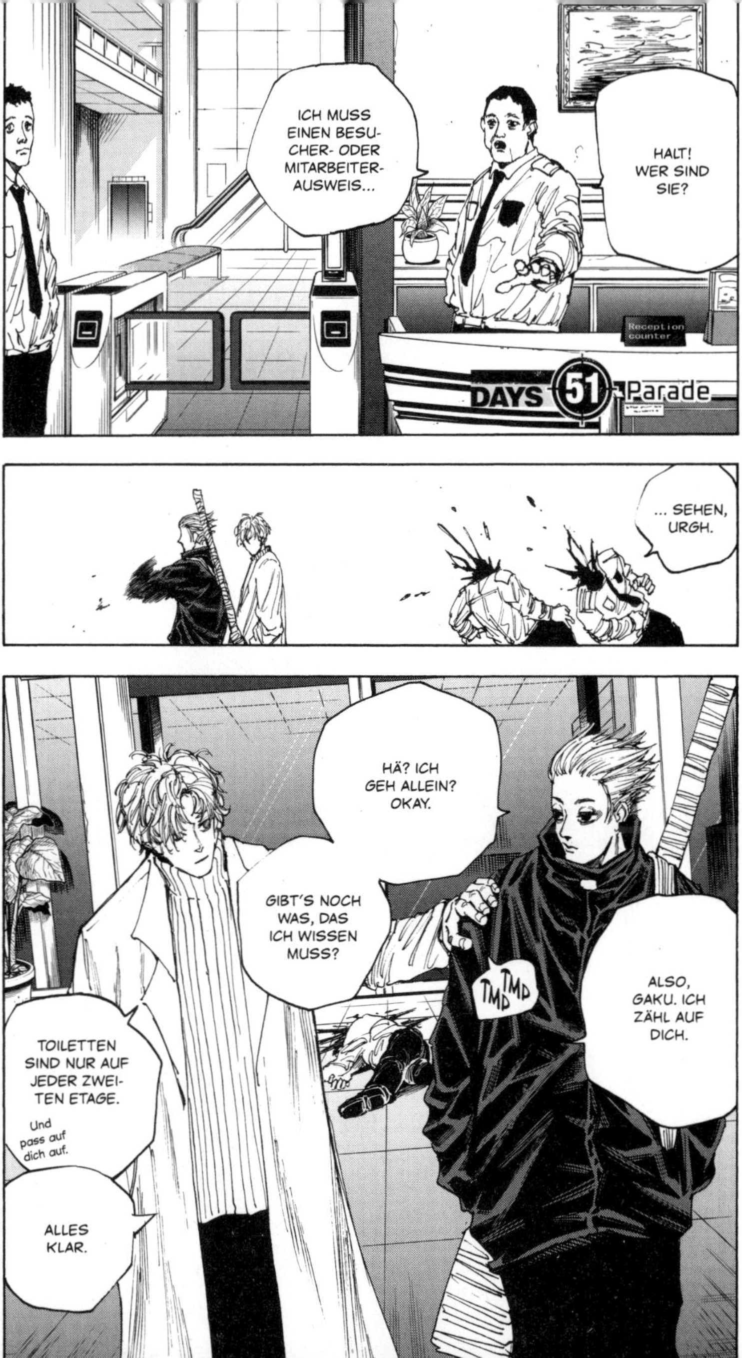
Reception counter
DAYS 51 Parade
HALT! WER SIND SIE?
ICH MUSS EINEN BESUCHER- ODER MITARBEITERAUSWEIS...
... SEHEN, URGH.
ALSO, GAKU. ICH ZÄHL AUF DICH.
TMP TMP
HÄ? ICH GEH ALLEIN? OKAY.
GIBT'S NOCH WAS, DAS ICH WISSEN MUSS?
TOILETTEN SIND NUR AUF JEDER ZWEITEN ETAGE.
Und pass auf dich auf.
ALLES KLAR.

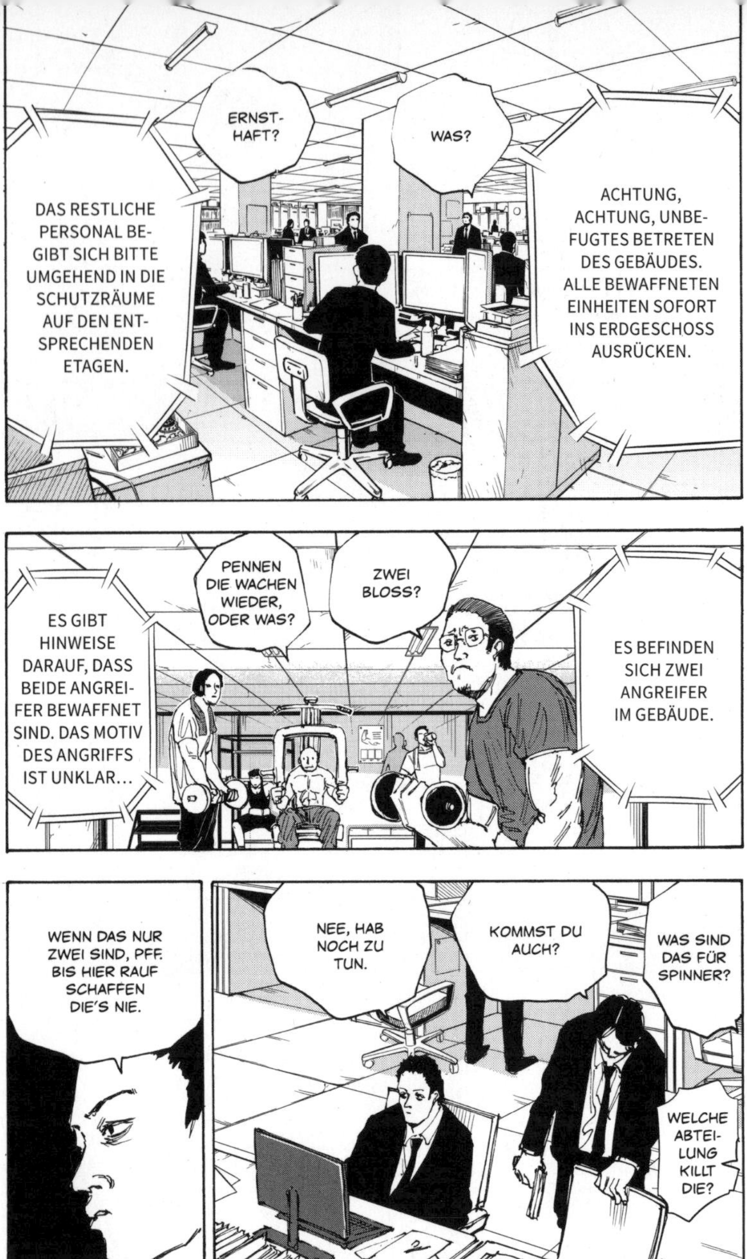
ACHTUNG, ACHTUNG, UNBEFUGTES BETRETEN DES GEBÄUDES. ALLE BEWAFFNETEN EINHEITEN SOFORT INS ERDGESCHOSS AUSRÜCKEN.
WAS?
ERNSTHAFT?
DAS RESTLICHE PERSONAL BEGIBT SICH BITTE UMGEHEND IN DIE SCHUTZRÄUME AUF DEN ENTSPRECHENDEN ETAGEN.
ES BEFINDEN SICH ZWEI ANGREIFER IM GEBÄUDE.
ZWEI BLOSS?
PENNEN DIE WACHEN WIEDER, ODER WAS?
ES GIBT HINWEISE DARAUF, DASS BEIDE ANGREIFER BEWAFFNET SIND. DAS MOTIV DES ANGRIFFS IST UNKLAR…
WAS SIND DAS FÜR SPINNER?
KOMMST DU AUCH?
NEE, HAB NOCH ZU TUN.
WELCHE ABTEILUNG KILLT DIE?
WENN DAS NUR ZWEI SIND, PFF. BIS HIER RAUF SCHAFFEN DIE'S NIE.

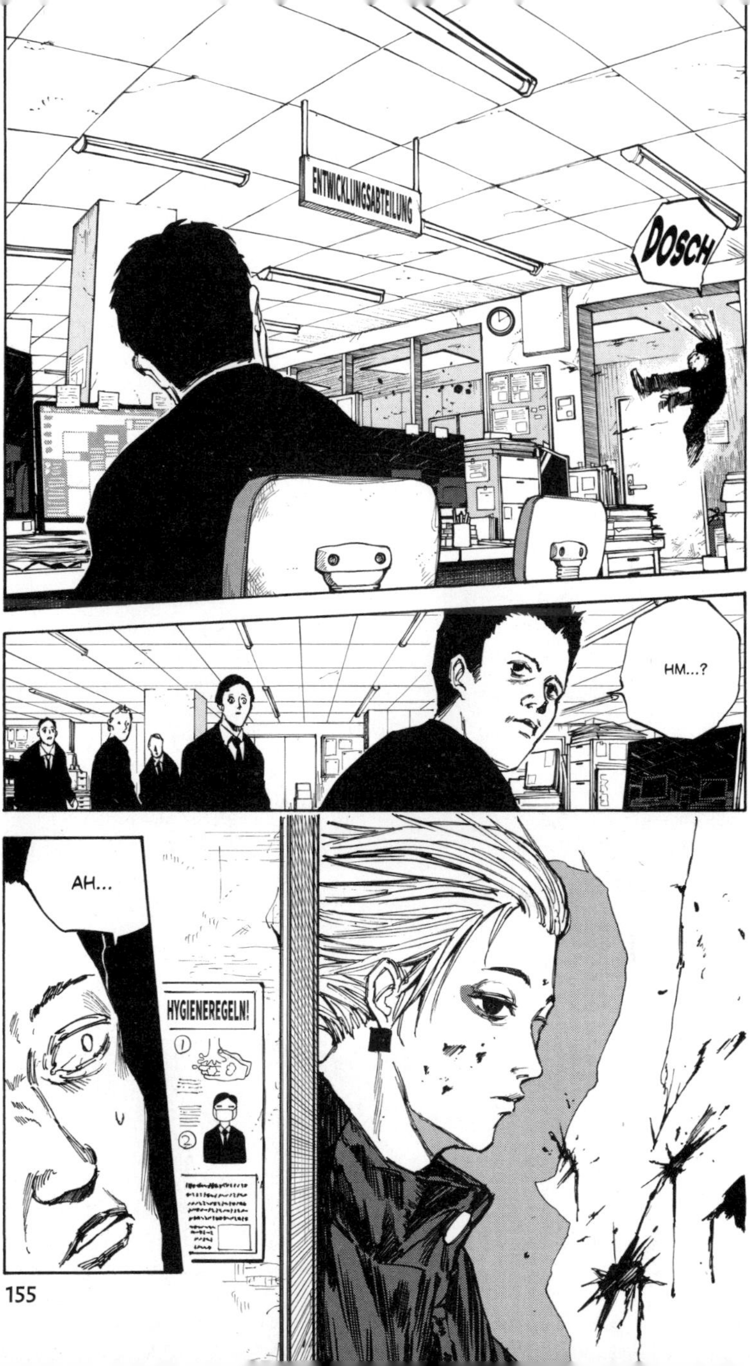
ENTWICKLUNGSABTEILUNG
DOSCH
HM...?
AH...
HYGIENEREGELN!

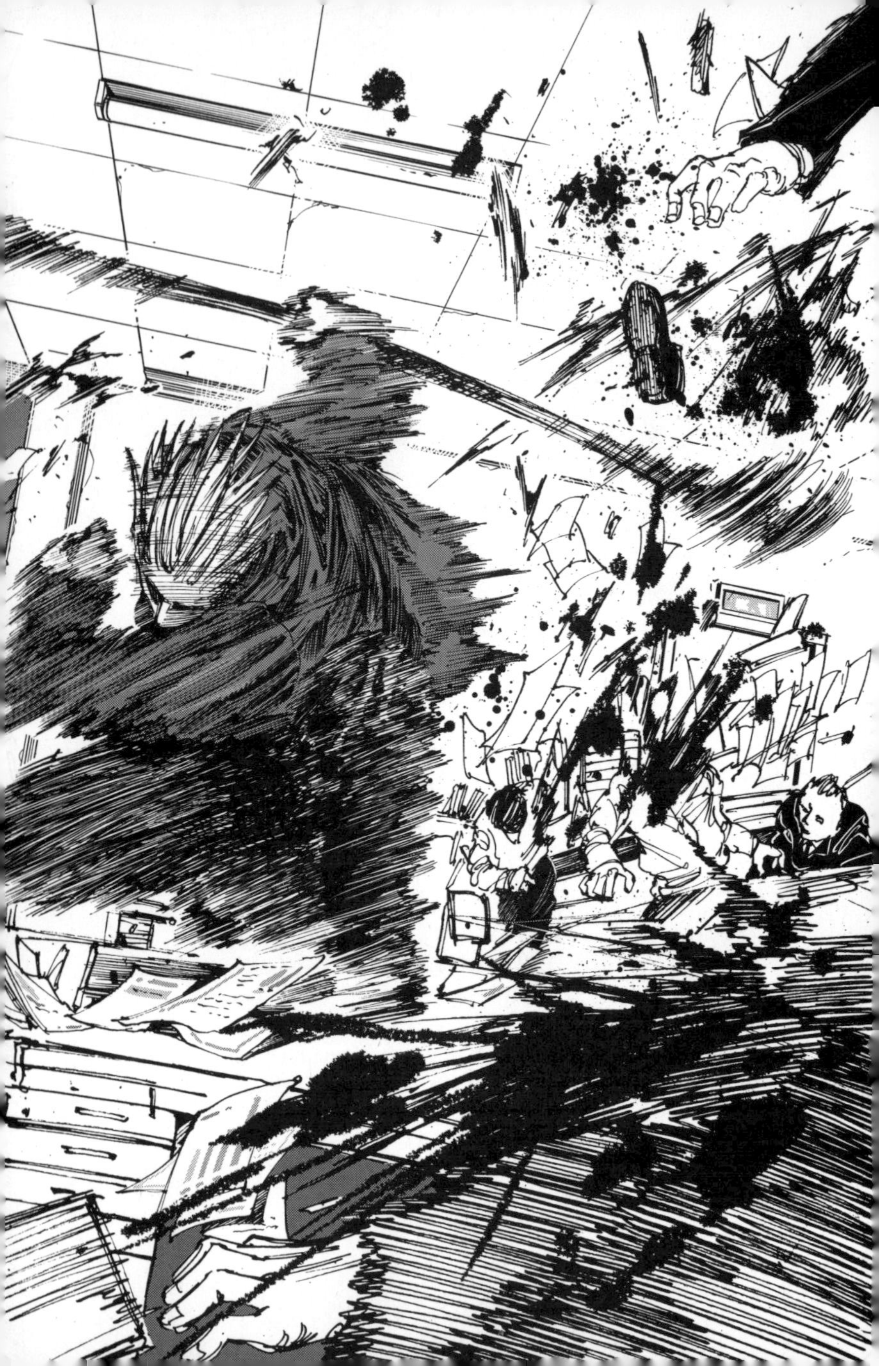

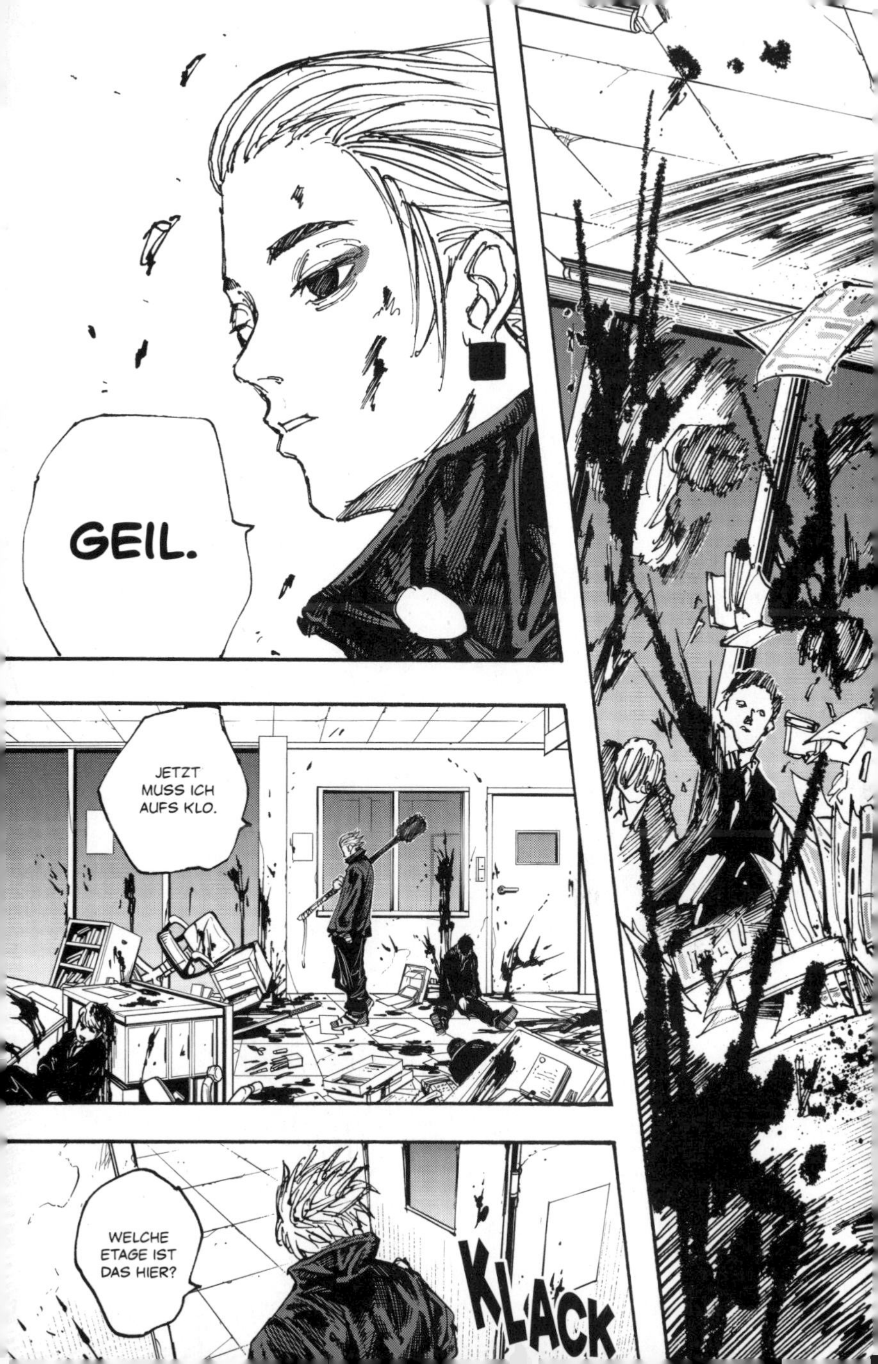
GEIL.
JETZT MUSS ICH AUFS KLO.
WELCHE ETAGE IST DAS HIER?
KLACK

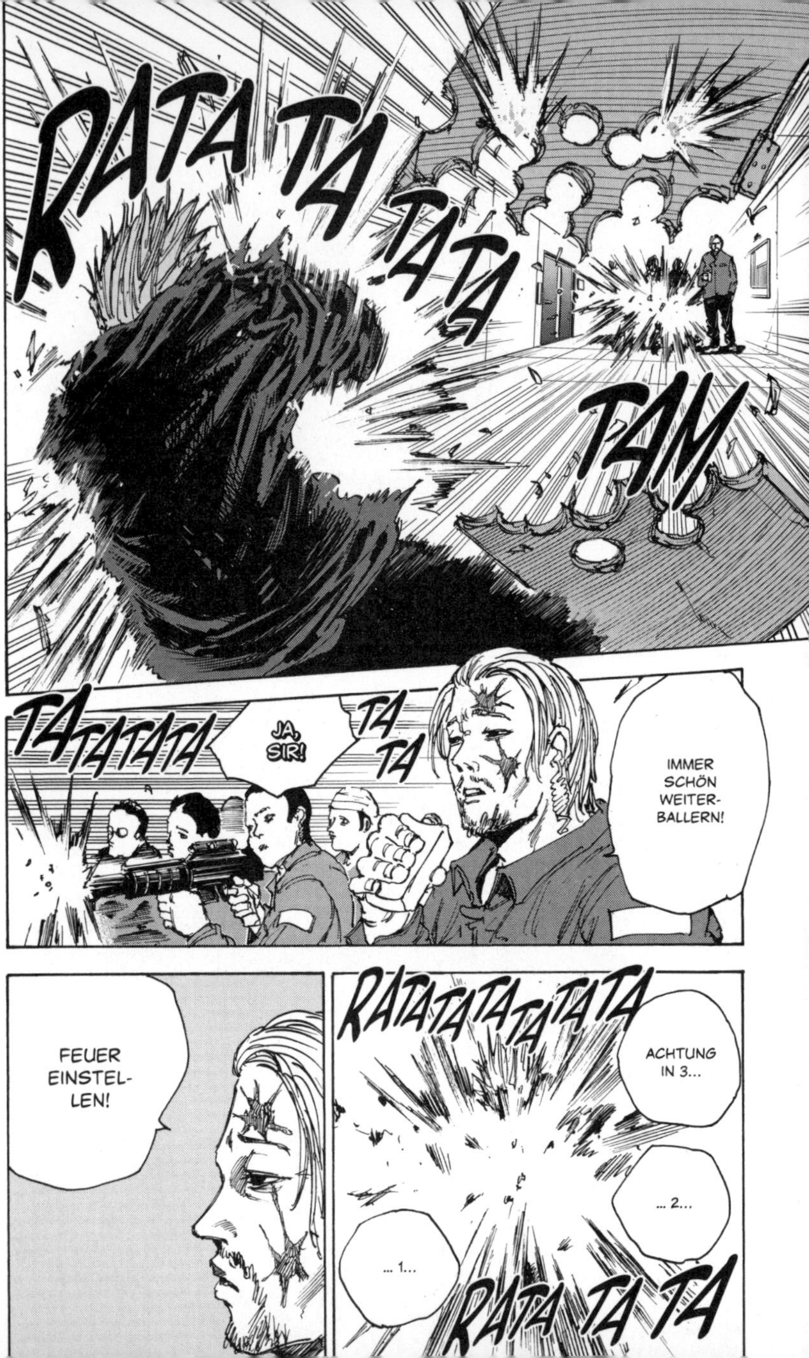
RATATATA
TATATA
TAM
IMMER SCHÖN WEITER-BALLERN!
TA TA
JA, SIR!
TATATATA
RATATATATATATATA
ACHTUNG IN 3...
... 2...
... 1...
RATA TA TA
FEUER EINSTEL-LEN!

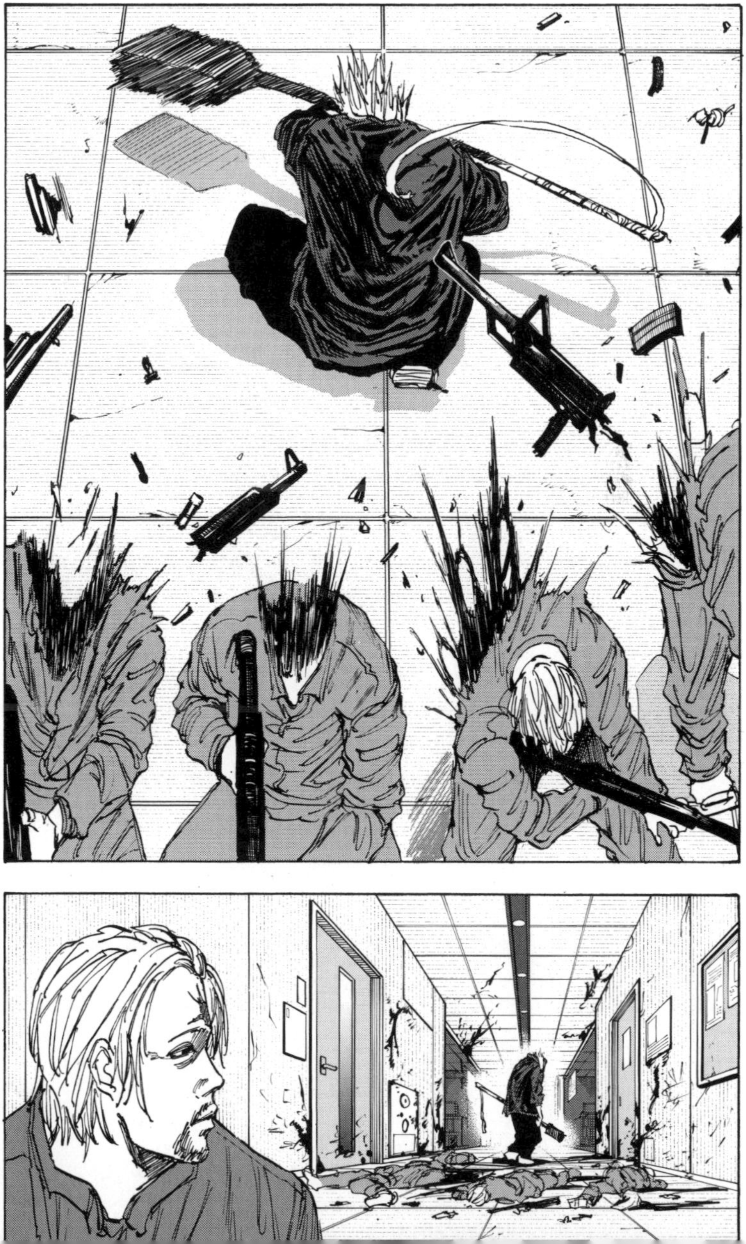

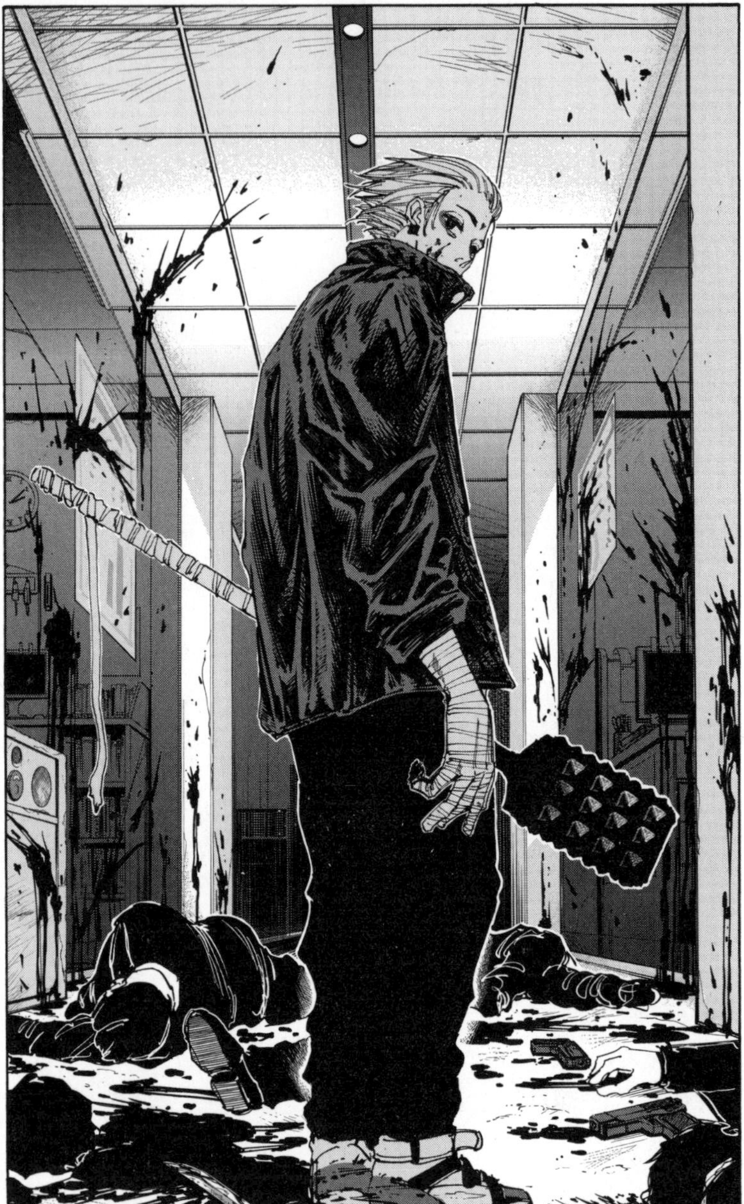

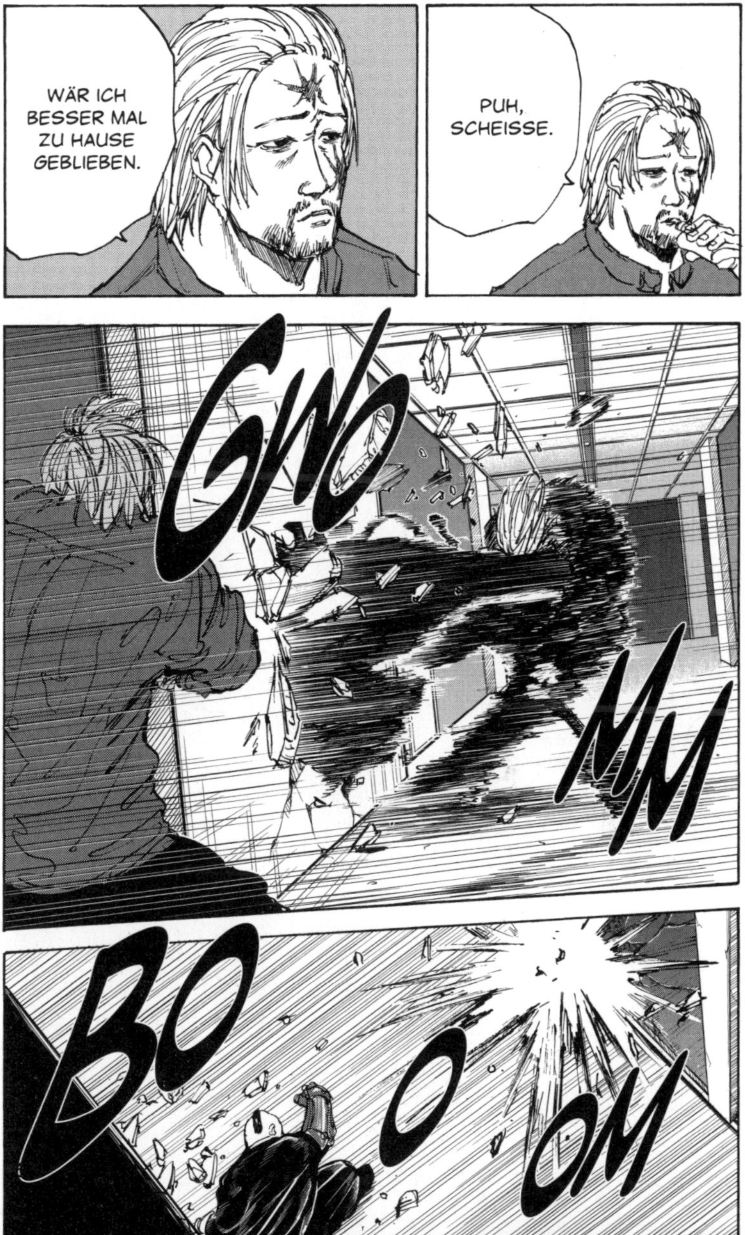
WÄR ICH BESSER MAL ZU HAUSE GEBLIEBEN.
PUH, SCHEISSE.
GWOMM
BOOOM

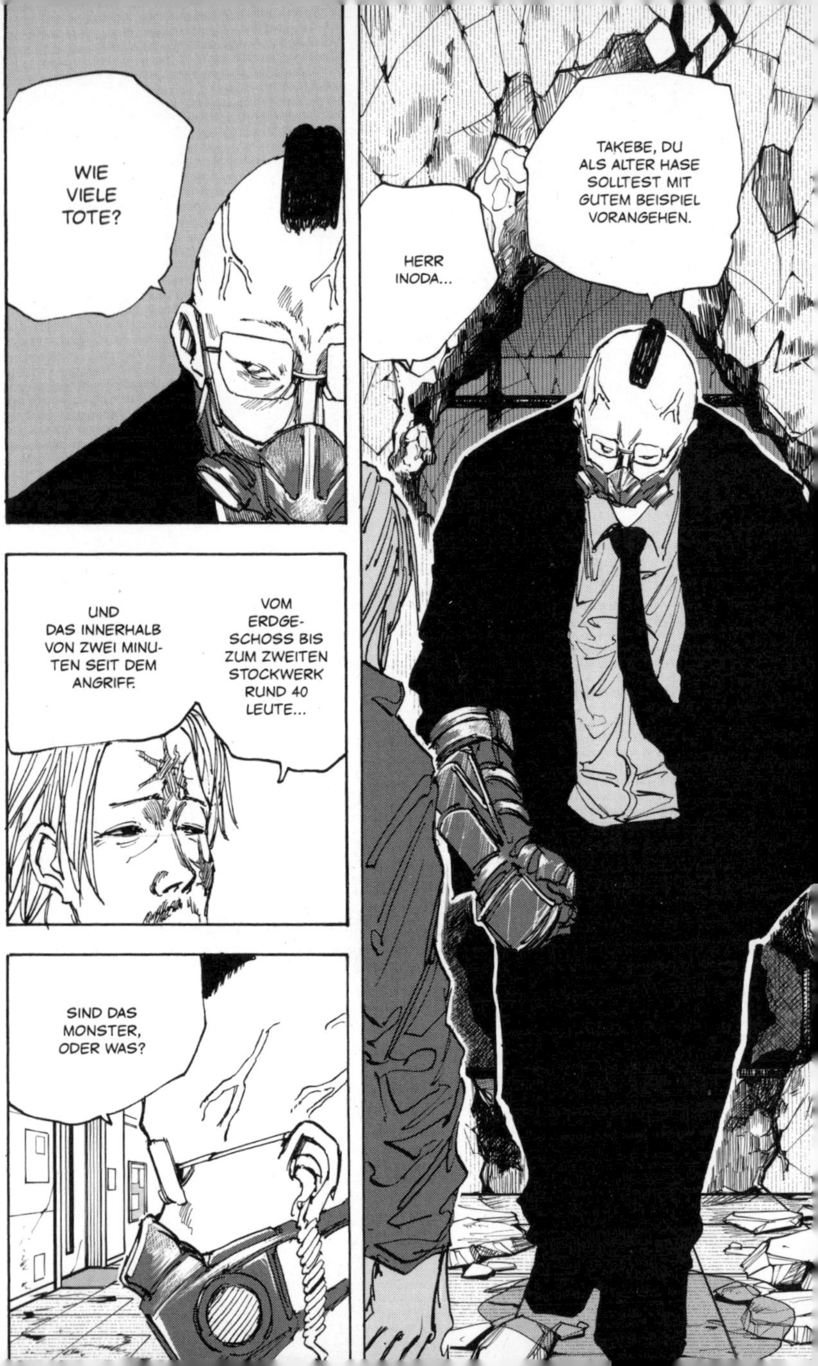

TAKEBE, DU ALS ALTER HASE SOLLTEST MIT GUTEM BEISPIEL VORANGEHEN.
HERR INODA...
WIE VIELE TOTE?
VOM ERDGE-SCHOSS BIS ZUM ZWEITEN STOCKWERK RUND 40 LEUTE...
UND DAS INNERHALB VON ZWEI MINU-TEN SEIT DEM ANGRIFF.
SIND DAS MONSTER, ODER WAS?

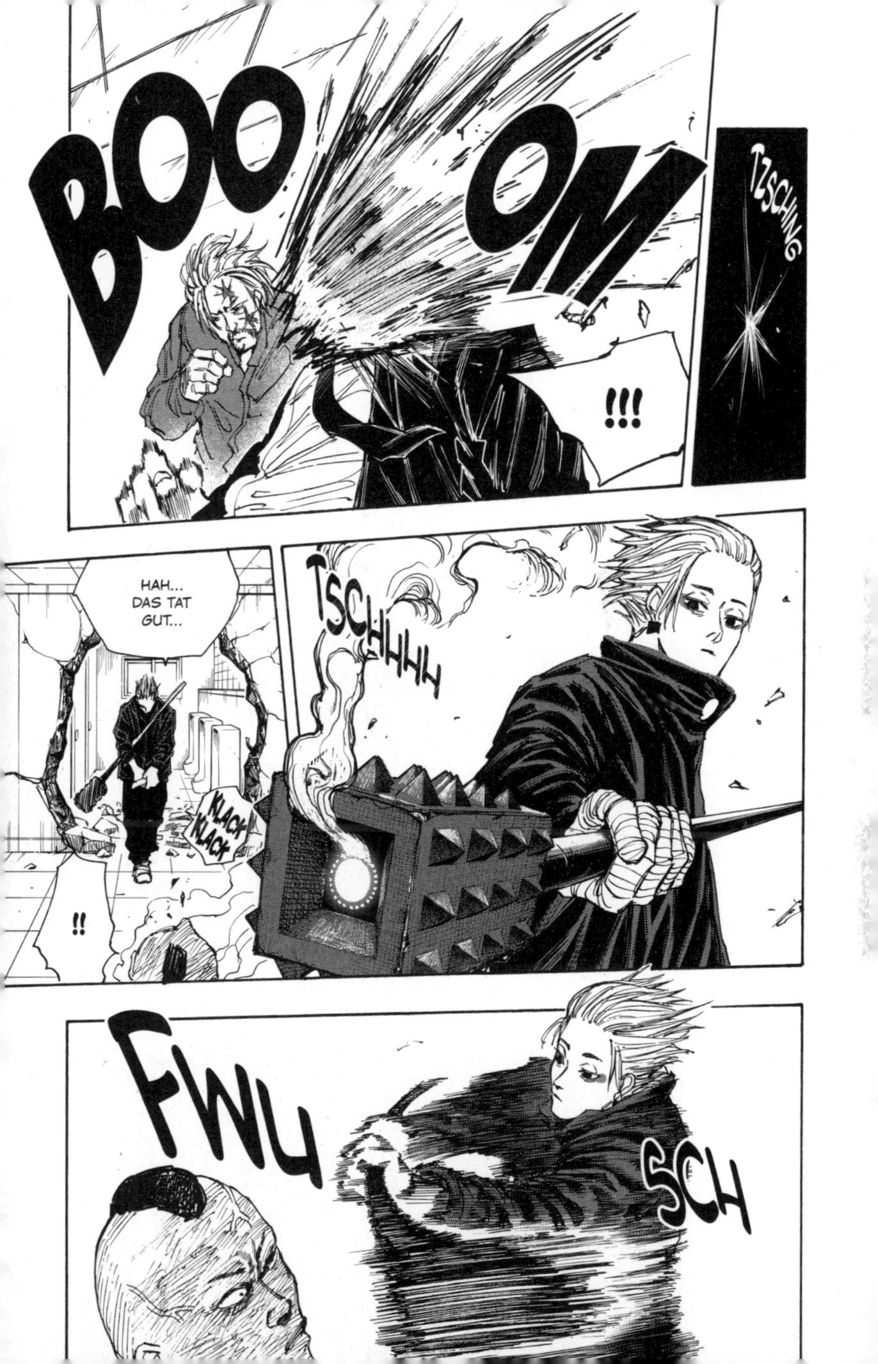
TZSCHING
BOO OM
!!!
TSCHHHHH
HAH... DAS TAT GUT...
KLACK KLACK
!!
FWU SCH

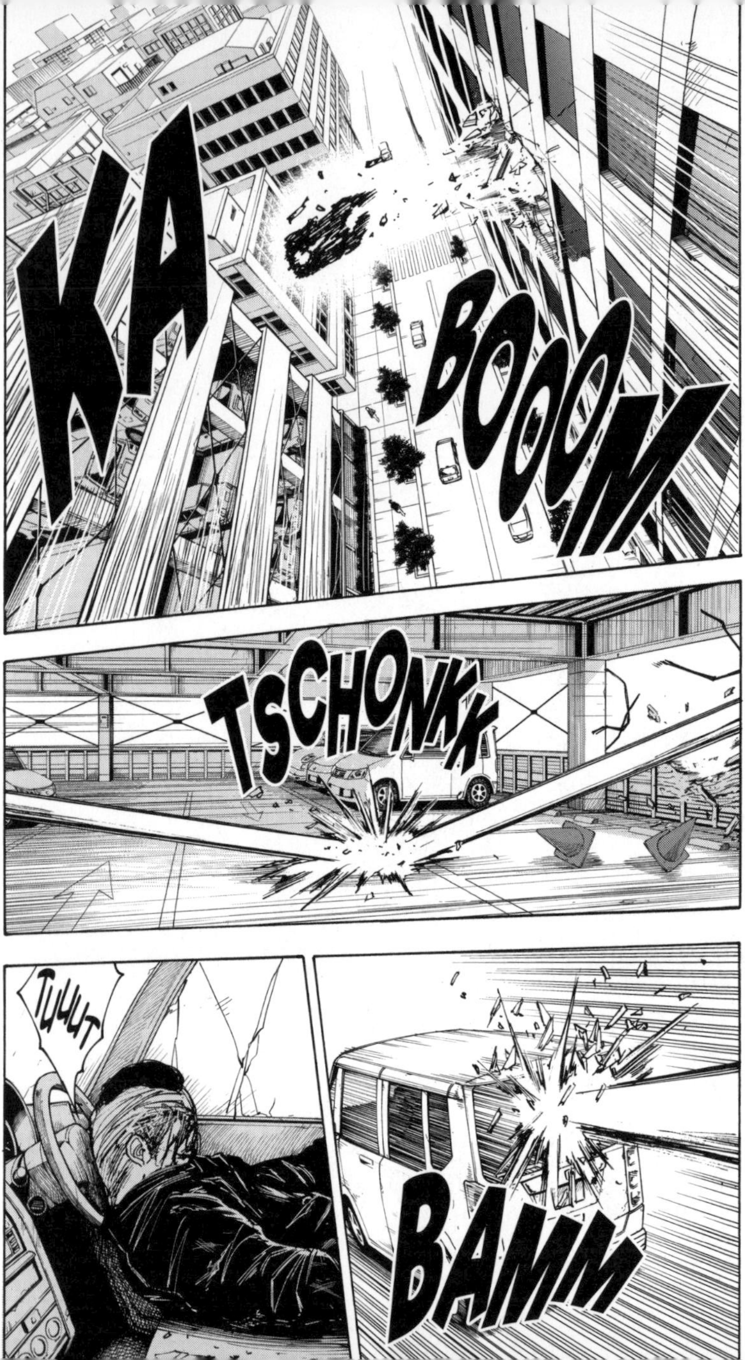
KA BOOOM
TSCHONKK
BAMM
TUUUT

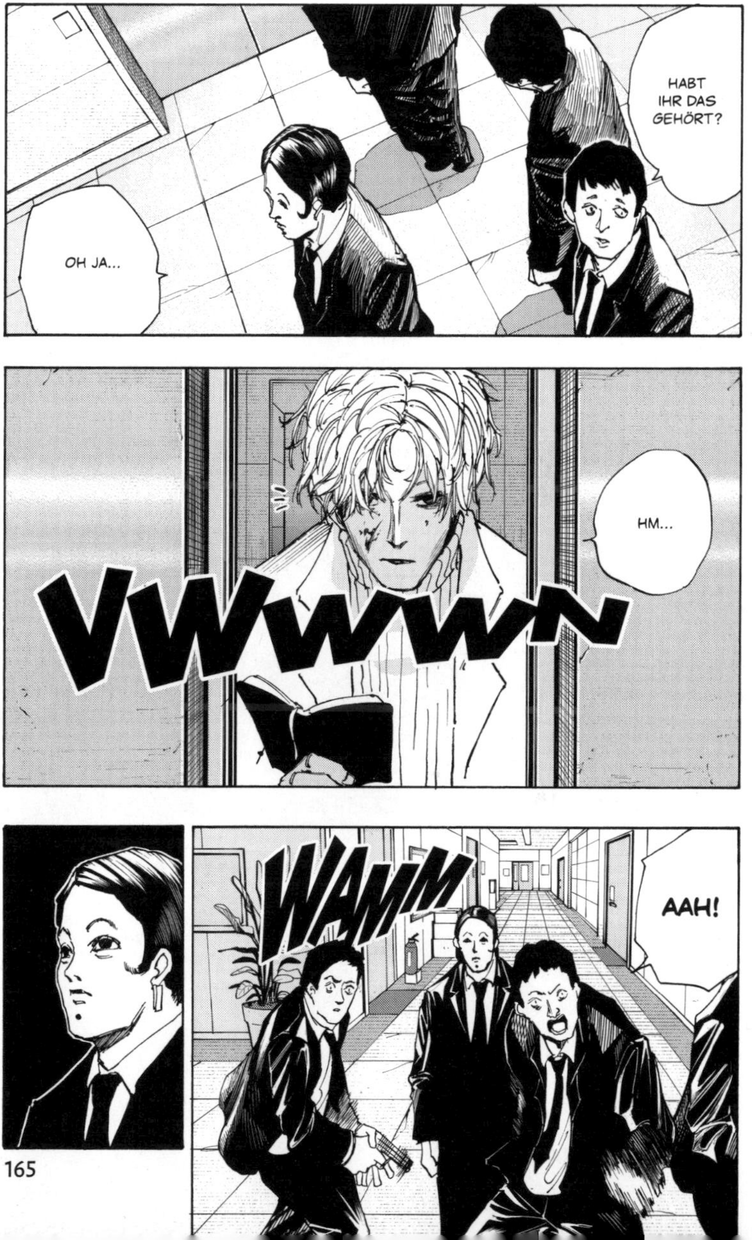
HABT IHR DAS GEHÖRT?
OH JA...
HM...
VWWWN
WAMM
AAH!

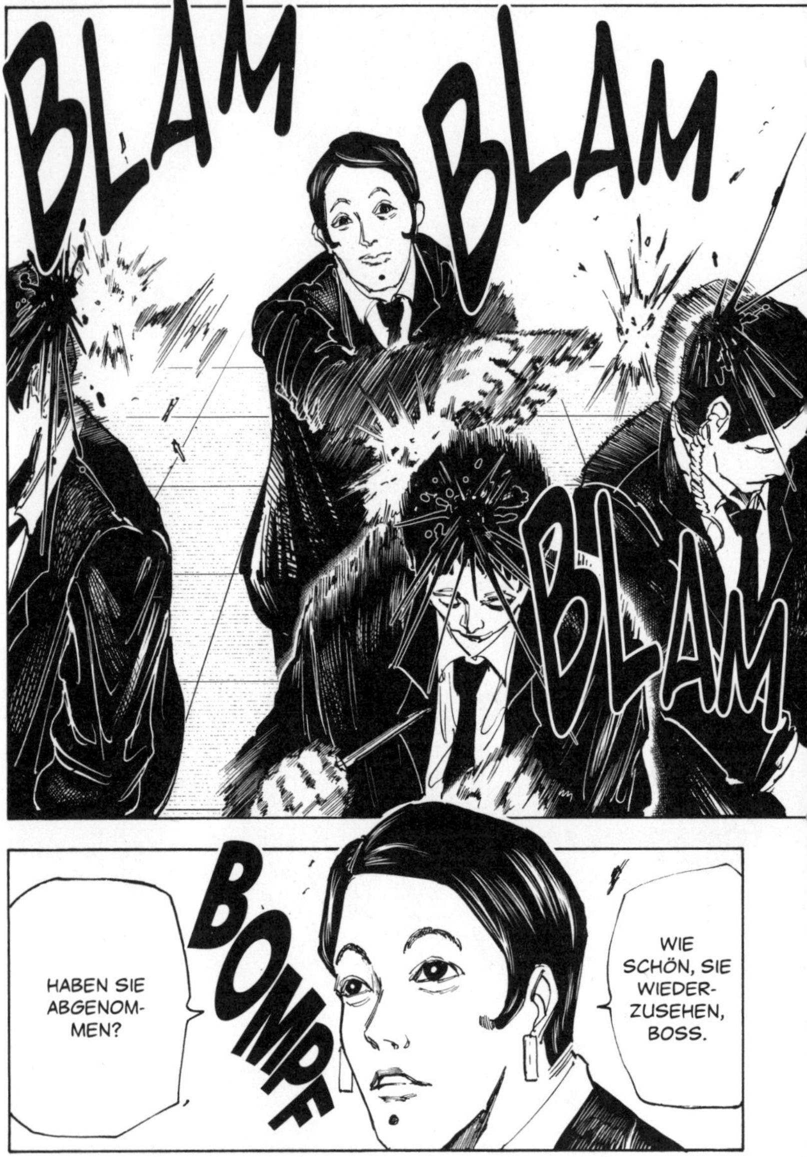
BLAM
BLAM
BLAM
BOMPF
WIE SCHÖN, SIE WIEDER-ZUSEHEN, BOSS.
HABEN SIE ABGENOM-MEN?

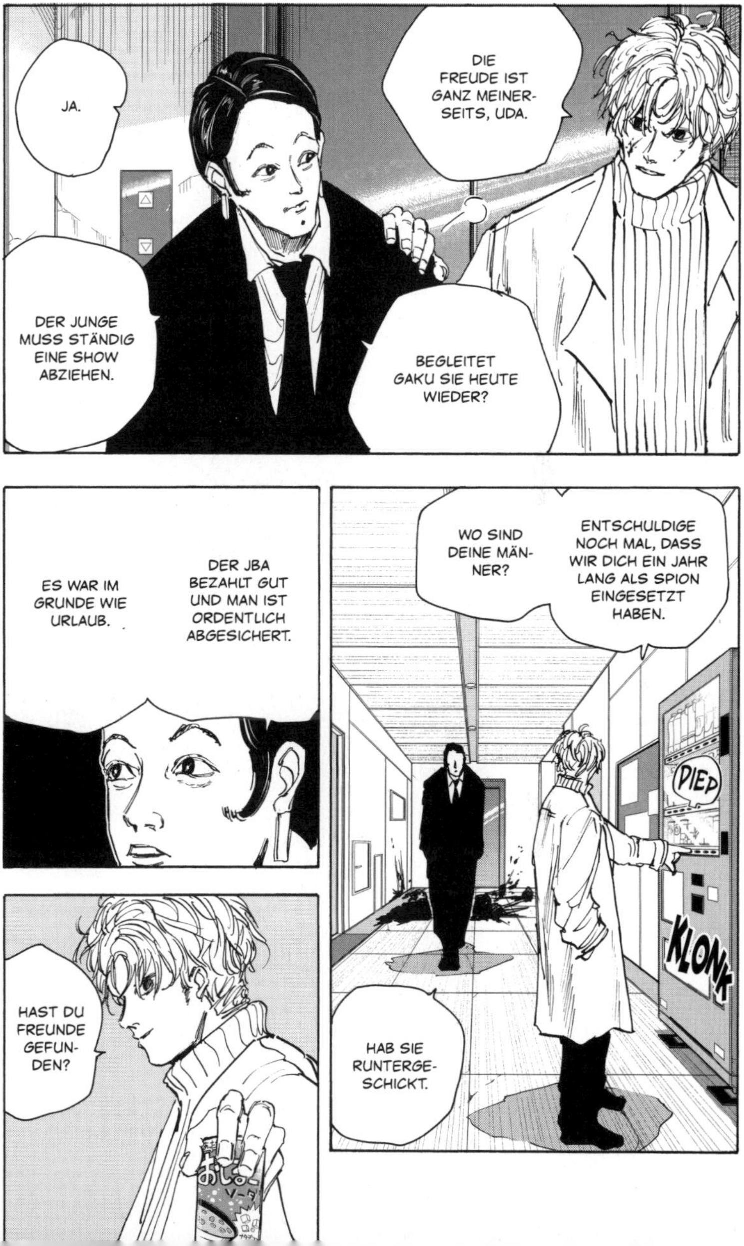
DIE FREUDE IST GANZ MEINERSEITS, UDA.
JA.
BEGLEITET GAKU SIE HEUTE WIEDER?
DER JUNGE MUSS STÄNDIG EINE SHOW ABZIEHEN.
ENTSCHULDIGE NOCH MAL, DASS WIR DICH EIN JAHR LANG ALS SPION EINGESETZT HABEN.
WO SIND DEINE MÄNNER?
DIEP
KLONK
HAB SIE RUNTERGESCHICKT.
DER JBA BEZAHLT GUT UND MAN IST ORDENTLICH ABGESICHERT.
ES WAR IM GRUNDE WIE URLAUB.
HAST DU FREUNDE GEFUNDEN?

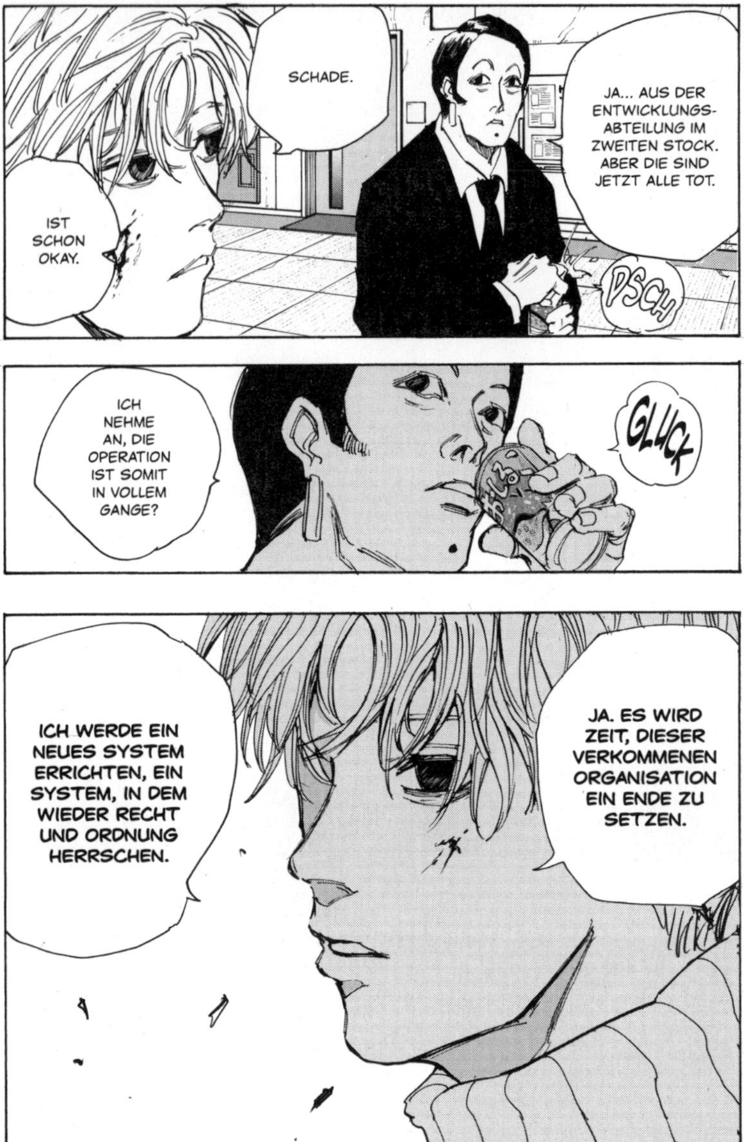
JA... AUS DER ENTWICKLUNGS-ABTEILUNG IM ZWEITEN STOCK. ABER DIE SIND JETZT ALLE TOT.
DSCH
SCHADE.
IST SCHON OKAY.
GLUCK
ICH NEHME AN, DIE OPERATION IST SOMIT IN VOLLEM GANGE?
JA. ES WIRD ZEIT, DIESER VERKOMMENEN ORGANISATION EIN ENDE ZU SETZEN.
ICH WERDE EIN NEUES SYSTEM ERRICHTEN, EIN SYSTEM, IN DEM WIEDER RECHT UND ORDNUNG HERRSCHEN.

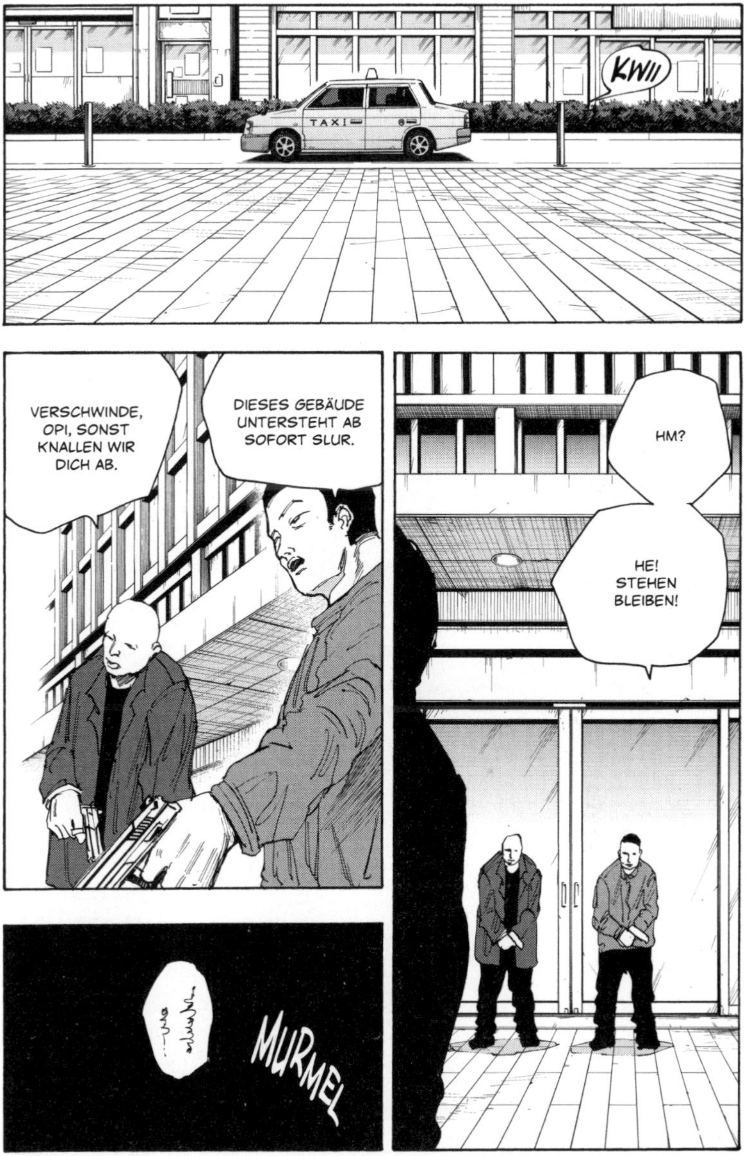

KWII
HM?
HE! STEHEN BLEIBEN!
DIESES GEBÄUDE UNTERSTEHT AB SOFORT SLUR.
VERSCHWINDE, OPI, SONST KNALLEN WIR DICH AB.
MURMEL

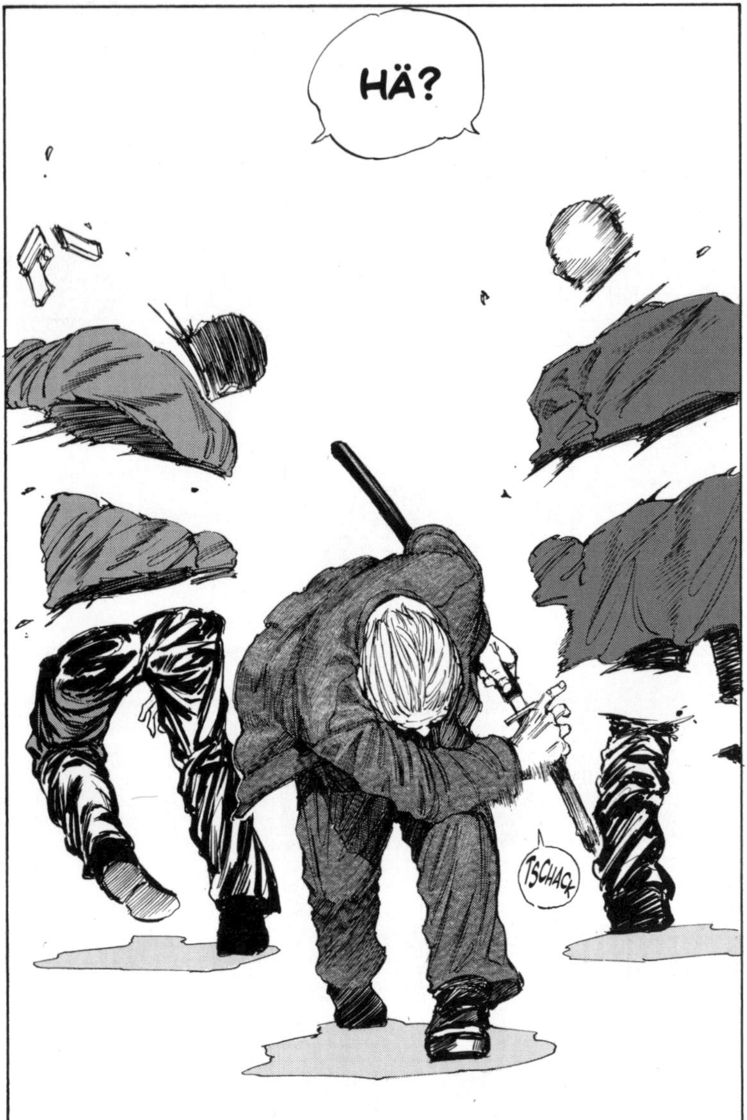
HÄ?
TSCHACK

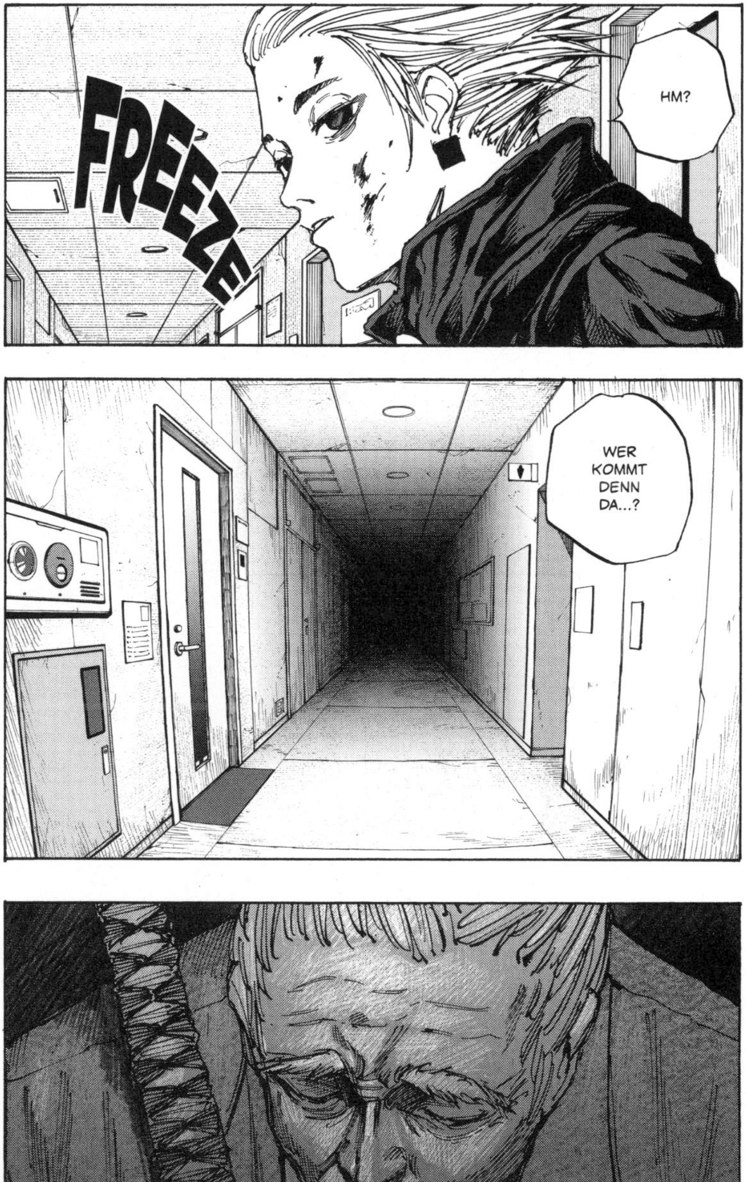
HM?
FREEZE
WER KOMMT DENN DA...?

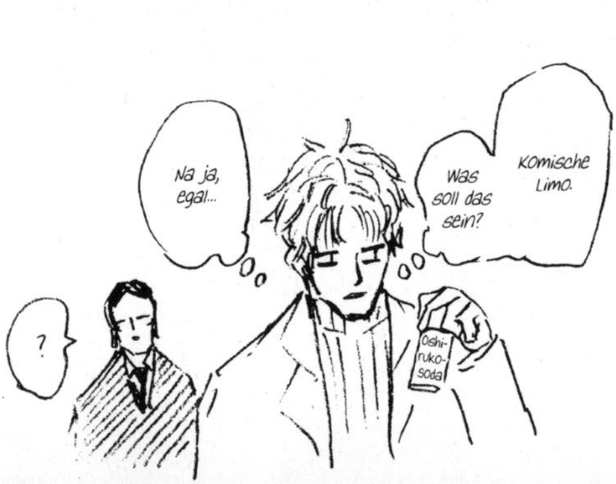
Komische Limo.
Was soll das sein?
Oshi-ruko-soda
Na ja, egal...
?

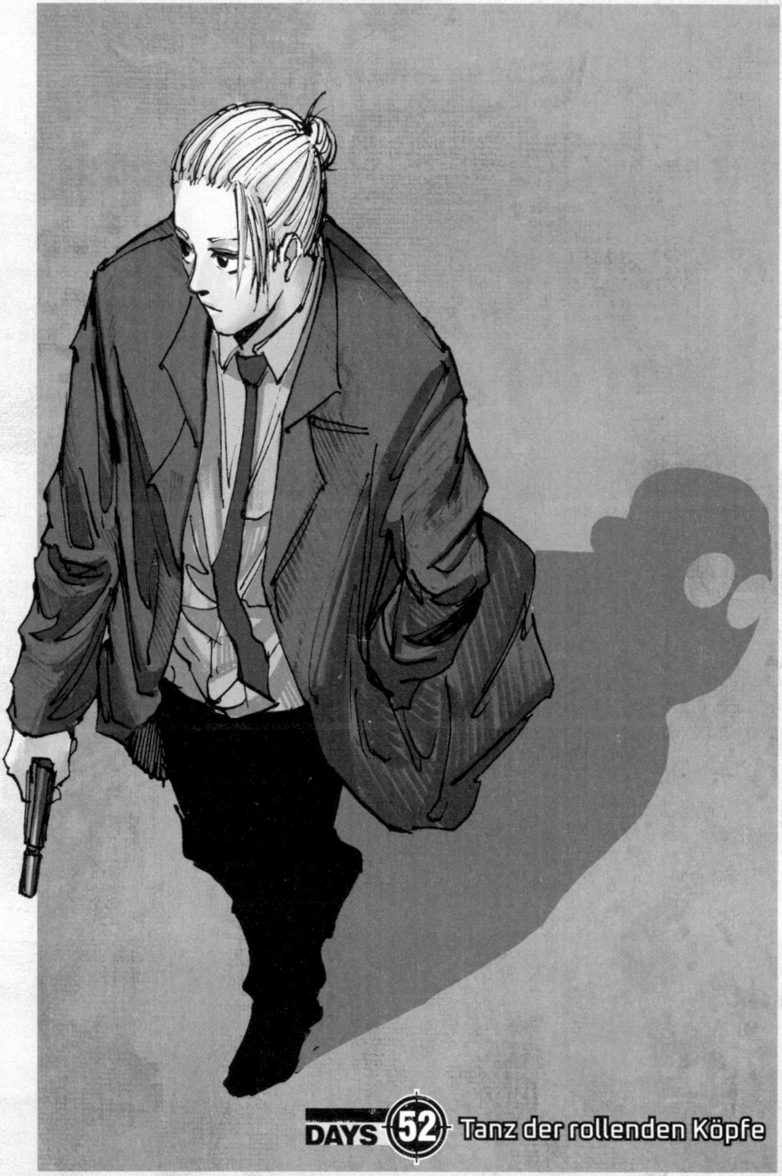

DAYS 52 Tanz der rollenden Köpfe

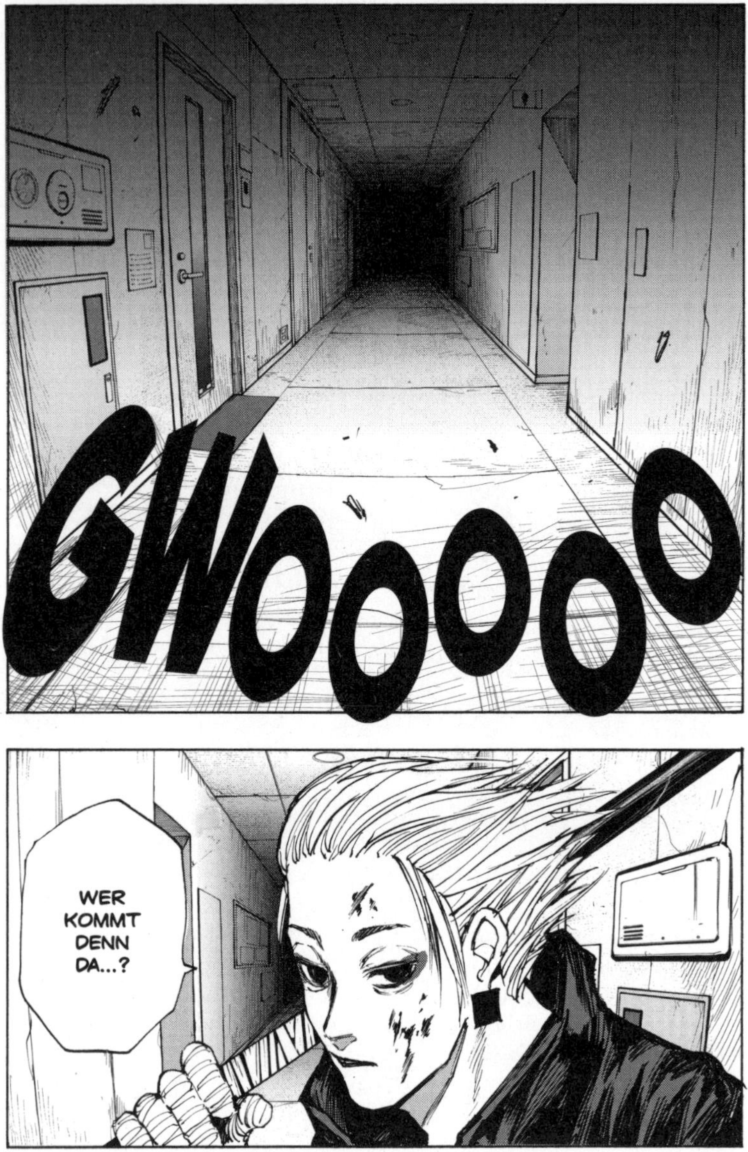
GWOOOOO
WER KOMMT DENN DA...?

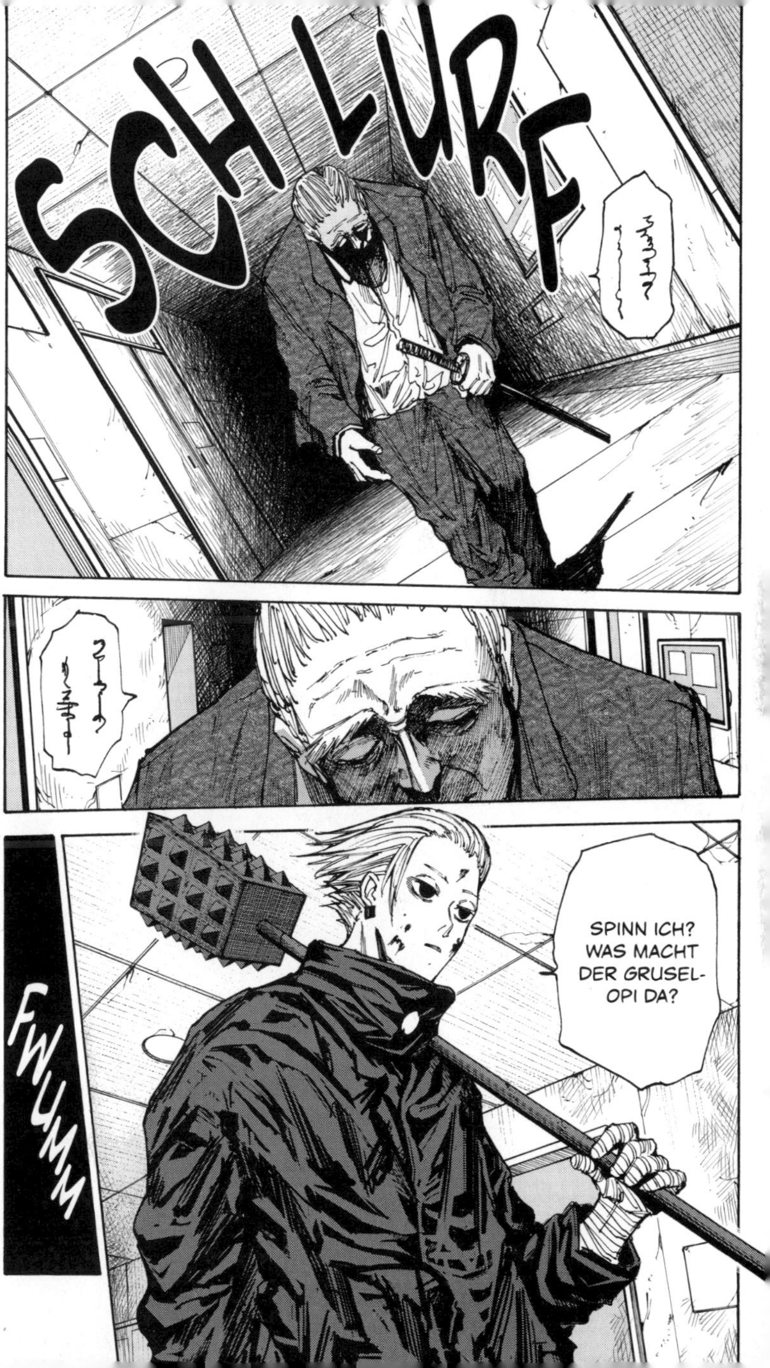
SCHLURF
SPINN ICH? WAS MACHT DER GRUSEL-OPI DA?
FWUMM

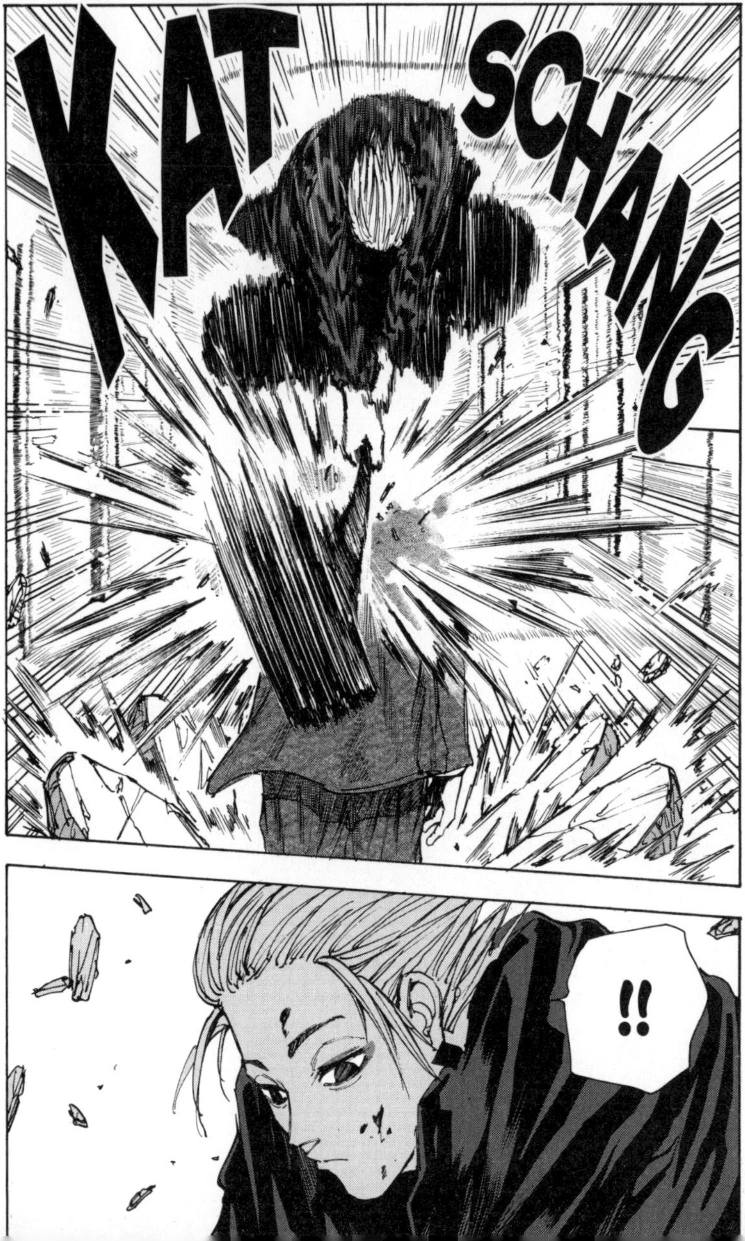
KAT
SCHANG
!!

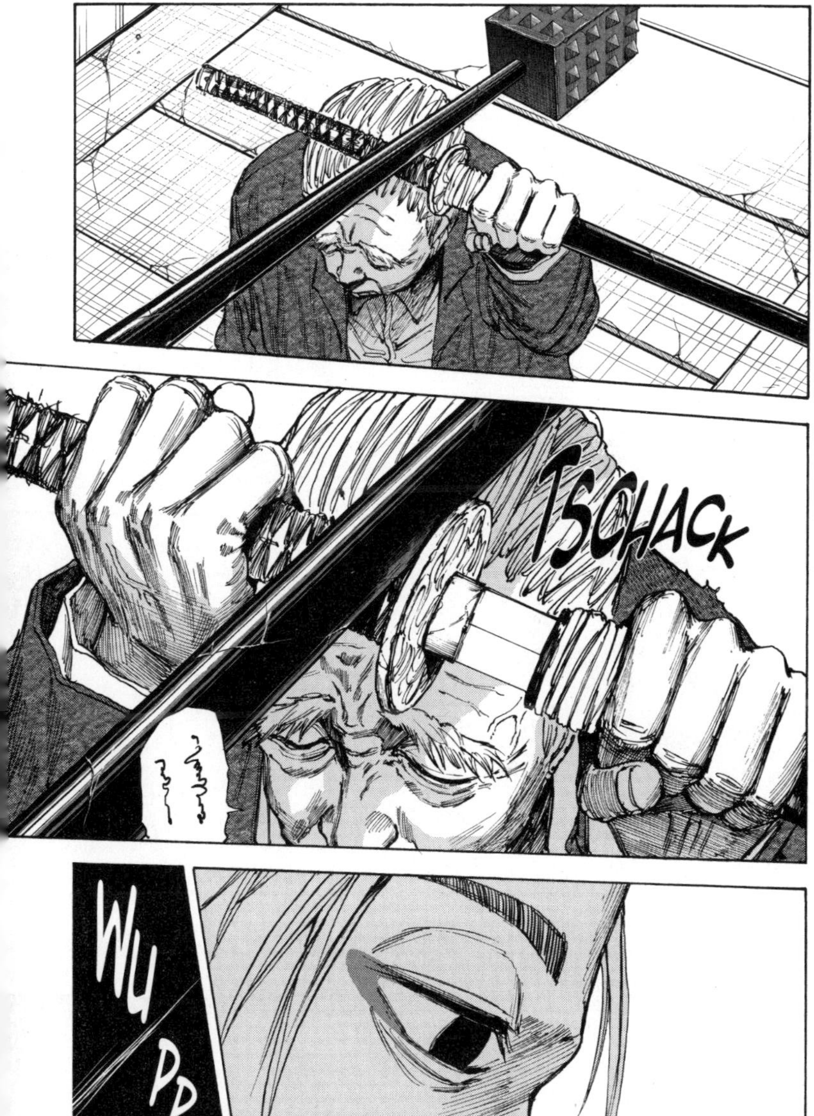
TSCHACK
WuPP

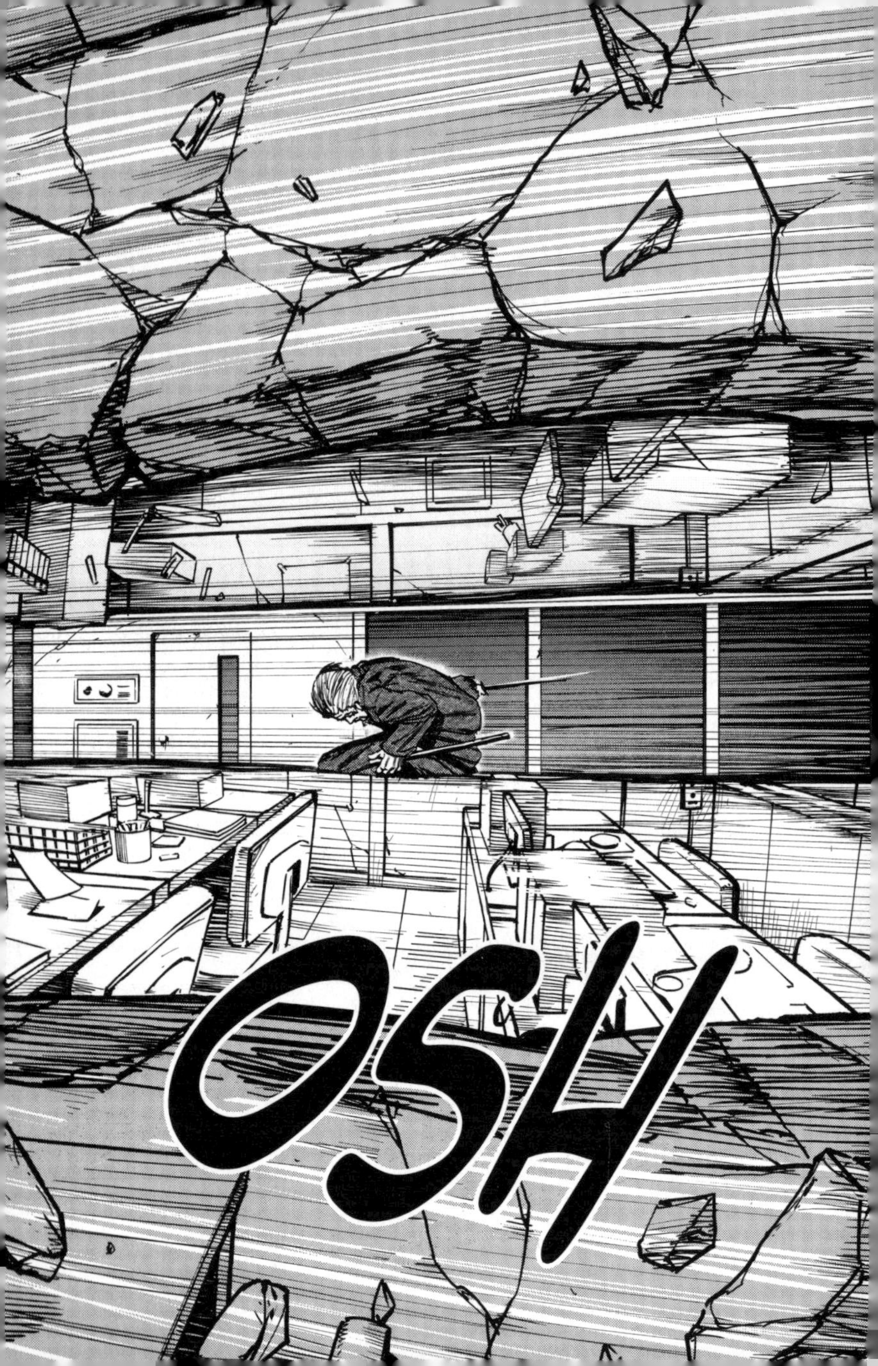
OSH

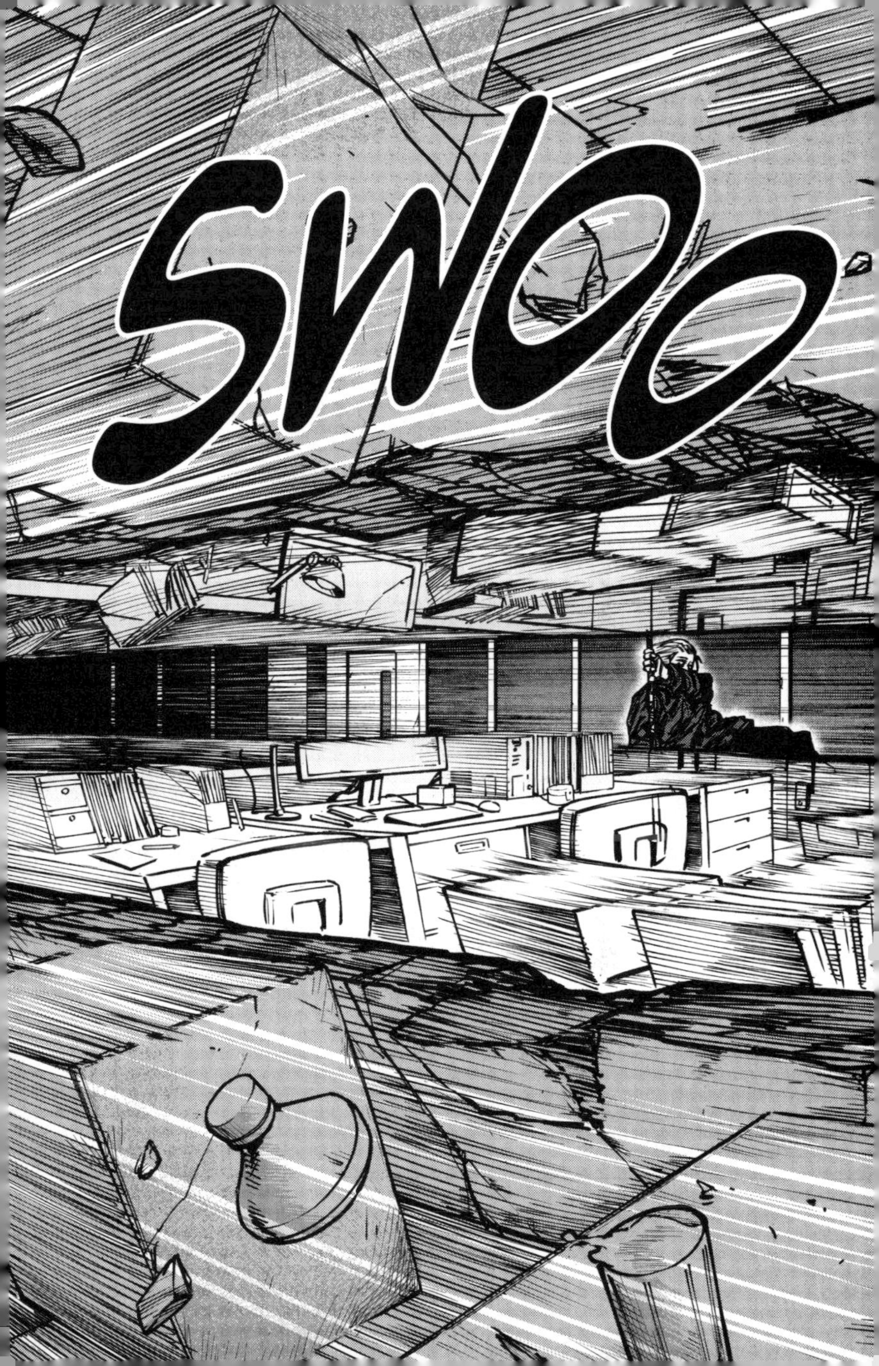
SWOO

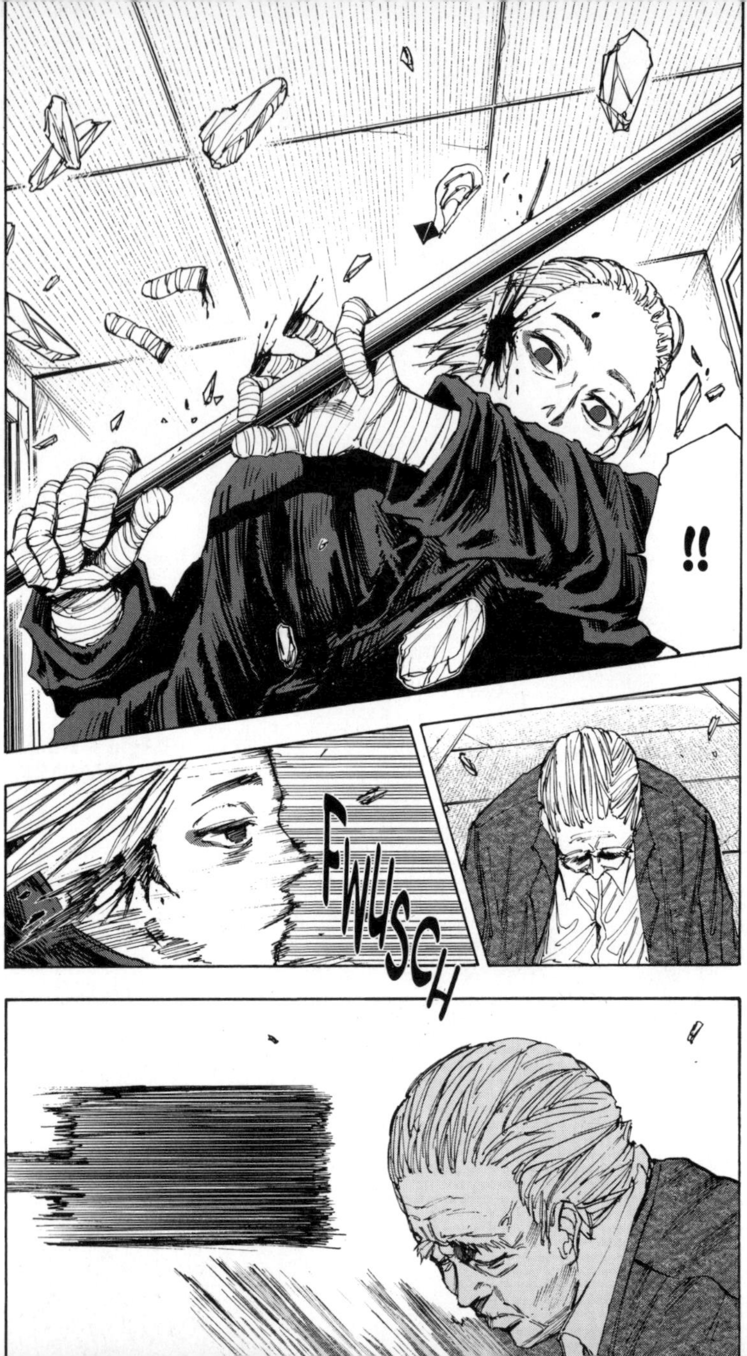
!!
FWUSCH

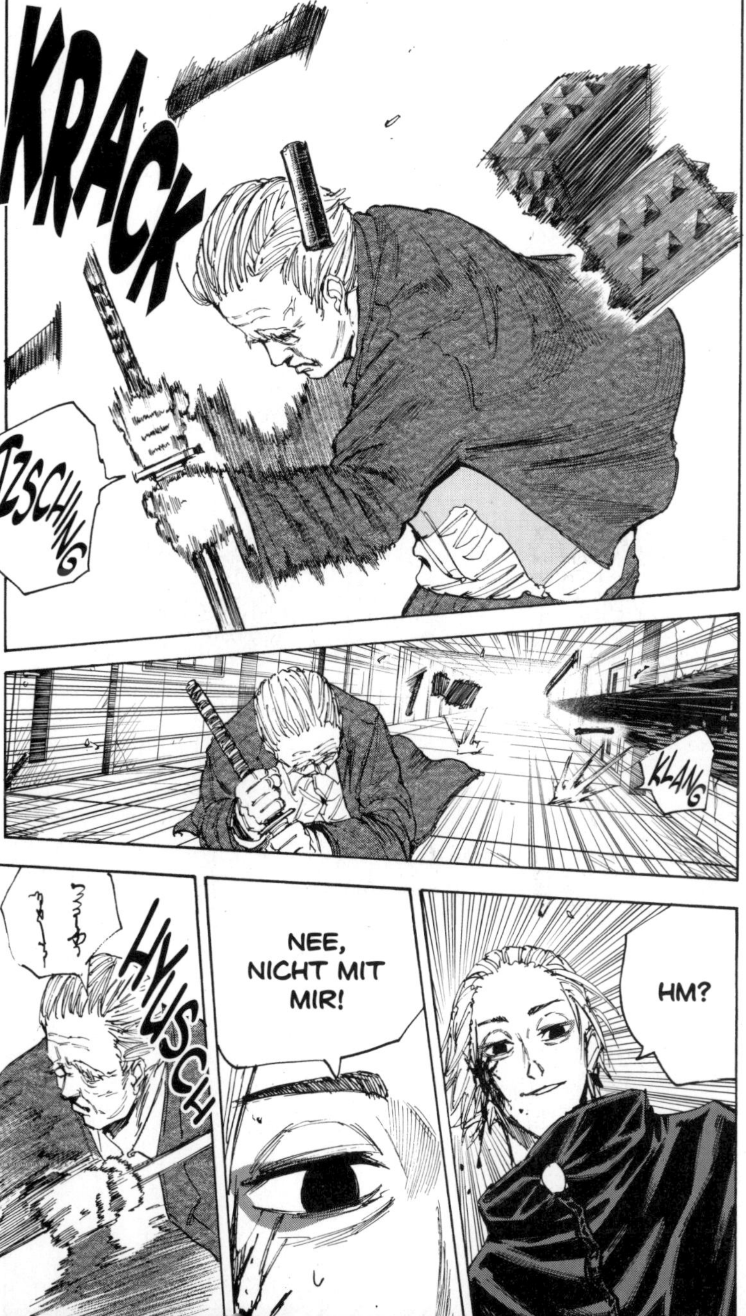
KRACK
TZSCHING
KLANG
HM?
NEE, NICHT MIT MIR!
HYUSCH

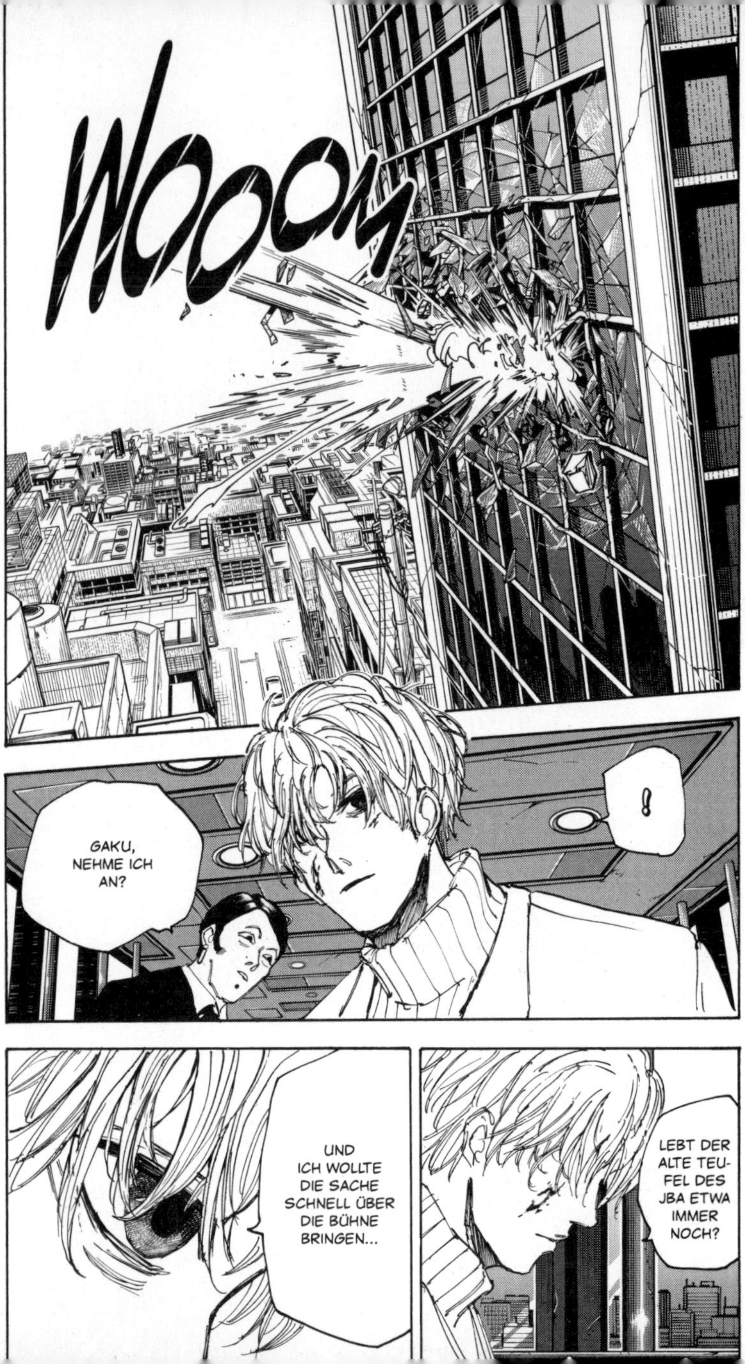
WOOOM
!
GAKU, NEHME ICH AN?
LEBT DER ALTE TEU-FEL DES JBA ETWA IMMER NOCH?
UND ICH WOLLTE DIE SACHE SCHNELL ÜBER DIE BÜHNE BRINGEN...

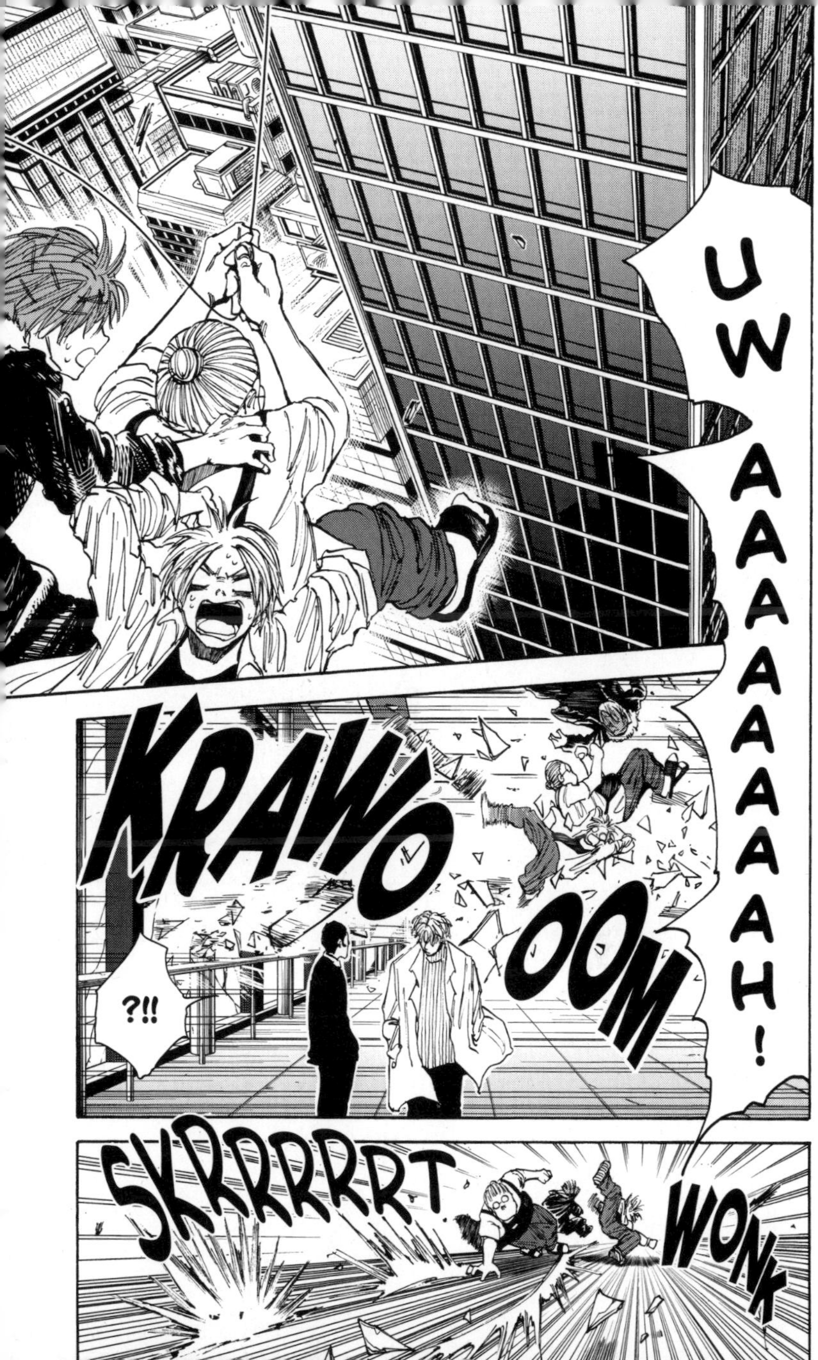
UWAAAAAAAAAH!
KRAWOOOM
?!!
SKRRRRRRT
WONK

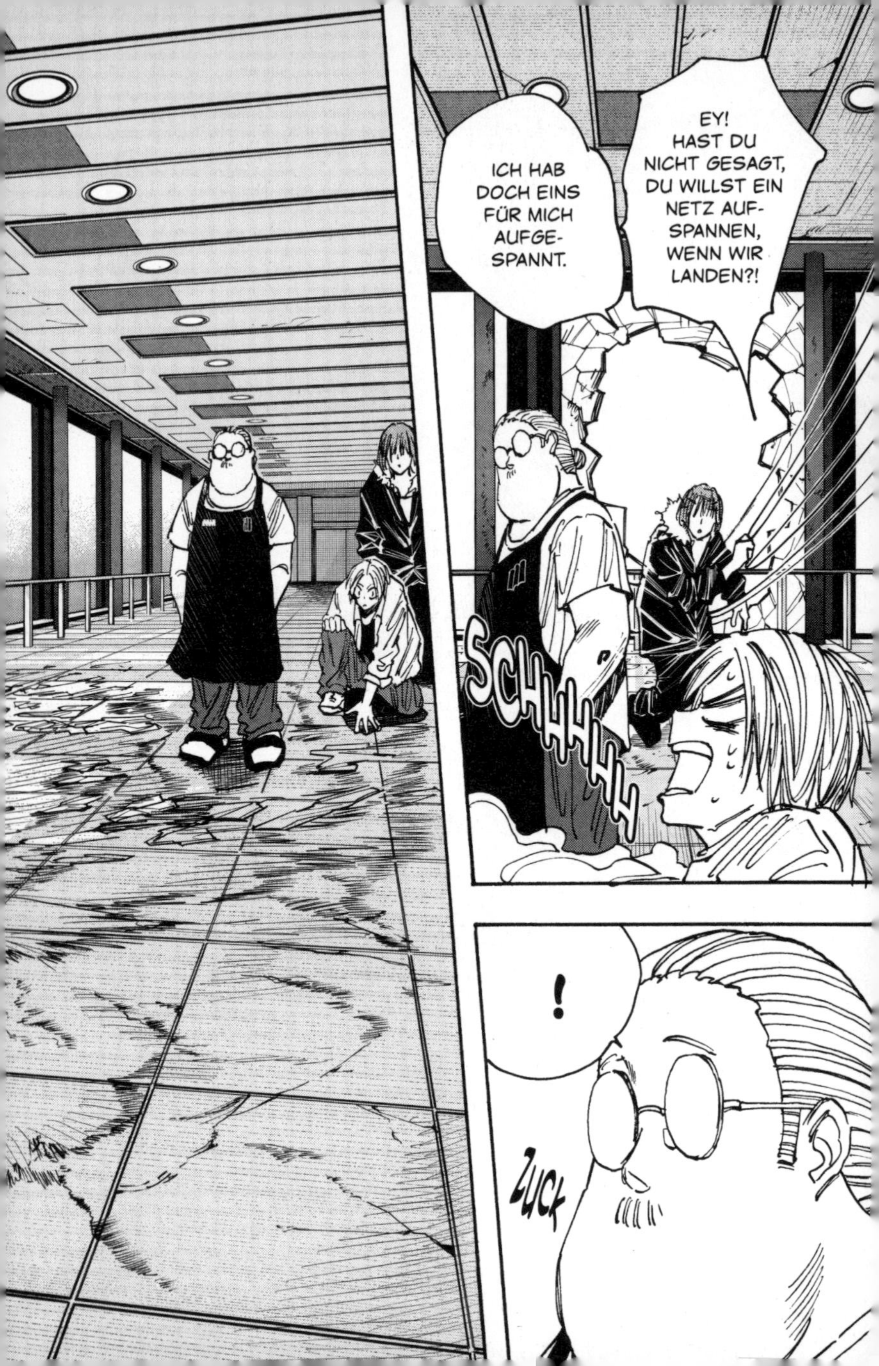
EY! HAST DU NICHT GESAGT, DU WILLST EIN NETZ AUF-SPANNEN, WENN WIR LANDEN?!
ICH HAB DOCH EINS FÜR MICH AUFGE-SPANNT.
SCHLLLLLL
!
ZUCK

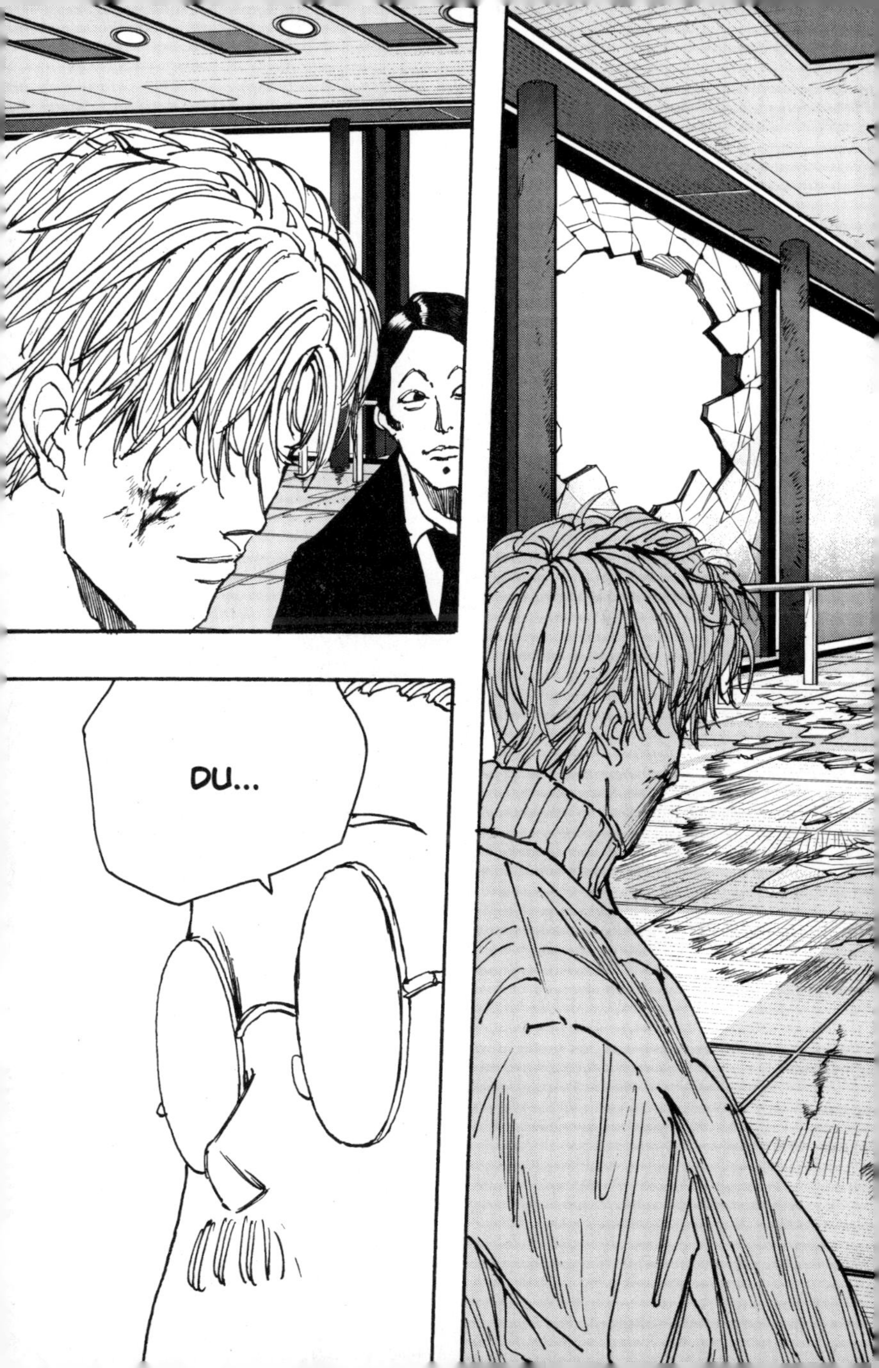
DU...

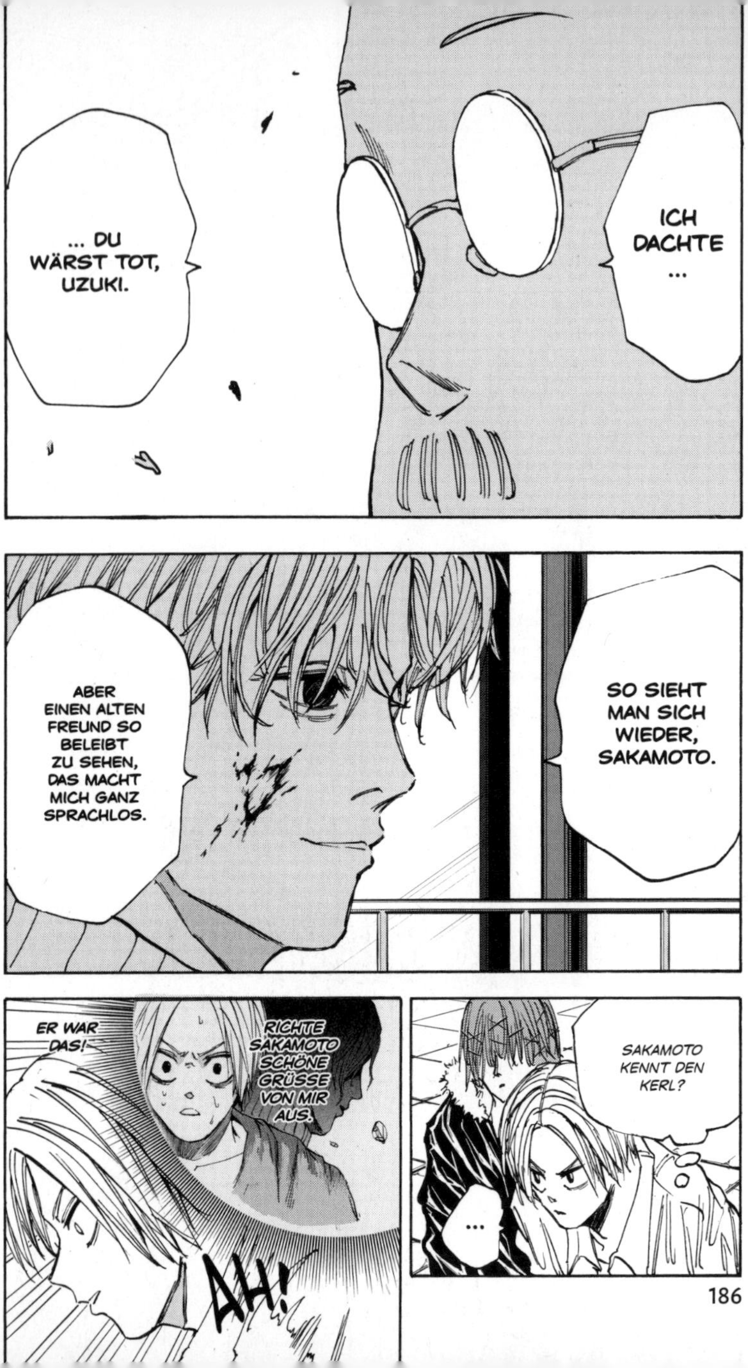
ICH DACHTE ...
... DU WÄRST TOT, UZUKI.
SO SIEHT MAN SICH WIEDER, SAKAMOTO.
ABER EINEN ALTEN FREUND SO BELEIBT ZU SEHEN, DAS MACHT MICH GANZ SPRACHLOS.
SAKAMOTO KENNT DEN KERL?
...
RICHTE SAKAMOTO SCHÖNE GRÜSSE VON MIR AUS.
ER WAR DAS!
AH!

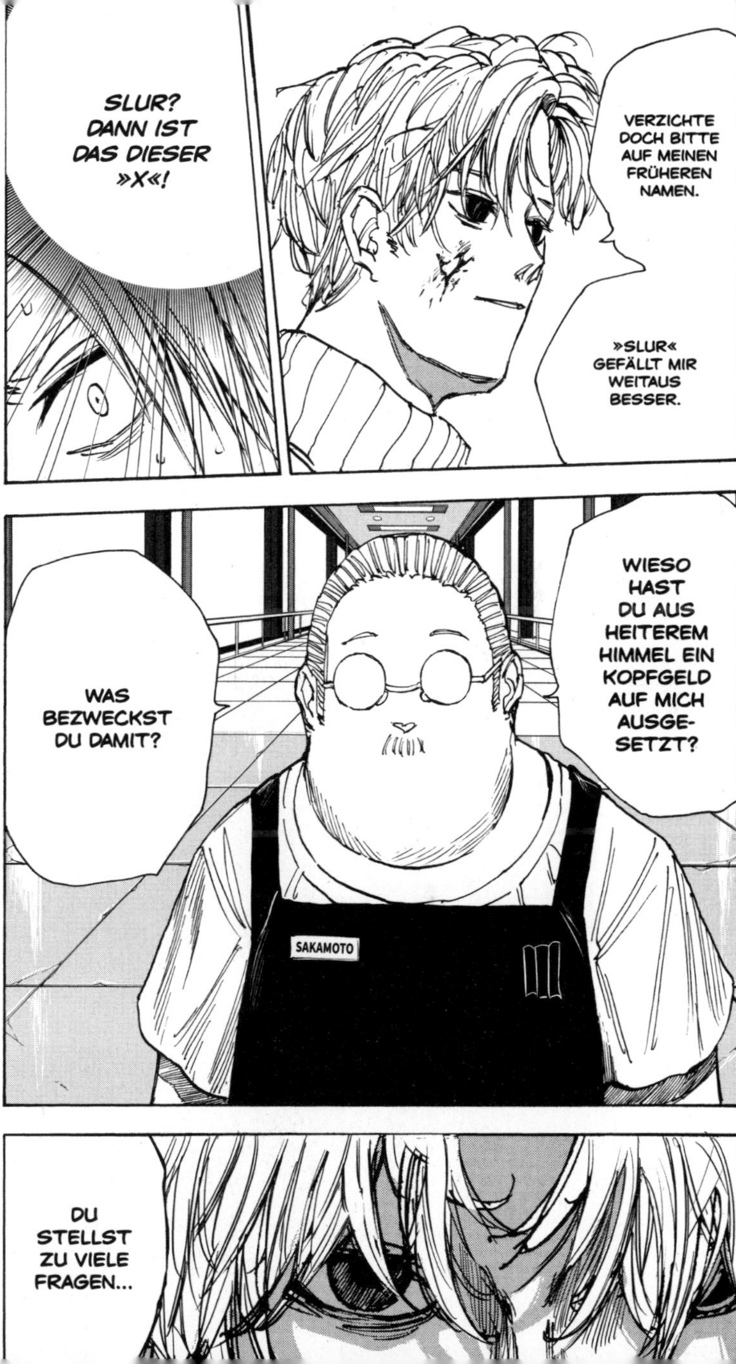
VERZICHTE DOCH BITTE AUF MEINEN FRÜHEREN NAMEN.
»SLUR« GEFÄLLT MIR WEITAUS BESSER.
SLUR? DANN IST DAS DIESER »X«!
WIESO HAST DU AUS HEITEREM HIMMEL EIN KOPFGELD AUF MICH AUSGESETZT?
WAS BEZWECKST DU DAMIT?
SAKAMOTO
DU STELLST ZU VIELE FRAGEN...

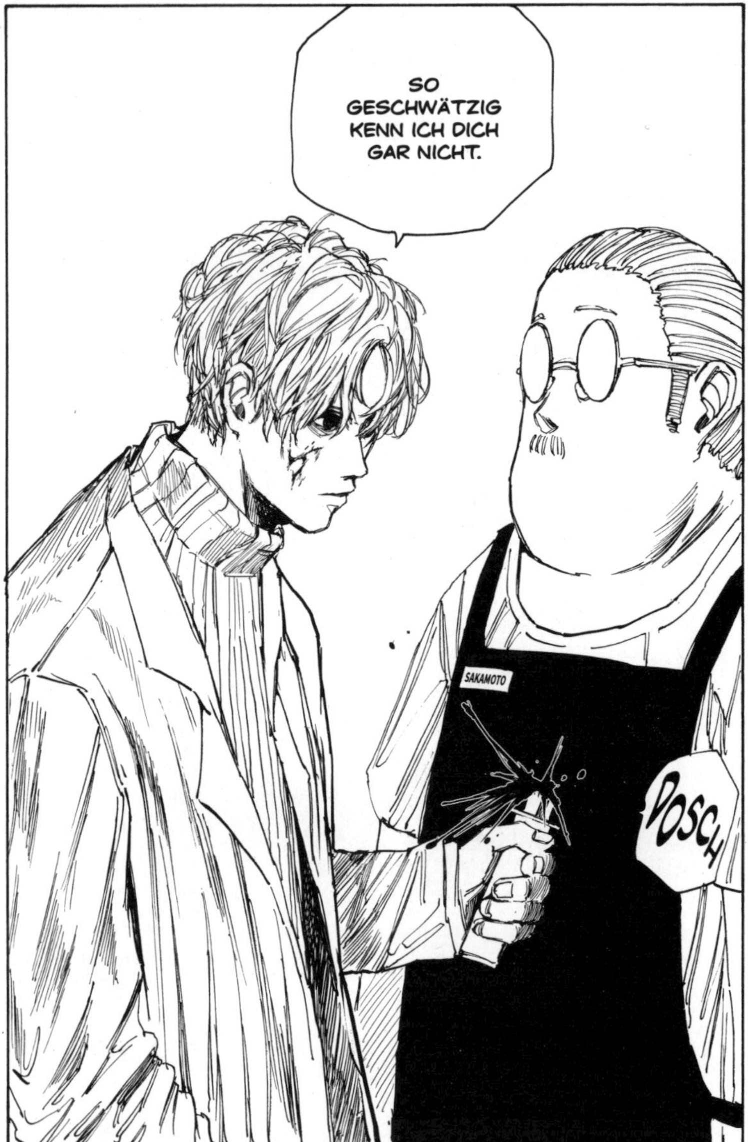
SO GESCHWÄTZIG KENN ICH DICH GAR NICHT.
SAKAMOTO
DOSCH

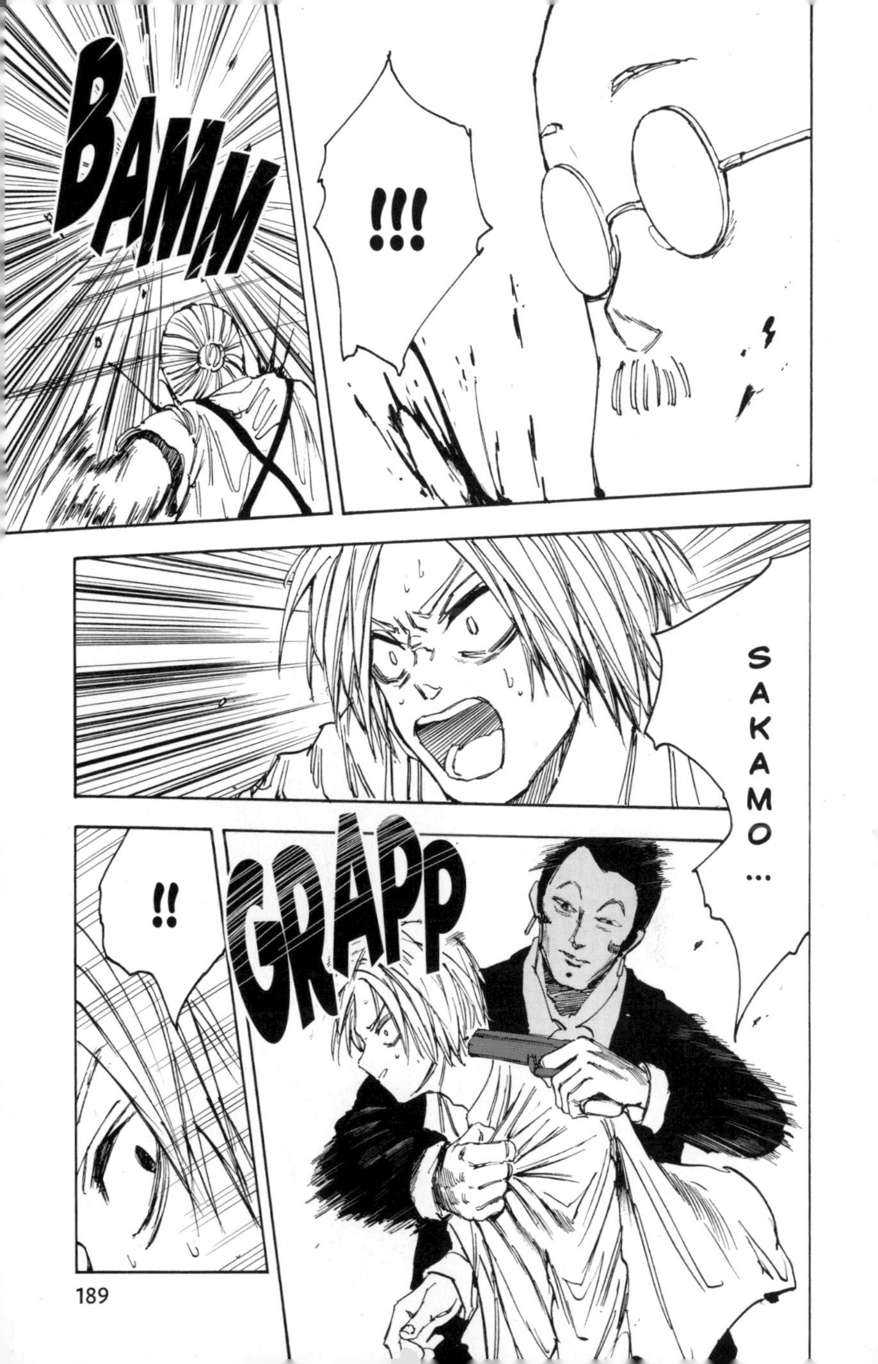
!!!
BAMM
SAKAMO ...
GRAPP
!!

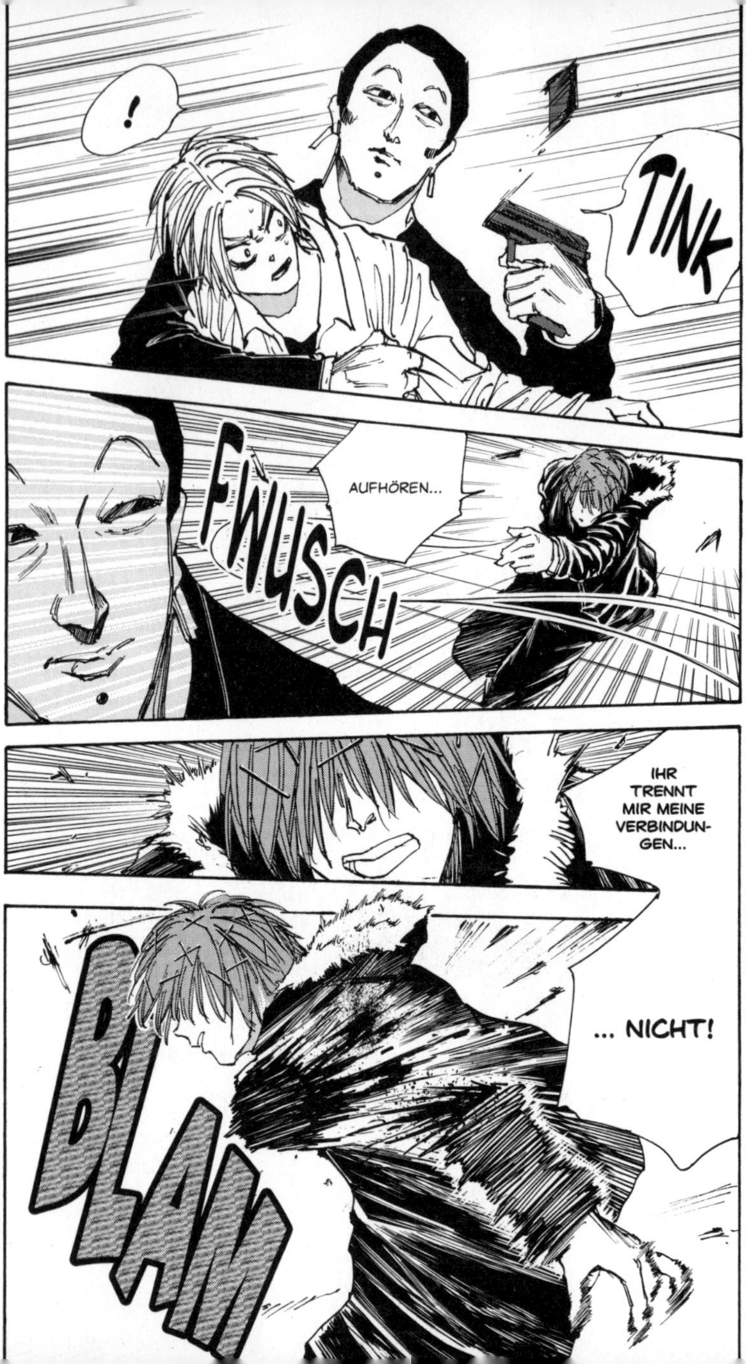
!
TINK
AUFHÖREN...
FWUSCH
IHR TRENNT MIR MEINE VERBINDUNGEN...
... NICHT!
BLAM

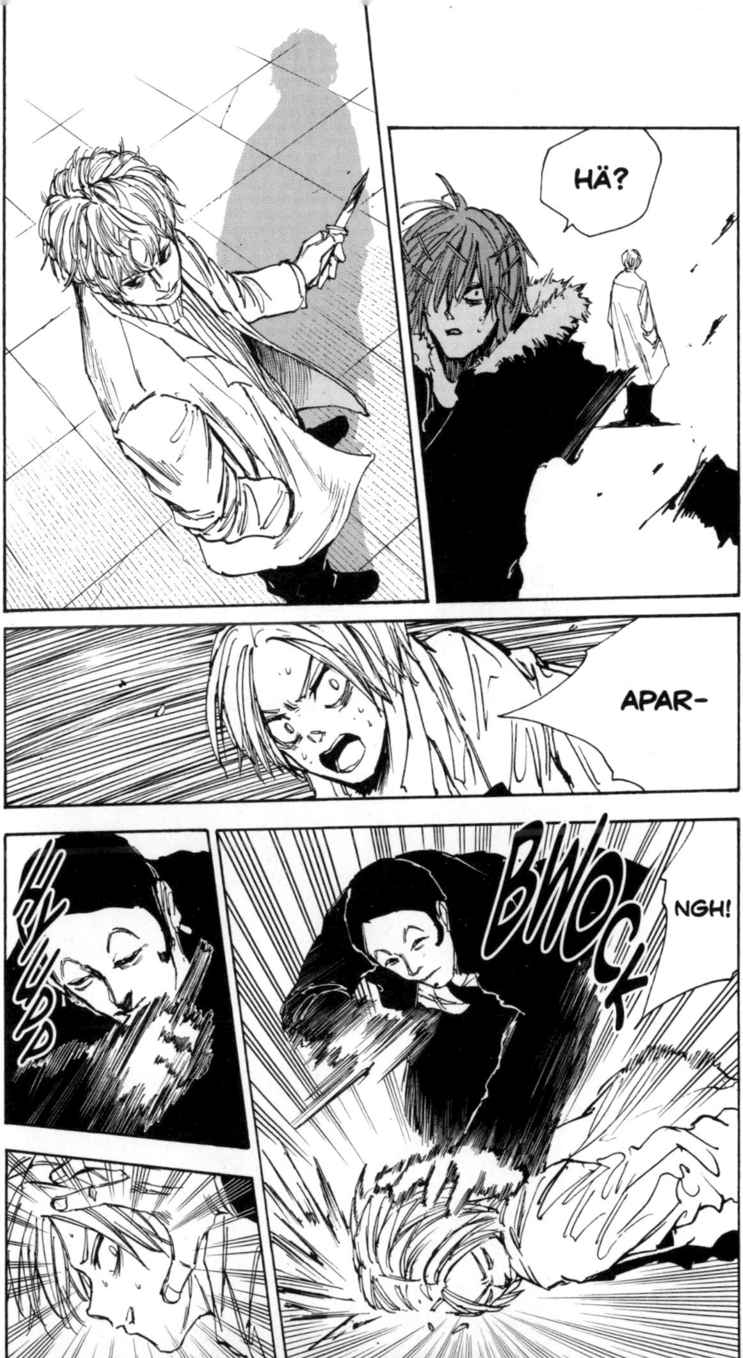
HÄ?
APAR-
BWOCK
NGH!

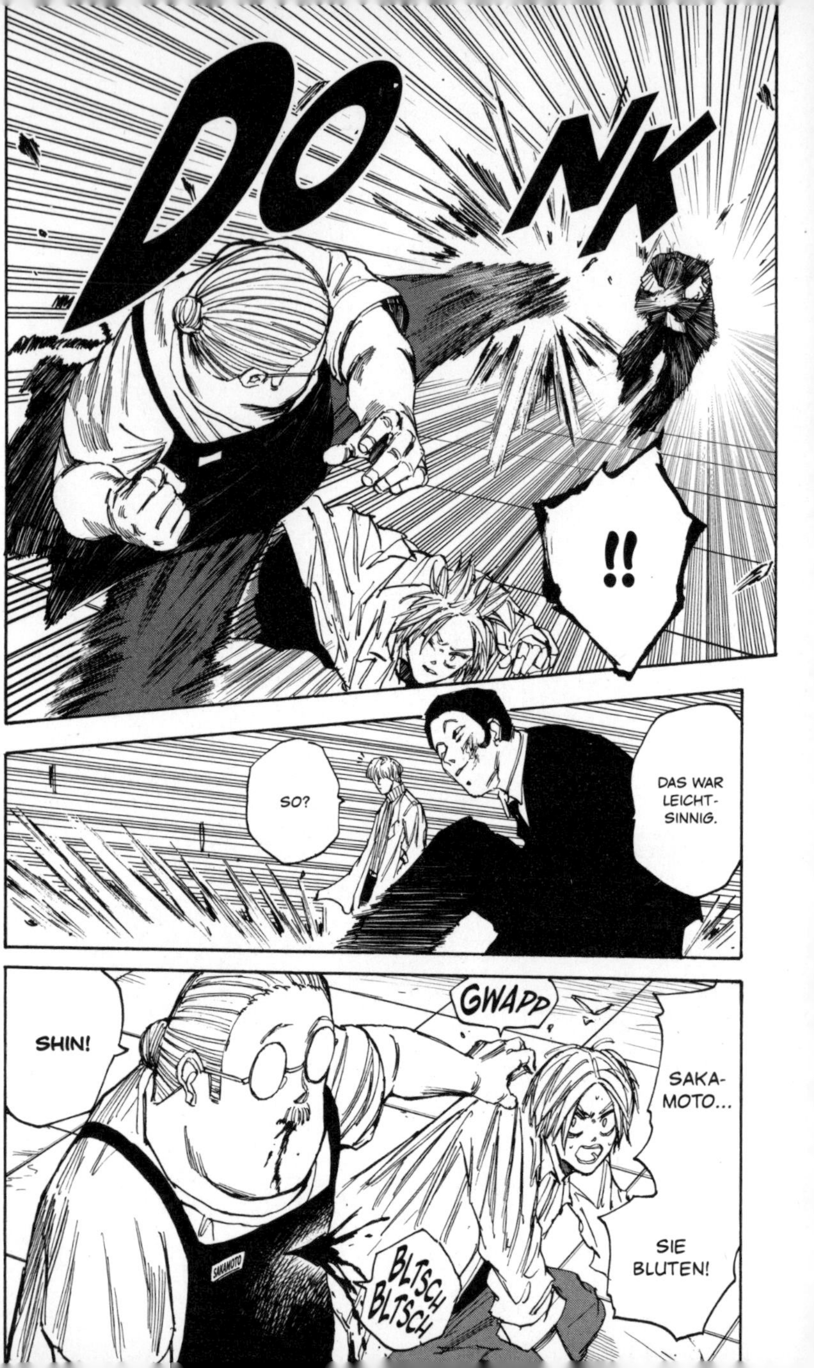
DONK
!!
DAS WAR LEICHT-SINNIG.
SO?
GWAPP
SAKA-MOTO...
SHIN!
SIE BLUTEN!
BLTSCH BLTSCH
SAKAMOTO

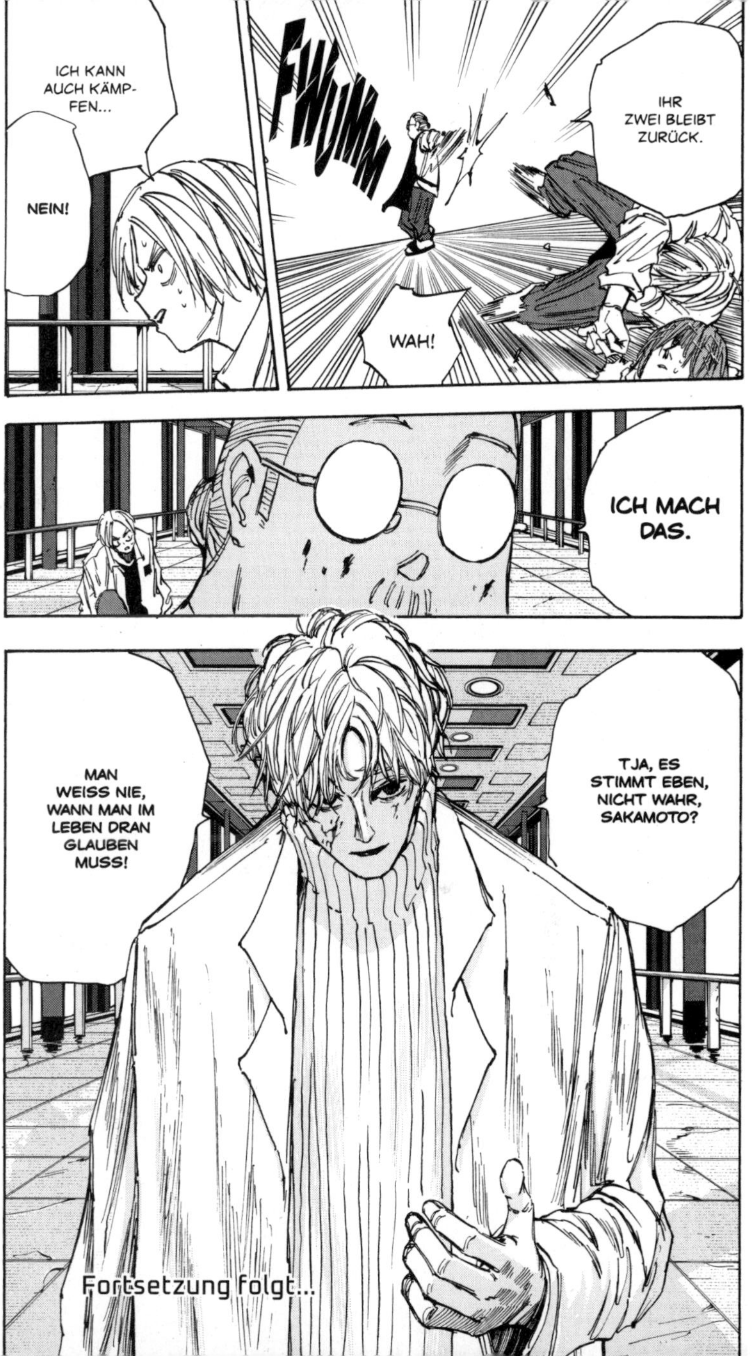
IHR ZWEI BLEIBT ZURÜCK.
FWUMMM
WAH!
ICH KANN AUCH KÄMPFEN...
NEIN!
ICH MACH DAS.
TJA, ES STIMMT EBEN, NICHT WAHR, SAKAMOTO?
MAN WEISS NIE, WANN MAN IM LEBEN DRAN GLAUBEN MUSS!
Fortsetzung folgt...

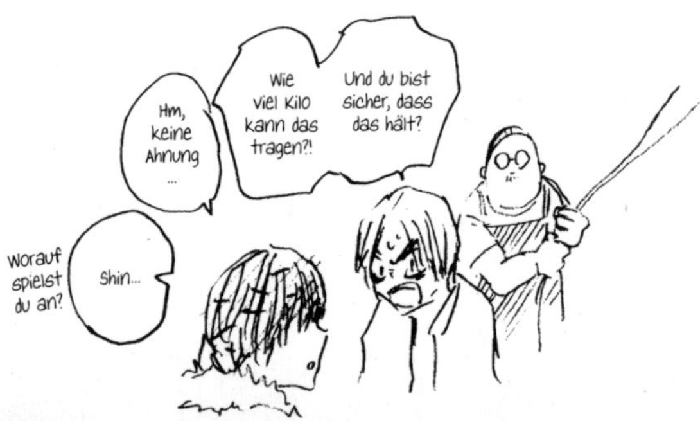
Und du bist sicher, dass das hält?
Wie viel Kilo kann das tragen?!
Hm, keine Ahnung ...
Shin...
Worauf spielst du an?

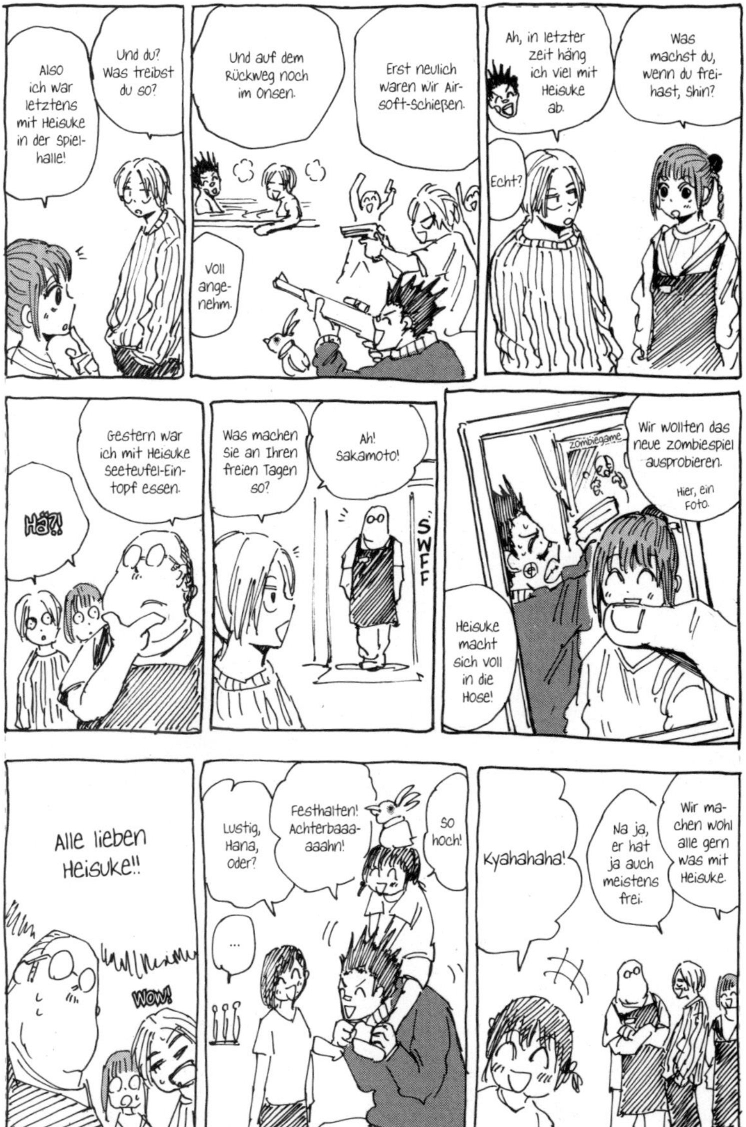

SPECIAL THANKS★ Tomohiro Iwakura • Shinichi Ito • Tetsu Okawa • Kazuto Kariya • Moro • Sosuke Ishikawa

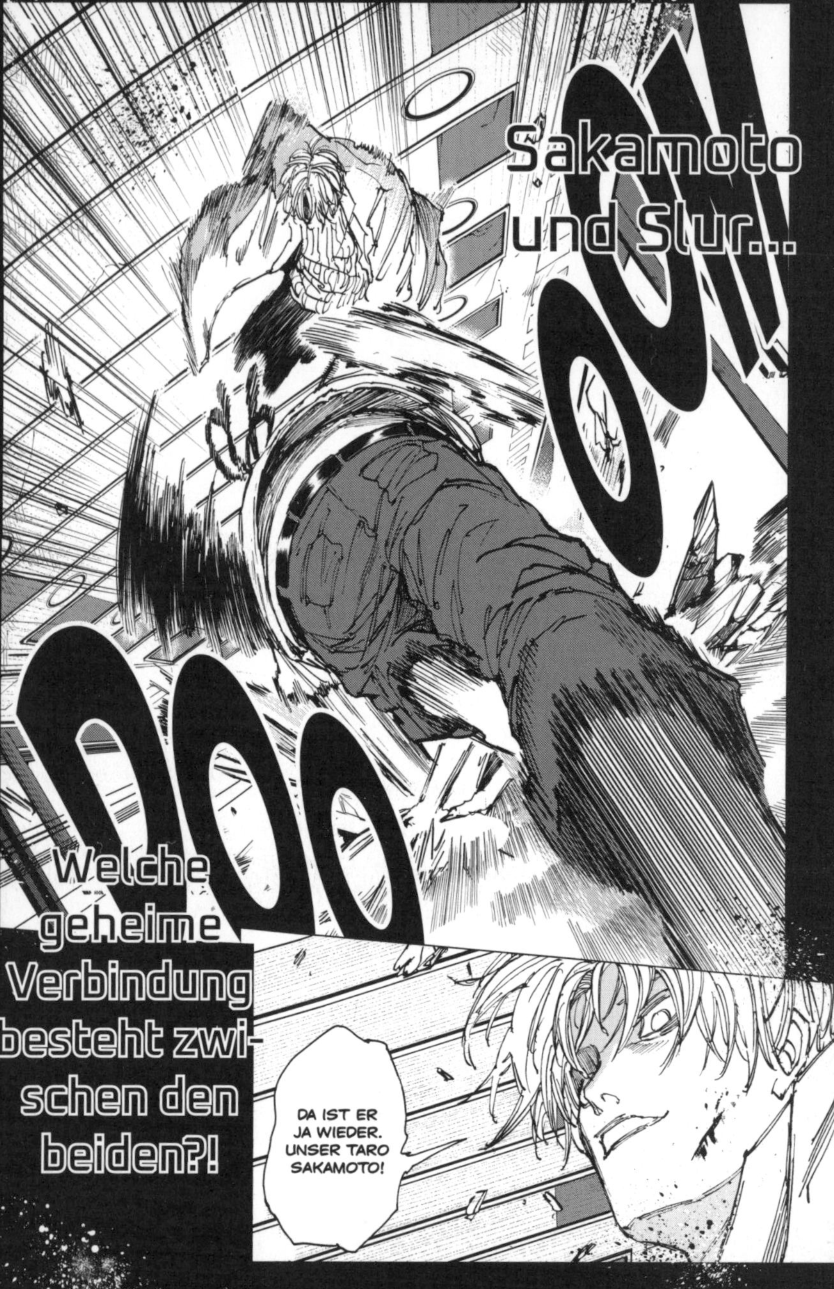
Sakamoto und Slur...
DOOOO!
Welche geheime Verbindung besteht zwischen den beiden?!
DA IST ER JA WIEDER. UNSER TARO SAKAMOTO!

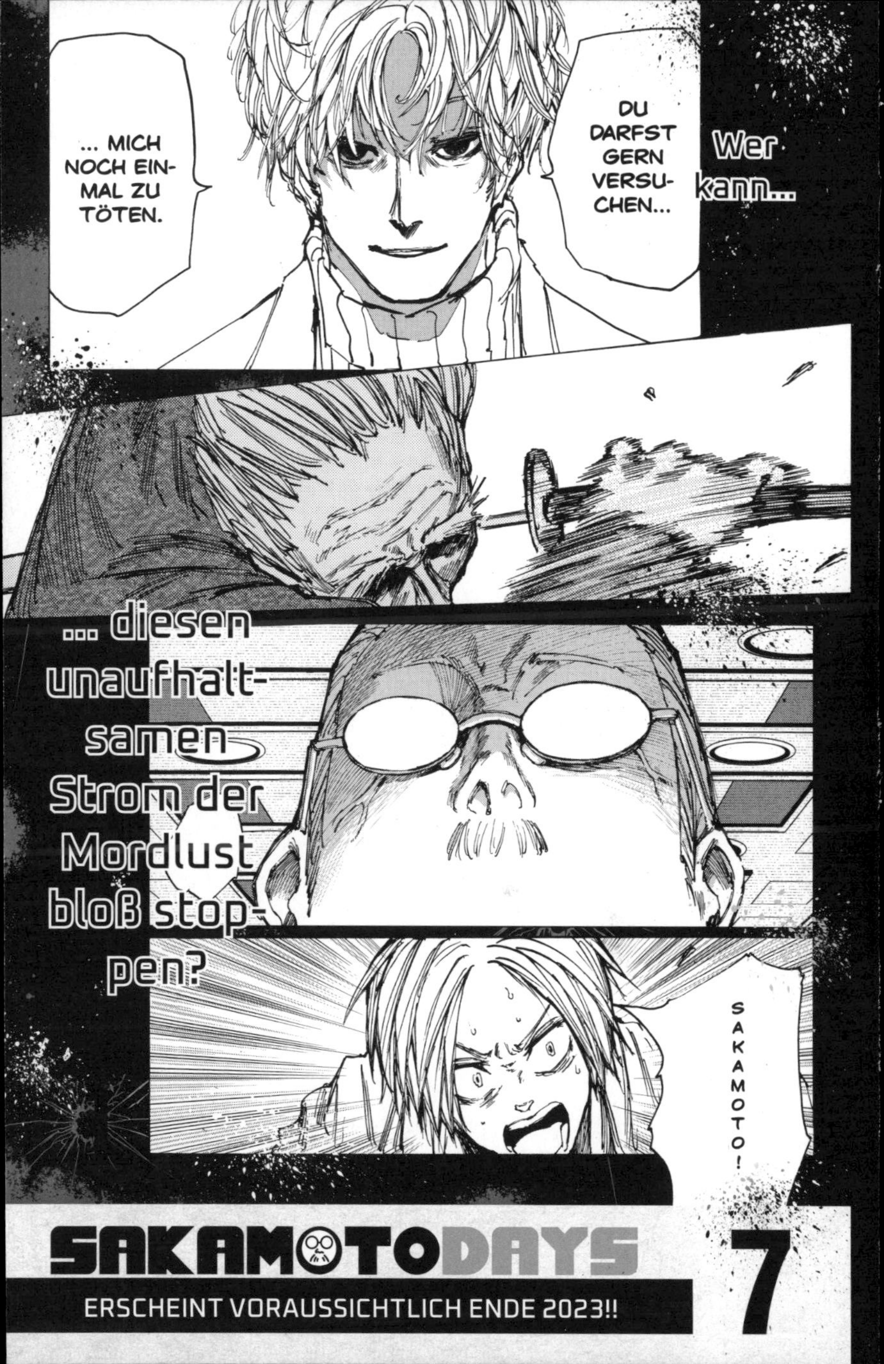
Wer kann...
DU DARFST GERN VERSUCHEN...
... MICH NOCH EINMAL ZU TÖTEN.
... diesen unaufhaltsamen Strom der Mordlust bloß stoppen?
SAKAMOTO!
SAKAMOTO DAYS 7
ERSCHEINT VORAUSSICHTLICH ENDE 2023!!

MISSION:

Yozakura family

HITSUJI GONDAIRA

VORHANG AUF FÜR DIE SCHRÄGSTE UND GEFÄHRLICHSTE FAMILIE DER WELT!

Taiyo Asano ist ein extrem schüchterner Oberschüler. Die einzige Person, mit der er unbeschwert reden kann, ist seine Kindheitsfreundin Mutsumi Yozakura. Doch dann stellt sich heraus, dass Mutsumi ein Geheimnis hat, das Taiyos Leben völlig auf den Kopf stellt: Ihre Familie besteht aus lauter Superspionen! Und als wäre das nicht schon aufregend genug, trachtet Mutsumis großer Bruder ihm auch noch nach dem Leben! Wie weit wird Taiyo gehen, um seine Haut zu retten?

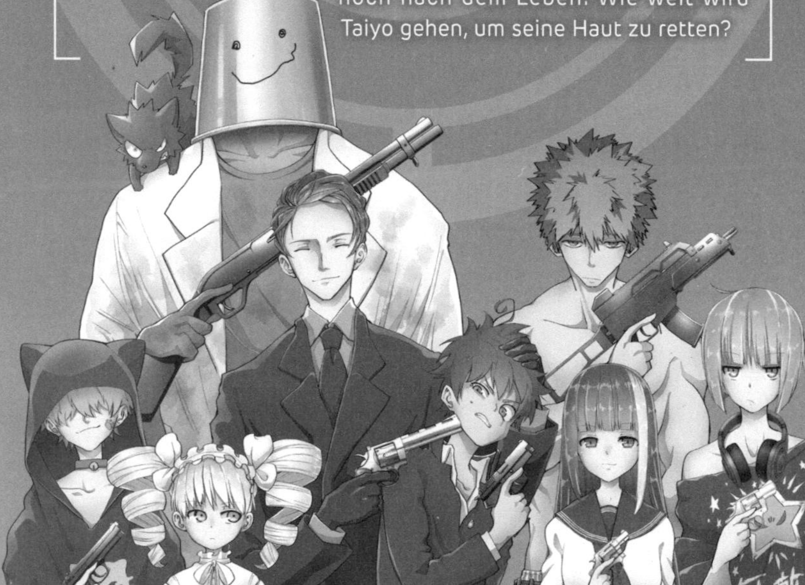

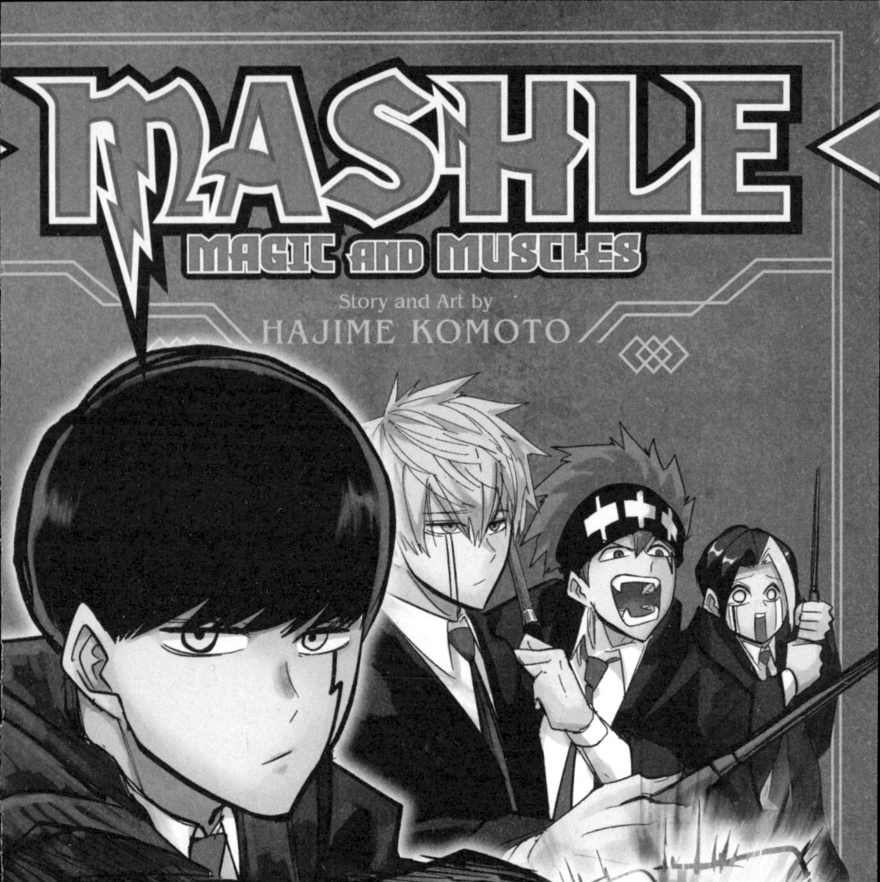

MAGIE IST GUT – MUSKELN SIND BESSER!

Im Reich der Magie wird der soziale Status durch die magischen Fähigkeiten bestimmt. Doch tief im Wald lebt Mash Burnedead, ein junger Mann, der seine gesamte Zeit damit verbringt, seinen Körper zu stählen. Er kann keine Magie benutzen, genießt jedoch ein friedliches Leben mit seinem Vater. Als das herauskommt, geraten beide in Gefahr. Die einzige Lösung: Mash wird in der Magieschule eingeschrieben, wo er die magische Konkurrenz schlagen muss! Wird sich Mash ohne einen Funken Magie und durch reine Muskelkraft einen Weg an die Spitze bahnen können?

CARLSEN MANGA!
www.carlsenmanga.de carlsen_manga carlsenmanga

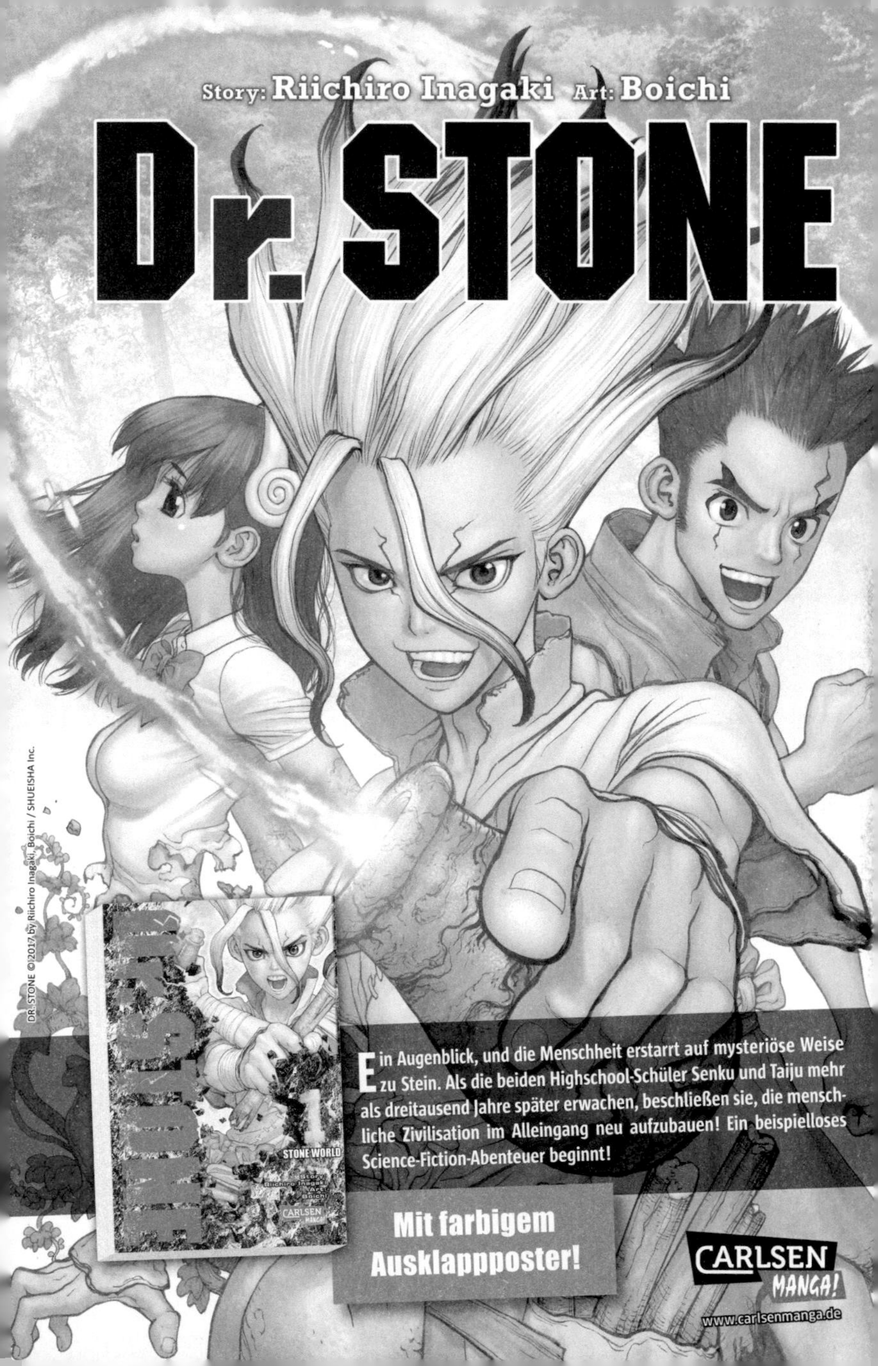
Story: Riichiro Inagaki Art: Boichi
Dr. STONE
DR. STONE © 2017 by Riichiro Inagaki, Boichi / SHUEISHA Inc.
STONE WORLD
Ein Augenblick, und die Menschheit erstarrt auf mysteriöse Weise zu Stein. Als die beiden Highschool-Schüler Senku und Taiju mehr als dreitausend Jahre später erwachen, beschließen sie, die menschliche Zivilisation im Alleingang neu aufzubauen! Ein beispielloses Science-Fiction-Abenteuer beginnt!
Mit farbigem Ausklappposter!
CARLSEN MANGA!
www.carlsenmanga.de

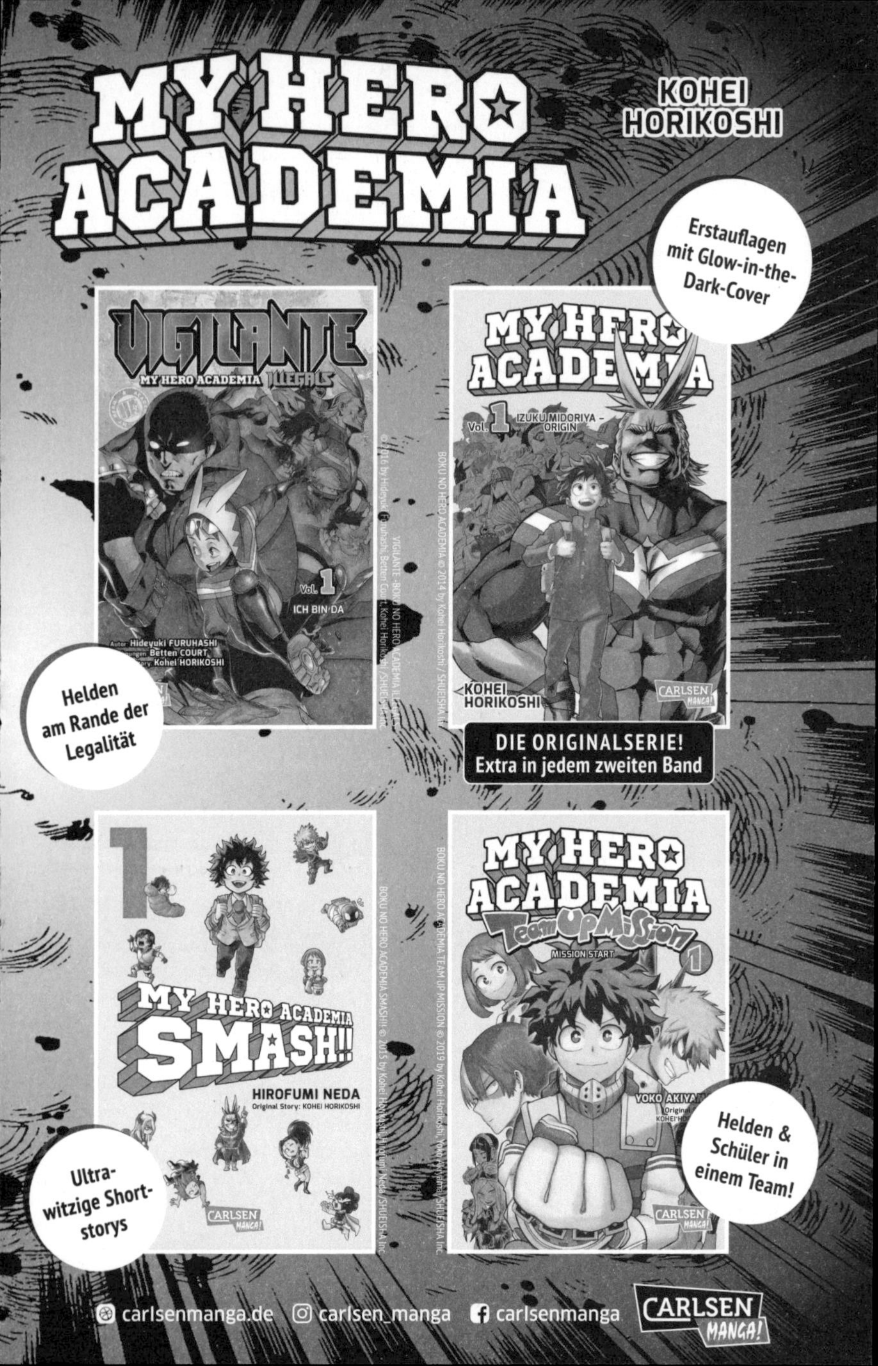
MY HERO ACADEMIA
KOHEI HORIKOSHI
Erstauflagen mit Glow-in-the-Dark-Cover
VIGILANTE
MY HERO ACADEMIA ILLEGALS
Vol. 1
ICH BIN DA
Hideyuki FURUHASHI
Betten COURT
Kohei HORIKOSHI
Helden am Rande der Legalität
VIGILANTE -BOKU NO HERO ACADEMIA ILLEGALS- © 2016 by Hideyuki Furuhashi, Betten Court, Kohei Horikoshi /SHUEISHA Inc.
MY HERO ACADEMIA
Vol. 1
IZUKU MIDORIYA – ORIGIN
KOHEI HORIKOSHI
CARLSEN MANGA!
BOKU NO HERO ACADEMIA © 2014 by Kohei Horikoshi / SHUEISHA Inc.
DIE ORIGINALSERIE!
Extra in jedem zweiten Band
1
MY HERO ACADEMIA SMASH!!
HIROFUMI NEDA
Original Story: KOHEI HORIKOSHI
CARLSEN MANGA!
Ultra-witzige Shortstorys
BOKU NO HERO ACADEMIA SMASH!! © 2015 by Kohei Horikoshi, Hirofumi Neda /SHUEISHA Inc.
MY HERO ACADEMIA
Team Up Mission
MISSION START
1
CARLSEN MANGA!
Helden & Schüler in einem Team!
BOKU NO HERO ACADEMIA TEAM UP MISSION © 2019 by Kohei Horikoshi, Yoko Akiyama /SHUEISHA Inc.
carlsenmanga.de
carlsen_manga
carlsenmanga
CARLSEN MANGA!

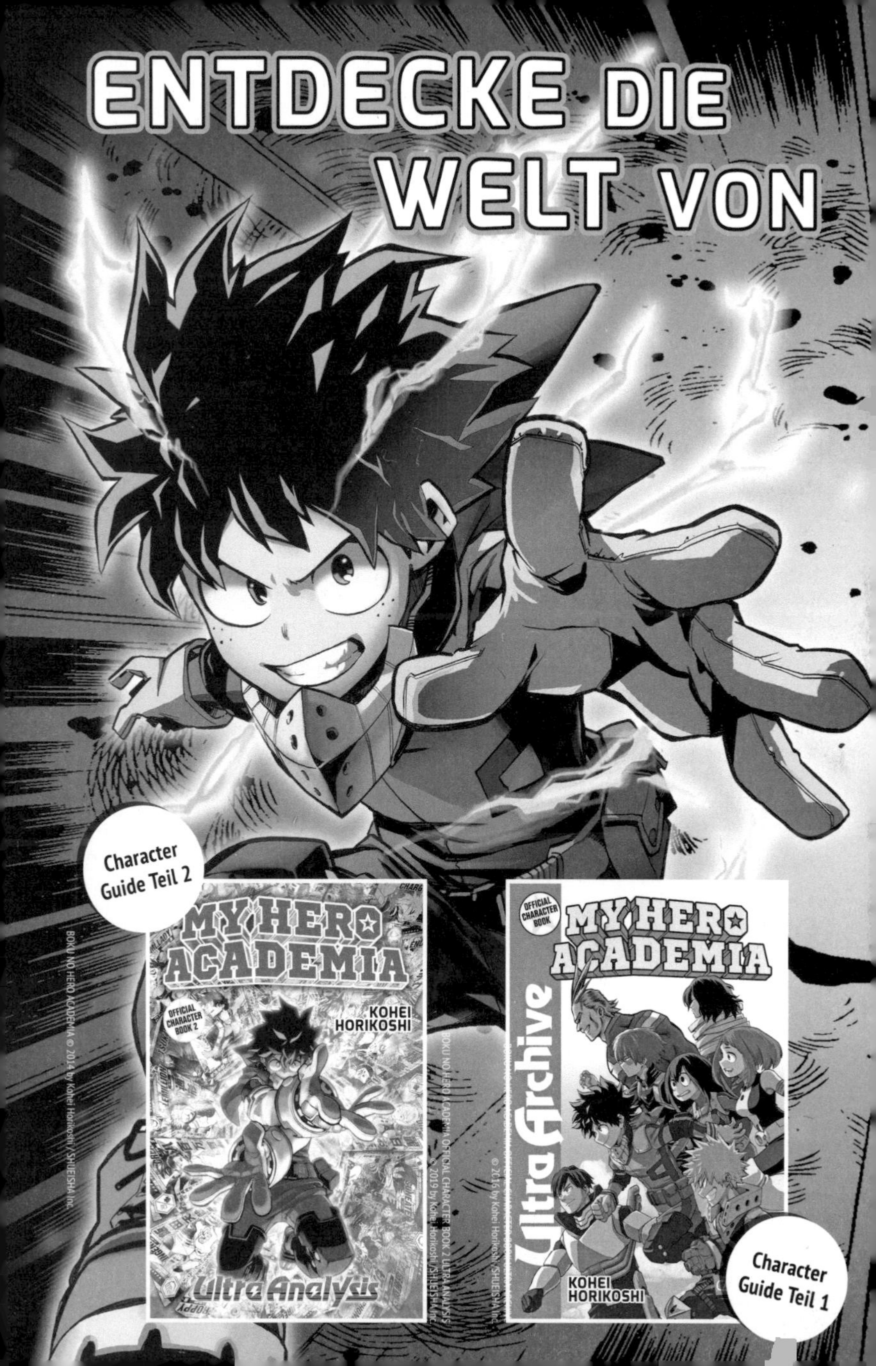
ENTDECKE DIE
WELT VON
Character Guide Teil 2
MY HERO ACADEMIA
OFFICIAL CHARACTER BOOK 2
KOHEI HORIKOSHI
Ultra Analysis
OFFICIAL CHARACTER BOOK
MY HERO ACADEMIA
Ultra Archive
KOHEI HORIKOSHI
Character Guide Teil 1
BOKU NO HERO ACADEMIA © 2014 by Kohei Horikoshi / SHUEISHA Inc.
BOKU NO HERO ACADEMIA OFFICIAL CHARACTER BOOK 2 ULTRA ANALYSIS © 2019 by Kohei Horikoshi/SHUEISHA Inc.
© 2016 by Kohei Horikoshi/SHUEISHA Inc.

STOPP

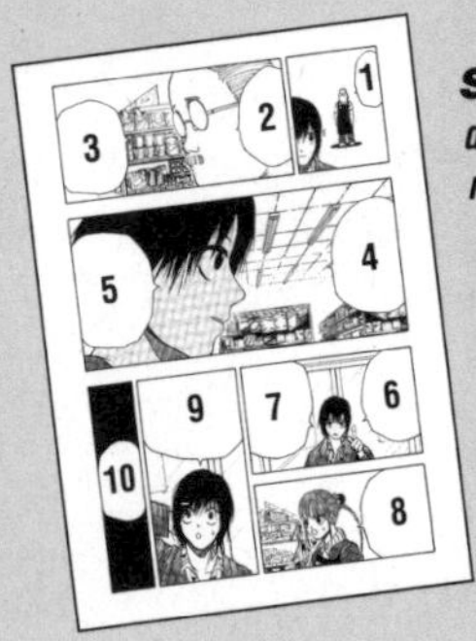

***SAKAMOTO DAYS** ist eine japanische Serie, die originalgetreu von »hinten« nach »vorne« und von rechts nach links gelesen wird. Man muss diesen Manga also »hinten« aufschlagen und Seite für Seite nach »vorn« weiterblättern. Auch die Bilder auf jeder Seite und die Sprechblasen innerhalb der Bilder werden von rechts oben nach links unten gelesen, so wie in der Grafik gezeigt.*

Ultimative Action mit dem besten Profikiller der Welt!

Carlsen Manga! News – jeden Monat neu per E-Mail!
www.carlsenmanga.de • www.carlsen.de
CARLSEN MANGA
Deutsche Ausgabe/German Edition

Völckersstr. 14–20 • 22765 Hamburg
Aus dem Japanischen von Martin Gericke

First published in Japan in 2020 by SHUEISHA Inc., Tokyo.
German translation rights in Germany, Austria, Luxembourg and German-speaking Switzerland arranged by SHUEISHA Inc. through VME PLB SAS, France.
Redaktion: Nina Kroesing • Textbearbeitung: Rebecca Richards
Lettering: Datagrafix • Produktionsmanagerin: Karen Kollmetz

ISBN: 978-3-551-79485-7

Wir produzieren nachhaltig

- Klimaneutrales Produkt
- Papiere aus nachhaltigen und kontrollierten Quellen
- Hergestellt in Europa

FSC www.fsc.org
MIX
Papier | Fördert gute Waldnutzung
FSC® C083411